弱者体系

王亮亮◎著

机械工业出版社
CHINA MACHINE PRESS

《弱者体系》从投资中的"弱"为出发点，识别和归纳投资中的各种"弱"，并探讨了纠正和应对这些"弱"的方法论。从"善弱"的视角去理解有限理性、把握内在价值、掌握市场周期、探寻超额收益、解构证券估值、控制组合风险，从而构建出一个能在市场中持续成功的投资体系。本书的撰写初衷旨在向中国投资市场推广"弱者体系"的理念与方法论，并与那些致力于研究和实践该体系的投资者展开深入交流。通过这一途径，期望本书能够帮助读者深化对"弱者体系"的理解与应用，助力投资者在投资旅程中取得更优异的成绩。

图书在版编目（CIP）数据

弱者体系 / 王亮亮著. -- 北京：机械工业出版社，2025.6. -- ISBN 978-7-111-78427-2

Ⅰ. F830.59

中国国家版本馆 CIP 数据核字第 2025VW1638 号

机械工业出版社（北京市百万庄大街22号　邮政编码100037）
策划编辑：李　浩　　　　　责任编辑：李　浩
责任校对：郑　婕　张昕妍　责任印制：常天培
北京联兴盛业印刷股份有限公司印刷
2025年7月第1版第1次印刷
145mm×210mm・10.5印张・3插页・234千字
标准书号：ISBN 978-7-111-78427-2
定价：88.00元

电话服务　　　　　　　　　网络服务
客服电话：010-88361066　　机　工　官　网：www.cmpbook.com
　　　　　010-88379833　　机　工　官　博：weibo.com/cmp1952
　　　　　010-68326294　　金　书　网：www.golden-book.com
封底无防伪标均为盗版　　　机工教育服务网：www.cmpedu.com

前言
Preface

"弱者体系"这一概念最初是由知名投资人冯柳提出的,并逐渐获得了投资界众多资深人士的认同与共鸣。得益于冯柳在个人投资以及基金管理方面取得的卓越成绩,这一理念在国内投资领域大放异彩。大众通常将该理念中的"弱"理解为投资者天赋平庸或资源匮乏,假设自己在信息获取、理解深度、时间精力、情绪控制、人脉资源等方面处于市场劣势。然而我们从冯柳的公开访谈和撰写的文章中可以看出,其投资理念和策略并不仅仅局限于强调个人投资者相对于机构投资者在资源和专业素养方面的不足,也不仅仅是指一些投资者缺乏天赋或经验。

在投资领域,面对市场的复杂性和不确定性,"弱"似乎是人类的固有属性。所谓的"弱"指的是我们与生俱来的"有限理性",这涵盖了投资者的有限注意力、记忆缺陷、直觉干扰、行为偏差、群体噪声、概率谬误,以及缺乏对周期规律、证伪科学、辩证思维、逆向思维等的认知和科学应用。

每个进入市场的人都渴望成为强者。没有人愿意自己是弱者,至少不愿意承认自己是弱者。那么,"弱者体系"究竟有何意义?这是研究弱者体系首先需要回答的问题。

弱者体系

常言道："淹死的都是会游泳的！"在投资领域亦然，新手可能频繁遭遇小额亏损，而损失惨重的人往往是自诩经验丰富的老手。原因何在？他们并非经验不足，也不能简单归咎于运气不佳，而是因为他们倚仗自身的资源和经验，往往忽视了自己的弱点，即"不识弱"。然而真正影响一个人长期投资成绩的，不是自己的强处，而是自身的"弱"点，正如木桶原理所揭示的那样。

我们在投资中不了解自己的"弱"项，犹如在幽暗崎岖的隧洞中不拿火把而摸索前行。即便方向正确，途中的磕磕碰碰也会让自己伤痕累累，时而减速，甚至停滞不前。火把或许不能为我们带来无死角的视野，但那若隐若现的提醒，也会让自己比其他人拥有更大的优势。

老子在《道德经》中提到："反者道之动，弱者道之用。"从辩证思维的角度来看，我们要想在投资市场中成为强者，反而应该从"强"的对立面"弱"着手，通过深入识别和成功应对投资中自身和他人的各种"弱"点，最终，我们将变成市场中能够长期稳定实现盈利的真正"强者"。在投资市场这一复杂系统下，投资者成为"强者"的途径并非源于对"强"的盲目追索，而是在识别弱点和克服弱点的实践中水到渠成的自然过程。

目前，绝大多数的价值投资理论源自海外，而深深植根于中国文化和金融市场环境的"弱者体系"让人耳目一新。然而，尽管"弱者体系"的概念在中国投资领域已广泛流传，但令人遗憾的是，关于这一体系的深入探讨和系统性研究却相对匮乏。作为一种投资体系，仅有零散的理念而缺少一套完整的理念体系和可操作的方法是不充分的。本书旨在深入阐释"弱者体系"的理念与方法，以填补这一领域的相对空白。

前 言

本书撰写的初衷旨在向中国投资市场推广"弱者体系"的理念与方法，并与那些致力于研究和实践该体系的投资者展开深入交流。通过这一途径，期望投资者能够深化对"弱者体系"的理解与应用，助力投资者在投资旅程中取得更优异的成绩。

与传统的投资书籍不同，本书采用了全新的视角。它首先从投资中的"弱"出发，引导读者识别和提炼投资中的各种"弱"，并探讨了纠正和应对这些"弱"的方法论。然后从"善弱"的视角去理解有限理性、把握内在价值、掌握市场周期、探寻超额收益、解构证券估值、控制组合风险，从而构建出一个能构持续成功的投资体系。

本书由十一章组成。

第一章是对"弱者体系"的全面阐释。弱者体系是一套追求市场超额收益的投资策略体系，这与有效市场假说的理念相对立。在探讨弱者体系前，我们需要细致分析有效市场假说的适用性。本章揭示了投资者的"有限理性"，并提出了弱者体系的市场定价原理和公式：价格=价值+"弱"。同时，从四个维度阐释了"弱"的含义，并给出"善弱"的概念。

第二章分析了投资者认知局限性的原因。包括有限注意力、记忆缺陷和直觉陷阱三个方面。正如温水煮青蛙的寓言所揭示的，我们每个人都不同程度地受到有限注意力的影响。其中，选择性知觉是导致投资者存在众多认知偏差的关键因素。投资活动与记忆紧密相关，但记忆易受"情景重构"和"峰终定律"的影响，这使得我们在投资决策中容易受到各种认知偏差和易得性启发的影响。本章还深入探讨了直觉在投资中的作用，分析了直觉的优势与缺陷，并提出了合理运用直觉的策略。

第三章深入分析了投资中的行为偏差和噪声现象。重点介

V

弱者体系

绍了三大基础行为偏差及其五个衍生行为效应，并探讨了其形成原理和对投资的影响。同时，提出了应对行为偏差的两种通用策略："助力"和"助推"。此外，本章解释了"噪声"和"决策卫生"的概念，并讨论了如何避免群体噪声陷阱，有效利用群体智慧。

第四章深入探讨了投资中的随机性和决策中的"因果思维"与"相关性思维"，并列举了五个影响投资判断的"概率谬误"。本章还阐述了"贝叶斯思维"和"凯利思维"在投资领域的应用，引入了"信号显著度"这一概念。

第五章主要讨论决策科学主题。分析了投资决策和运气之间的关系以及优质决策的本质。本章的核心在于提醒我们在投资决策中警惕"框架效应""确定性偏好""可能性偏好""虚假确定性效应"的潜在误导，并倡导遵循"最大期望原则"。

第六章强调了技术分析在价值投资中作为决策辅助工具的重要性。鉴于投资领域长期存在将价值投资与技术分析对立起来的倾向，本章从市场定价原理出发，探讨了技术分析与价值分析的辩证统一性，并介绍了技术分析的基础工具、分类方法和典型指标，以及"量价分析"的原理和应用。

第七章深入探索周期的奥秘。人类能够计算的是潮汐的周期，而非每朵浪花的大小。股市的涨跌如同潮水的起伏，洞察周期规律的人将掌握财富的密钥！本章深入解析了周期的三大规律、股市周期的六阶段模型以及如何运用"善弱温度计"和其他工具来判断周期的位置及识别周期拐点。

第八章重点挖掘"超额收益"的源泉。投资宛如狩猎，只有在猎物（潜在收益）丰富且天敌（风险因素）稀少的场所，成功的可能性才会更高。本章深入探讨了超额收益的主要

前　言

来源及其运用策略，并讨论了股票估值的科学与艺术，阐明了估值的关键并非计算，而是方向和进程。

第九章深入探讨了逆向思维的构成要素。逆向思维并不是为了追求与众不同而故意与市场共识相悖，也不仅仅是指采取与大众相反的操作，更不应是"众人皆醉我独醒"的盲目自信。那么，逆向思维究竟是什么？本章将为投资者提供新颖且深刻的见解。只有掌握了逆向思维的人，才能真正进行逆向投资。因此，本章还详细解析了逆向投资的策略方法，并引入了"逆向因子"的新概念。

第十章介绍了"清单思维"。强调了其在提升注意力、弥补记忆缺陷、减少直觉干扰、纠正行为偏差、过滤群体噪声、避免概率谬误等方面的价值。本章还探讨了"分类思维"在清单中的应用，以及"投资决策树"的概念和方法。同时，提供了股票池、波特五力模型、周期位置及进程、估值和财务指标、显著信号、技术分析以及有限理性的监测清单示例。

第十一章深入分析了自控力的来源、特性及提升方法。长期投资是一项压力巨大且高强度的工作，投资者要想确保成功，必须具备强大的自控力。在投资领域，真正的高手能将投资理念和方法融入生活，并在自控力的支持下长期坚持。此外，本章还探讨了8种影响自控力的陷阱和12种有效利用自控力的策略。

在投资领域，我们受限于自身的有限理性，面对的是无处不在的"不确定性"和"随机性"挑战。我们无法精确计算证券的内在价值，也无法预测特定事件发生后的确切结果。我们的判断还会受到群体心理和社会影响的左右。在这种背景下，弱者体系不依赖于强者思维所需的过载信息资源，也不依赖于对公司收益的精确预测或对公司价值的复杂评估，便可期

弱者体系

望获取稳定而超额的市场收益。面对市场的复杂多变，只有那些"善弱"的投资者才能从容应对，弱者体系是在复杂系统下应对有限理性的智慧与策略。

请注意，本书不适合作为投资初学者的入门读物。对于没有投资基础和太多市场经验的读者，除非悟性极高，否则可能不易理解本书的部分内容（但这并不妨碍您将其置于案头，随着投资知识和经验的积累，反复阅读并逐渐领悟）。然而，对于那些有十年以上投资经验，经历过多次牛熊转化，熟睹市场波动、周期更迭、行业变迁、公司瞬变以及资产起伏的投资者而言，本书内容可能会引起强烈共鸣，并激发共同研究学习的欲望。对于那些在投资认识和实践上已经达到精深境界，深谙"大巧若拙，守弱恒强"之道的投资大师们，相信本书所述内容也会让他们会心一笑，深表赞同。

鉴于读者的知识、经验、背景各不相同，为了优化阅读体验，《弱者体系》初稿从近三十万字精简至十几万字。尽管书中对弱者体系的核心理念和方法论框架进行了全面的阐述，但限于篇幅部分投资概念和原理的细节未能详尽探讨。为了帮助那些对基础概念尚不熟悉或希望深入研究弱者体系的投资者，作者计划在本书正式出版后，将精简及未纳入书中的拓展内容，按照本书章节构架，逐步在"弱者体系践行"公众号和雪球网"金凤一号"发布，并与读者保持实时互动。对此，感兴趣的读者可扫描下方公众号二维码关注。

好了，朋友们，让我们现在启程，开始"弱者体系"的研习之旅吧！

目录
Contents

前　言

第一章　有限理性与弱者体系 / 001
　第一节　有效市场假说与超额收益 / 001
　第二节　弱者体系的定价理论 / 005
　第三节　对"弱"的深度阐释 / 008
　第四节　弱者体系的全面概述 / 011

第二章　投资中的认知限制 / 013
　第一节　有限注意力与选择性知觉 / 013
　第二节　认知偏差及改善方法 / 015
　第三节　记忆的原理和特性 / 020
　第四节　记忆与易得性启发 / 028
　第五节　探秘投资中的直觉 / 032
　第六节　如何正确运用直觉 / 038

第三章　行为偏差和噪声 / 043

第一节　应对偏差的通用策略 / 043
第二节　三大基础行为偏差 / 048
第三节　五大衍生行为效应 / 056
第四节　偏差与噪声的区别 / 065
第五节　投资中噪声的种类 / 066
第六节　应对噪声的策略 / 068

第四章　投资中的概率思维 / 073

第一节　投资中的随机性 / 073
第二节　概率思维的三个内涵 / 076
第三节　因果思维带来的误区 / 079
第四节　相关性思维与虚假相关 / 083
第五节　概率谬误与代表性启发 / 088
第六节　贝叶斯思维的提炼和应用 / 096
第七节　凯利思维下的胜率和赔率 / 115

第五章　投资中的决策科学 / 121

第一节　投资决策和运气的关系 / 121
第二节　框架效应与风险态度 / 124
第三节　可能性和确定性偏好 / 128
第四节　警惕虚假确定偏差 / 130
第五节　投资的最大期望原则 / 132

目 录

第六章　弱者体系与技术分析 / 136

第一节　价值和技术分析的辩证统一 / 136

第二节　技术分析的基础工具 / 141

第三节　供求关系与量价分析 / 148

第四节　技术指标的分类和应用 / 161

第七章　周期位置及拐点的识别 / 171

第一节　周期的三大规律 / 172

第二节　情绪钟摆和风险态度钟摆 / 173

第三节　识别周期的重要性 / 175

第四节　股市周期六阶段模型 / 177

第五节　股市周期六阶段模型的应用 / 185

第六节　温度计与周期拐点识别 / 187

第七节　拐点识别的其他方法 / 198

第八章　超额收益的猎场 / 206

第一节　聪明的狩猎者 / 206

第二节　猎场一：价值效应 / 209

第三节　估值的科学和艺术 / 213

第四节　猎场二：动量效应 / 223

第五节　动量的计算和获取 / 227

第六节　超额收益持久之谜 / 230

第七节　善用价值效应和动量效应 / 233

第九章　逆向思维与逆向投资 / 238

第一节　从概念到实践的鸿沟 / 238

第二节　逆向思维的构成要素 / 242

第三节　逆向思维与辩证思维 / 252

第四节　逆向思维与证伪思维 / 256

第五节　逆向投资的优势和必要 / 259

第六节　逆向投资策略的概述 / 261

第十章　清单思维与善弱投资 / 274

第一节　从清单革命到清单思维 / 274

第二节　投资中的分类思维 / 277

第三节　投资决策树的应用 / 284

第四节　清单监测和检查示例 / 292

第十一章　投资的自控力处方 / 307

第一节　自控力的来源和特性 / 307

第二节　提升自控力的方法 / 310

第三节　影响自控力的陷阱 / 312

第四节　善用自控力的处方 / 315

后记 / 322

第一章 有限理性与弱者体系

第一节 有效市场假说与超额收益

市场熙熙皆为利来，市场攘攘皆为利往。所有流行的投资体系，目标都是在市场中持续地获取超额收益。但在探讨任何投资方法之前，我们首先需要科学地认识一个问题：证券市场是否存在持续的超额收益？这个问题非常有趣，很多投资者可能从未深入思考过。实际上，在学术圈乃至业界，许多人认为市场中不存在持续的超额收益。如果这个观点成立，那么我们对任何投资体系的讨论都像是追逐虚无缥缈的幻影，没有实际价值。

为何市场不存在持续超额收益的观点很流行？答案是"有效市场假说"。在探讨弱者体系时，我们不能忽略有效市场假说的重要性。我们需要科学地剖析有效市场假说的内涵，并比较它与弱者体系在核心观点上的差异。因此，本书第一章便聚焦于弱者体系对有效市场假说的证伪。

有效市场假说是一个理论框架，用于解释资产价格在金融市场中的形成机制。该假说认为，在一个有效的资本市场中，

弱者体系

所有关于投资品的信息都能被投资者迅速、完整且准确地获取，这使得他们能够准确评估投资品的价值并正确定价。换言之，投资品在任何时刻的价格都已充分反映了投资者当时所能获得的所有相关信息，全面体现了投资品的内在价值。

有效市场假说认为，由于市场价格已经充分反映了所有可用信息，投资者无法通过分析历史价格或公开信息来获得超过市场平均水平的超额收益。而弱者体系则是一套在市场中持续寻找和获取超额收益的理念和方法。因此，弱者体系和有效市场假说是不兼容的。

我们要想正确地认识自己，有时需要从理解对立面着手。因此，在本书的开篇就从对有效市场假说的证伪开始，本章将深入探讨这一议题。

一、两个核心假设

有效市场假说的成立基于两个核心假设：一是投资者具有"完全理性"，二是市场中存在"无限套利"的机会。

完全理性是指投资者的一种理想化的特质。他们具备无限的信息获取和处理能力，能够准确理解市场信息的真正含义；同时，他们拥有科学的决策能力，始终遵循严密的逻辑和数学原则，不受任何偏差和噪声的影响。这样的投资者能够精确评估每项投资的预期结果，并基于长期利益做出最佳决策，以实现投资收益最大化。简而言之，完全理性的投资者在所有情况下都能做出最优的选择。

无限套利则是指投资者能够在市场中无成本地获取套利信息，并且可以无限制、无风险地进行套利操作以获取利润。套利行为是指利用不同市场之间的价格差异，通过买入低价资产并同时卖出等值的高价资产，以期在不承担市场风险的情况下赚取利润。

在这两个前提的基础上，有效市场假说建立了一套宏伟的理论体系，用于解释和预测市场的各种特性。接下来，我们将详细分析有效市场假说的两个主要推论。

二、两个主要推论

有效市场假说有两个主要的推论，分别是"价格正确说"和"风险补偿说"。

1. 价格正确说

有效市场假说认为，市场迅速准确地反映新信息，投资者能准确定价证券。无限套利确保价格偏离真实价值时会被迅速纠正。市场有效意味着价格等于价值，市场价格反映所有基本面信息，价格的日常波动是由于不断有新信息进入市场，导致价格随机漫步。投资者无法通过信息解读或特定策略持续获得超额收益。如果市场有效，主动投资管理策略将无法长期超越市场平均水平。如此，投资者寻找具有超额收益的投资体系通常是徒劳的，明智的投资者应转向被动投资策略，如购买指数基金。

2. 风险补偿说

风险补偿说，即风险溢价理论，是有效市场假说的关键推论。该理论认为，投资收益是对承担风险的补偿，市场中没有免费的午餐，证券预期收益仅与风险成正比。风险溢价是投资者因承担额外风险而要求的超过无风险利率的回报。这表明，投资者承担的风险越大，期望的回报率越高。高风险可能导致更大损失，因此需要额外补偿。

资本资产定价模型体现了风险溢价理论，提供了一个计算公式：

预期回报率=无风险利率+风险溢价(β×市场风险溢价)

其中，β（贝塔系数）反映资产与市场风险的关联。

市场有效意味着"超额收益即额外风险"，投资收益仅来源于风险补偿。我们判断一项投资能不能带来超额收益前，需考虑是否承担了额外风险。

三、对完全理性和无限套利的证伪

有效市场假说中的"完全理性"和"无限套利"假设，在弱者体系视角下，与现实市场不符。接下来，让我们深入探讨这个议题。

1. 证伪完全理性

弱者体系更接受"有限理性"理论，认为人有智慧但非完全理性。有限理性意味着投资者在决策时因信息不足、知识不完善、认知限制和时间压力，无法做出完全理性的决策。现实中的投资者受信息获取、解读能力、精力、情绪和群体影响，认知和决策能力受限，决策并非完全理性。

（1）完全理性假设投资者能无成本、迅速、完整、准确获取信息，而有限理性认为投资者获取信息时面临成本，信息解读能力受限。

（2）完全理性假设投资者决策无偏差，而有限理性认为投资者依赖经验和直觉，可能产生认知和行为偏差。个人心理和社会因素也会对投资决策产生影响，如情绪、社会规范和个人价值观。

（3）完全理性假设投资者总是选择投资收益最大化的方

案，而有限理性认为投资者寻求"满意性原则"而非最优方案。

（4）完全理性假设投资者有无限推理和计算能力，而有限理性认为人脑处理能力有限，依赖简化的认知和启发式规则来快速决策。

弱者体系认为有限理性更贴近现实，投资者在实际投资决策中追求"满意"而非"最优"，这种差距称为"弱"，是人类作为投资决策者的固有特质。

2. 证伪无限套利

无限套利假设认为投资者能无成本、无限制、无风险地获得套利利润，但现实远非如此。投资者在套利时会遇到三个主要障碍。

（1）识别错误定价需时间和资源，市场信息不对称和事件复杂性会导致判断偏差，限制套利活动。

（2）执行套利策略时需承担交易成本，如税费、佣金等，且卖空等策略可能受法律或监管限制。

（3）筹集套利资金时可能遭遇市场波动、融资限制及流动性不足等风险，特别是在市场出现大幅下挫时，往往在最需要资金来纠正错误定价的时刻，套利资金的获取可能会受到严重制约，甚至完全无法获得。

第二节　弱者体系的定价理论

如果有效市场假说的两个核心假设，即完全理性和无限套利与现实市场不符，那么基于它们的推论，"价格正确说"和

弱者体系

"风险补偿说"也就失去了基础。这些讨论很关键,因为"价格正确说"不成立意味着资产可能被错误定价,投资者可通过合理的策略获得超额收益。而"风险补偿说"不成立意味着投资者无须承担高风险就能获取超额收益,优秀的投资策略可能无须承担额外风险。现在,我们来深入讨论弱者体系对证券定价和风险的观点。

一、弱者体系对定价的观点

在有限理性下,投资者对证券的定价常与实际价值有偏差,股市历史上的泡沫和股灾证明了这一点。投资者往往在泡沫期以高于合理价格的价格购买资产,在股灾时又认为资产变得毫无价值。这种现象难以用基本面变化解释,说明投资者并不总能合理定价。套利成本和限制因素导致价格无法迅速回归价值,使得错误定价持续存在。有效市场假说认为新信息会瞬间反映在股价上,但研究表明,市场最初的反映并不总是正确的。

弱者体系接受"噪声交易者模型",认为证券价格与内在价值相关,但不单由内在价值决定。当市场套利成本低时,价格基本反映内在价值;但套利成本高时,投资者的偏差和噪声才是决定资产价格的主要因素。噪声交易者模型认为,市场价格是噪声交易行为和理性套利行为在成本约束下相互作用的结果。错误定价的程度取决于噪声交易者和套利成本,噪声交易是导致股价每天都会波动的主要原因。

在噪声交易者模型中,价格=价值+噪声。噪声指基于非基本面价值的交易和定价。简而言之,在信息被快速更新的市场,投资者难以立即准确判断交易信号。投资者若依据与资产价值无关的信号交易，则为噪声交易。即便聪明的投资者也可能因认知和行为偏差而进行噪声交易，噪声交易是价格发现机制的重要组成部分。

在弱者体系中，我们把形成噪声背后的行为本质称为"弱"，它是由投资者和群体的"有限理性"引起的。市场中的每个投资者都或多或少是噪声交易者，"弱"是投资者的群体特征，噪声即为"弱"。在弱者体系下，证券定价的公式为：价格＝价值＋"弱"。

二、弱者体系对风险的观点

上述探讨了市场定价原理。那么追求超额收益是否必须承担额外风险？这需要证伪"风险补偿说"。证伪原理指出，证明论断错误的最佳方法是找到其对立面。风险补偿说认为证券收益仅与风险成正比，但市场实际并非如此。例如，盈余公告后的股价漂移现象和基本面效应都与风险补偿说相悖。

（1）盈余公告后的股价漂移现象：实证显示，公告好消息后，公司股价往往继续超越市场平均水平；相反，坏消息则导致股价表现低于市场平均水平。然而，根据风险补偿说，好公司股价表现好是因为风险高，坏公司股价表现差是因为风险低，这与常识不符。

（2）基本面效应：该效应是指基本面更好的公司不仅具有更高的未来投资收益，而且未来的经营业绩也更好。但风险补偿说意味着基本面更好的公司具有更高的风险，这同样与常识相悖。

弱者体系认为超额收益并非来自风险，而是来自对证券定价中"弱"的部分的发现和纠正，即"善弱"。因此，超额收益=价值+"善弱"。这个公式揭示了超额收益的来源不是风险，而是源于投资者的固有缺点："弱"。我们获取超额收益的方法不是无视风险，而是"善弱"。

第三节 对"弱"的深度阐释

在深入探讨弱者体系前，我们需理解"弱"的概念，从而引出体系内涵。"弱"可从四个维度：市场定价、有限理性、升维思维和弱即是强的哲学视角来进行阐释。

一、市场定价的维度

在第二节中，我们提出了弱者体系的证券定价公式：价格=价值+"弱"。这里的"弱"指的是资产定价中偏离内在价值的部分。"弱"这一因素导致投资者的买卖行为并非完全基于对资产内在价值的最优估计，而且产生了大量的非基本面交易需求。

从这个维度来看，"弱"帮助我们理解了证券价格的形成机制和构成。但"弱"对价格的影响可能是随机的，内在价值仍是定价估算的最佳基准。"弱"不仅导致错误定价，还具备均值回归特性。这样，我们研究和利用"弱"便可获取超额收益。

二、有限理性的维度

在有限理性的维度上，"弱"指的是投资者在信息获取、时间精力、事件认知、行为决策、概率思考、情绪控制等方面

第一章
有限理性与弱者体系

与完全理性的差距。以下是"弱"的具体体现。

（1）市场信息的不对称性是"弱"的客观环境。投资者的有限精力、有限注意力是"弱"。投资判断依赖于记忆，但记忆并非像复读光盘那样精确，它可能会丢失或改变，这是由"情景重构"和"峰终定律"导致的"弱"。许多人以为投资过程主要靠逻辑推理和计算，但实际上，我们更多是依赖直觉。直觉的固有缺陷，如对随机性的不适应和虚假总结，也是"弱"。心理学范畴内的认知和行为偏差，如损失厌恶、心理账户、过度自信、锚定效应、沉没成本效应、事后之明效应、启发式偏差等，都会使投资者的决策偏离理性，这些都是"弱"。面对市场的随机性，投资者往往缺乏概率思维，混淆因果关系和相关性的差异，以及对概率涉及的"基率""小数""随机""回归""合取"等问题的错误认知，还是"弱"。

（2）缺乏辩证思维、证伪思维和逆向思维，不了解周期规律，是"弱"。作为人类，我们的投资行为受到情绪、习惯和自控力丧失的影响，这些也是"弱"。尽管投资者渴望达到完全理性，但大脑的能力无法胜任，人脑的结构和进化是为了生存而非计算。不仅是个人，整个市场群体也无法达到完全理性。

"弱"是投资者的普遍属性，是人类在复杂系统下的自然状态。在投资中，理性固然重要，但"弱"才是贯穿始终的主角。

三、升维思维的维度

升维思维用于在常规思考无法解决问题时，通过改变视角

（如层级、时间、边界、位置、结构等）来重新审视问题和推理方案。其核心在于不局限于当前的问题框架，而是从更高视角观察，以发现更本质的规律和更有效的解决方法。例如，在交通堵塞时，我们跳出车内视角，通过无人机视角从高处观察，便能更清楚地看到拥堵原因和车流状况，从而规划出避开拥堵的路线。

在投资领域，升维思维意味着我们要跳出市场波动的表面干扰，结合宏观、周期、统计、趋势等多个手段去俯瞰市场全貌和参与者的行为模式，以深刻理解市场规律和本质，取得市场优势。升维思维虽抽象，但在投资应用中具体包括：从周期和技术分析的角度预测市场或个股在内在价值以外的涨跌，通过分析市场周期位置，来预测未来走势；以周期进程的方向，判断证券的高估或低估；通过技术分析，来测度周期极端处的贪婪或恐惧。

判断周期和方向需要周期思维、辩证思维、证伪思维和逆向思维。遗憾的是，这些思维方式并非普通投资者天生就具有的，这是我们在投资中的"弱"。

四、弱即是强的维度

人们希望成为市场强者，但为何"弱者体系"强调"弱"而非"强"？这是因为证券市场是一个复杂系统，具有非线性、自组织性、多样性、不确定性、反身性和混沌性等特点，这使得采用"弱"的策略比"强"更具适应性。

"强者"思维的本质，是在掌握更多资源和信息的基础上，追求更精准的市场预测。然而在复杂系统下，这种追求"强"的策略效果并不显著，反而可能带来危害。在市场中，过载的信息并不保证成功，反而可能导致过度自信和控制错觉等错误。"强者"思维追求精准的市场预测，然而预测并非精确的科学，能长期精确预测证券收益的可能性很小，因此投资依赖预测作为出发点是错误的。

老子在《道德经》中提出"柔弱胜刚强"的观点，他观察到，柔弱之物能够持久，而刚强之物则容易断裂。老子以水为例，说道："水善利万物而不争，处众人之所恶，故几于道。"水虽然柔弱，却能适应各种复杂环境，展现出以柔克刚的力量。

弱者体系认为，成为市场中的"强者"应理解并运用"弱"。投资者应识别并补足自己的短板，利用交易对手的短板，这才是投资获胜的关键。真正的"强者"能够识别并利用交易对手或市场群体的"弱"，而一味追求信息优势的投资者并不是真正的"强者"。

弱者体系的实践从"识弱"开始，通过不断研习和利用"弱"，最终成为真正的市场"强者"。

第四节　弱者体系的全面概述

一、何为弱者体系

在弱者体系中，"弱"是核心概念。而将"弱"从识别到善于利用的过程，构成了一种投资学问和修行。该体系的核心在于发掘并识别投资过程中的每一项"弱"，并利用科学的策略来应对它们，对于不能完全根除和避免的"弱"，我们要在投资中为其设计容错空间。最终通过系统的研习和实践,投资者要达到善于应对甚至利用这些"弱"的境界。因此,弱者体系并非一个简单且一成不变的方法,而是一个不断发展的策略体系。

二、何为"善弱"

弱者体系中的"弱",并非止步于强调投资者固有的有限理性。相反,这里的"弱"更强调的是"善弱"。这里的"善"借鉴《道德经》中上善若水中"善"的含义,意指擅长和精通。"善弱"即精通识别和应对投资中的各种"弱"。我们要通过深入研习,渐入佳境,从"善弱"的视角去认识有限理性、把握内在价值、掌握周期规律、探寻超额收益、解构证券估值、控制组合风险,从而构建出一个能构持续成功的投资体系。因此,弱者体系实际上是一套关于"善弱"的理念和策略体系,它阐述的是在投资中实现"善弱"的途径。

弱者体系不依赖于强者思维所需的过载信息资源,也不依赖于对公司收益的精确预测或对内在价值的复杂评估。弱者体系的实践从"识弱"开始,通过不断研习和锻炼,逐步从应对自身的"弱"到利用市场群体的"弱",最后达到"善弱"。在复杂系统下,我们成为"强者"的途径并非源于对"强"的刻意追索,而是在识弱和克弱的实践中水到渠成的自然过程。弱者体系实际上是一个围绕"善弱"的理念和方法来应对市场中的复杂性和不确定性,确保投资不遭遇重大失败,从而实现长期成功的策略体系。

投资中的认知限制 第二章

第一节 有限注意力与选择性知觉

有限注意力是人类认知的一个核心特性，它指的是在处理信息或执行多任务时，人脑的认知资源是有限的。因此，注意力是一种有限资源，它会不自觉地驱使我们关注那些最能吸引自己注意的事项，同时忽略那些平淡无奇的事物。从进化的视角来看，有限注意力在复杂环境中具有适应性优势，它帮助我们在人脑"硬件"限制的条件下迅速而有效地聚焦信息和应对风险。然而，在投资领域，有限注意力更多地显露出其局限性，呈现为一种"弱"。具体而言，投资者在任何给定时刻只能关注和处理有限的信息量，无法对所有信息做出即时反应。

一、有限注意力的特点

1. 信息过载

人脑处理信息的能力是有限的，很容易陷入信息过载的困境。在证券市场中，有限注意力可能导致投资者无法处理所有接收到的信息，从而可能忽略重要信息或做出次优的投资决策。信息过载还容易导致延长处理信息的时间、注意力分散等问题，导致出现决策拖延和反应迟缓，增加投资风险。同时，这也带来记忆和直觉相关方面的问题。例如，人们倾向于关注最近的或易于记忆的信息，如易得性启发。

2. 信息过滤

由于注意力的有限性，投资者必须选择关注某些信息而忽略其他信息，体现出明显的选择性和优先级区分。这种选择往往基于信息的显著性、重要性或个体的期望，这会导致显著的认知偏差。例如，投资者倾向于关注涨幅大、成交量高或热门概念的股票，或者很多人只关注能证实自己已有信念的信息。而且注意力也容易被操纵，如媒体或游资可能通过散发利好利空消息，或操纵个股的暴涨、暴跌来吸引投资者的注意力，引发群体恐慌交易，从而达到低位吸筹或高位派发的目的。

3. 反应迟缓

我们都知道温水煮青蛙的寓言。若将青蛙置于沸水中它会立刻跳脱，然而在逐渐加热的温水中，则会不知不觉地被煮熟。投资者和青蛙一样，都受到有限注意力的影响。投资者对股价的反应与青蛙类似。股价快速上涨会迅速吸引投资者的目光而获得溢价，而缓慢上涨则可能被忽视，导致定价低于其内在价值。这便催生了一种超额收益原理，我们将在第八章中对此进行探讨。

二、选择性知觉

有限注意力对投资者产生的典型影响就是选择性知觉。所谓选择性知觉，是指投资者倾向于关注和记忆那些与自身信念或预期相吻合的信息，而忽略或遗忘那些与自己信念相悖或预期不一致的信息。投资者的知觉受到其既有信念和预期的深度影响，这些因素被称为"认知"因素。实际上，投资者的知觉同样受到欲望、贪婪、恐惧等情绪相关因素的影响，这些因素则被称为"动机"因素。在选择性知觉过程中，认知因素与动机因素相互交织。这一现象揭示了投资者在处理外部信息时，并非完全客观中立，而是受到个人信念、预期、利益、情绪等多重因素的影响。

在投资领域，选择性知觉的表现形式如下。

（1）选择性注意。这是选择性知觉的起始阶段，投资者倾向于主动关注那些与自身信念、预期、愿望和利益相符的正面信息。

（2）选择性理解。投资者会依据自身的信念、预期、愿望和利益来解读信息。例如，面对同样的新闻或事件，不同的投资者由于立场和利益的差异，可能会对相同的信息做出不同的解读。

（3）选择性记忆。投资者往往更容易回忆起那些与自身信念、预期、愿望和利益相吻合的信息。相反，对于不利的信息和潜在风险，他们可能会选择性遗忘或记忆不清晰。

第二节 认知偏差及改善方法

一、典型的认知偏差

选择性知觉会导致在投资过程中出现一系列典型的认知偏差。

弱者体系

1. 确认偏误

确认偏误指的是投资者倾向于搜寻、解释、记忆和信任那些能够支持或证实自己既有信念或利益的信息,同时忽略或轻视那些与自己信念或利益相冲突的信息。

2. 孕妇效应

投资领域的孕妇效应指的是投资者在关注或持有特定标的后,感觉相关信息到处都是。例如,购买新能源汽车公司股票后,投资者可能更频繁地看到该品牌汽车和相关正面新闻。这种选择性知觉可能使投资者对所持股票过于乐观,或忽视其他投资机会。

3. 光环效应

投资中的光环效应是指投资者基于某个显著的正面特征或良好声誉,而对某公司的其他方面也给予过高的评价或积极的预期。投资者可能会因为知名品牌、有明星效应的管理层、过去靓丽的业绩表现等单一或少数因素,就认为某公司在所有方面都很出色,而忽略了其他可能存在的问题或风险,从而影响客观的投资判断。

4. 认知失调

投资中的认知失调是指当投资者遇到与自己既有的信念、预期或行为相悖的信息或情景时,心理上产生的不一致感(矛盾或不兼容),会引发紧张、懊恼等不适。为了缓解这种不愉快的心理状态,投资者会不自觉地调整自己的认知,以适应当前的信息或情景,并可能扭曲对事物的看法,以期保持认知与信息的一致性。

在认知失调的影响下,投资者的行为主要表现在两个方面(见图2-1):一是主动调整自己的认知或行为,以减轻或解除不协调状态；二是为了避免不协调状态，而有意识地回避与现有认知相冲突的信息。

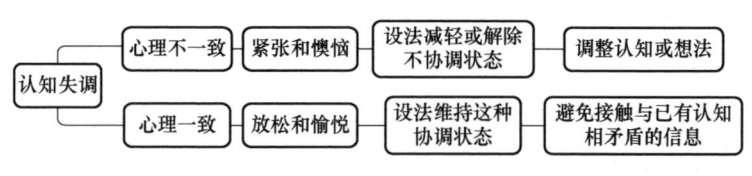

图 2-1　投资者行为在认知失调影响下的表现

认知失调的产生机理是大脑寻求为自己的行为赋予合适的动机，以避免认知过载，这是一种自我调节和保护的心理学现象。当投资者的信念、预期或行为与现实发生冲突时，大脑会自动启动这种保护机制，以减轻不适感。这种机理主要体现在以下五个方面。

（1）合理化解释。当事件与投资者的信念或预期产生冲突时，大脑会寻找合理的解释来为自己的行为辩护。

（2）转移注意力。大脑会通过转移注意力的方式，帮助投资者避开冲突情景，以减轻认知失调。

（3）否定与排斥。大脑倾向于自动否定或排斥那些与既有信念或预期相冲突的信息。例如，当投资者不愿意承认自己的错误时，他们可能会选择否认事实，或者贬低他人的观点，以此来维护自己的认知。

（4）情绪调节。大脑通过调节情绪来缓解认知失调所带来的不适感。例如，在遭遇大跌时，投资者可能会自我安慰："这是大盘下跌带动的短暂回调。"这在一定程度上减轻了负面情绪，但同时也可能扭曲对投资的客观评估。

（5）重塑信念与价值观。当投资者的信念或预期遭遇挑战时，大脑会试图扭曲其固有的、可能正确的信念，使之与投资情景相契合。

以投资者小强（人名）为例，他注意到新能源汽车板块在市场上表现强劲，感到非常心动。在没有对相关企业进行深入研究的情况下，他盲目跟风，投入了大量资金购买了一只新能源汽车概念股票。

随着时间的流逝，新能源汽车板块的走势开始出现波动，一些企业的业绩未能达到预期，导致小强所持有的股票的价格大幅下跌。面对这种情况，小强有两个选择：一是承认判断失误，及时止损；二是寻找理由为自己的投资决策辩护。

小强选择了后者，他开始专注于那些支持自己观点的信息，如行业前景依然乐观、国家可能会继续维持补贴政策、新能源汽车的市场渗透率有望进一步提升等。与此同时，他有意忽视了那些与自己观点相反的信息，如国内可能加息、汽车产业链恶化、企业估值过高等。

同时，随着事件的进展，他为自己的这笔投资这么解释："这只股票我选得很准，买入时机也恰到好处，如果不是大盘突然出现下跌，我肯定很快就能获利了结；如果不是那个所谓的专家误导我说大盘只是技术性调整，我肯定已经止损了；如果不是突然加息，股价肯定不会跌得这么厉害；以前我也遇到过类似的情况，刚一割肉就连续出现两个涨停……"

小强持续搜集到的各种利好信息让他相信，当前的下跌只是由于市场中不坚定者的恐慌抛售所致，这只股票很快就会迎来大反弹的机会。这种心理随着浮亏套牢时间的增加而变得更加坚定。在这种认知下，小强在股价持续下跌的过程中，不仅没有及时止损,反而不断加仓,希望能够摊低持仓成本,最终导致了巨额亏损。

在这个过程中,小强的行为体现出了典型的认知失调,具体表现为拒绝承认错误、转移注意力、情绪调节以及选择性地搜寻支持自己期望的证据等。

二、改善有限注意力的方法

在有限注意力下,投资者并非如理想模型中那样,在获取全方位的信息后做出理性的投资决策。实际上,大部分投资者困在自己的"知觉茧房"中,如同温水中的青蛙。这种认知限制在信息不对称的环境下(信息不对称指的是在股市中,不同个体对相关信息的掌握程度存在差异),会变得更加严重。

改善有限注意力的方法包括以下五个。

(1)清单思维和投资决策树是极佳的应对策略。具体内容,我们将在第十章中详细介绍。

(2)识别与选择性知觉相关的认知偏差至关重要。选择性知觉的本质在于其选择性。因此,我们在进行任何重大投资判断和决策之前,值得暂停并自问一些关键问题:我的观点是否受到了某种动机的影响?我在看待和处理问题时是否掺杂了个人的预期和利益?

(3)运用证伪思维。主动与持有不同信念、预期、利益、立场的人进行交流,并关注他们分享的信息、观点和逻辑。通过这种反思,我们能够识别出许多可能导致认知偏差和动机扭曲的因素。

(4)建立反馈机制。我们应拓展信息获取渠道,并在各个重要的投资时间节点建立有效的反馈机制,避免有限注意力的影响。例如,识别"显著信号",构建信号验证机制并将其纳入投资决策树或投资监测清单中。

(5) **增强自控力**。确认偏误、认知失调等都是大脑的自然防御机制。即便我们意识到这些机制正在影响我们出现忽视、拖延、逃避等行为时,我们仍可能难以有效控制自己。因此,在投资过程中,我们需要科学地运用自控力,我们将在第十一章中将对此内容进行系统性的阐释。

第三节 记忆的原理和特性

众所周知,在投资中我们需要借助大量记忆来辅助决策。这包括回顾投资历程、分析行业动态、解读财务报表、审视新闻资讯以及梳理投资逻辑等。鉴于我们无法每次都投入大量时间和精力去重新查阅相关资料,许多信息需要依靠记忆来快速调用。因此,投资者首先必须对人类记忆的原理和特性有一个科学的认识。阅读以下内容后,你将明白,许多投资者对记忆的认知都存在错误,或者至少是片面的。对记忆的错误认知和不当使用是投资中的一项"弱",因此对记忆的识弱和善弱,是弱者体系研习的重要内容。

记忆是什么?我想,第一次看到这个问题的人,很可能会意识到自己从未深入思考过这一问题。不过大部人会认为自己对记忆有基本的认识。例如,许多人会形象地觉得,如果把大脑比作一个存储硬盘,那么记忆就是我们存放在硬盘中的关于过往事件的资料和数据。这种比喻是不是很形象?当我们需要回忆的时候,很多人会说:"等等,让我回想一下。"这时,像从硬盘中读取数据一样,我们从大脑中把记忆调取出来。只是我们的大脑在存储方面有一些缺陷,往往时间一长,就会丢失一些信息,这使得我们会忘记过去的一些细节,无法完全回忆起来。

我想,这就是大部分人对"记忆"的理解吧。然而这是错误的。因为人类的记忆有两个重要的特性:"情景重构"和"峰终定律",它们都不符合硬盘存储和调取数据的原理和特性。

一、情景重构

事实上,神经科学的研究揭示,记忆并不是储存在大脑某个特定区域的物理介质内,而是存在于脑神经元之间的突触连接的拓扑结构中。这些突触并非物理连接,而是通过释放化学物质(神经递质)和电信号来传递信息。当回忆时,大脑皮层的神经元突触会被激活,涌现的化学和电信号脉络复刻了我们的记忆。

所以,当我们回忆时,记忆并不是从大脑中提取储存的静态资料或数据,而是对过往经历的情景和细节的重建。在重建(回忆)的一瞬间,我们的大脑不仅复原了原始情景,还动用了逻辑推断来填补缺失的细节,并融合了与原始记忆相关的其他记忆,以及与个人愿望和情绪相关的其他信息。总之,记忆的本质是情景和细节的重建而非提取,这也意味着记忆与回忆者的当前环境和情绪紧密相连。

关于记忆的情景重构,可以做一个简单而有趣实验:闭上你的眼睛,试着回忆一个让你难忘又愉悦的情景。例如,我能回想起这样一个情景：在一个仲夏的午后，晴空万里，在公园的一片绿树成荫的草地上，树木之间悬挂着许多供游客休息的吊床。我的两个孩子躺在两个吊床上，轮流让妈妈轻轻地摇晃，孩子们笑得非常开心。

现在，请你也闭上眼睛，开始回忆一段类似的个人经历。记住，这个实验的关键在于，在你完成回忆之前，请不要继续阅读下面的内容。

……

好了，当你完成一段美好的回忆后，现在请想：在你回忆的情景中，你看到自己了吗？你站在什么位置？身着什么衣服？脸上带着怎样的表情？如果你在回忆中看到了你自己，那就说明你已经在脑海中重构了这个记忆和情景，因为在原始的经历中，你是无法看到自己的。这正是记忆的情景重构。

大脑是一个高效的创作中心，它不断接收碎片式的素材，然后竭尽全力地把这些素材整合成一组连贯的画面。在回忆的过程中，有一些素材丢掉了，有的碎片也连贯不起来了，必须做一些润色、修改，甚至"无中生有"地编出一些细节，才能连成一段有意义的故事或情景。这就是重构，俗称"脑补"。我们通常意识不到自己在脑补，往往误以为记忆中的内容都是真实的。记忆的这种"重构"特性，会让我们在投资中面临很多"弱"。

（1）记忆的衰退和阻断。记忆是会随着时间的流逝出现一定衰退的，我们都经历过无法回忆起某些事的挫败感。显然，从进化的视角看，大脑倾向于认为近期发生的事件比那些久远的事件更为重要。为了减轻负担，大脑在信息重构的过程中可能会遗失那些不常被调用的细节信息，这种现象被称为

"遗忘"。

此外，记忆作为一种非物理连接的拓扑结构，可能在某些物理或心理刺激，或在药物作用下，出现记忆的阻断或丧失。在极端情况下，如脑部遭受创伤或剧烈刺激的人，可能会遗忘很多事情。一个关于记忆阻断的经典实验是改善蜘蛛恐惧症。研究者首先让被试观察蜘蛛，以引发他们的恐惧反应。随后，被试被给予一种能够中断神经元突触间通信的化学药物，从而阻断了他们对蜘蛛恐惧的记忆。到了实验的第二天，据报告，一些患者甚至敢用手触摸蜘蛛了。

（2）记忆的诱导篡改。记忆易受诱导而发生篡改，导致虚假记忆的产生。一个经典的实验是篡改儿童时期的记忆。在这个实验中，研究者构建了一个虚构的故事，并告诉被试这是他们童年时期的一段经历，且声称是被试的父母所叙述的。这个虚构的故事中融入了被试真实经历的某些元素，如特定的地点和相关人物的名字。起初，被试坚称自己没有这样的记忆。然而，研究者鼓励他们放松并尝试回忆，但不得与他人讨论此事，并暗示很多人通过类似的方法成功地唤起了童年的记忆。经过一段时间后，当研究者再次询问他们是否记得这段经历时，许多被试开始表示似乎确实有这样的记忆。通过这种方式，实验激活了被试大脑中与童年记忆相关的神经元，并触发了情景重构的机制，从而在他们的记忆中植入了虚假的记忆片段。

另一种记忆诱导的方式是在唤起记忆时使用框架和暗示。例如，让一组投资者观察某只匿名股票的一段历史行情，随后向其中一半的投资者提出问题："这只股票的价格在随后出现了大跌，你们认为会跌多少？"而另一半投资者未被提出类似问题。一周后,再次召集这些投资者,这次的问题是:"这只股票的价格随后出现了大跌,你们能否回忆起在下跌前是否有任何异常现象,如在量价上出现了突然的放量等?"研究结果显示,一周前被询问"股票的价格会下跌多少"的投资者中,有更多的人能够回忆起他们之前观察到了行情中的量价有"异常现象"。

这些现象揭示了投资者如何受到问题表述的影响,进而诱导和篡改他们对市场事件的记忆和解释。不同的问题表述框架,能够显著影响投资者对事件进行记忆重构的过程。问题的框架可能会影响投资者对市场动态的感知,甚至可能导致他们在面临相似情况时做出不同的投资选择,这在实际投资决策中具有重要的启示意义。投资者在询问和回顾市场事件时,也可能构建出一种不同于实际情况的记忆。这种重构可能会影响他们的投资判断和决策,因此理解这种记忆现象对于投资者来说非常重要。

(3) 关联记忆的持续整合。 投资者的记忆并非一成不变,而是一个持续整合的过程。下面我们将通过一个记忆实验来揭示这一现象。以下是关于一系列股票的基本面信息。

A 公司管理层经验丰富、产品价格提高、市场份额扩大、估值低于行业、股价稳步上涨。

B 公司管理层经验丰富、产品价格提高、估值低于行业、净利润增长、股价稳步上涨。

C 公司市场份额扩大、净利润增长、产品价格提高、估值低于行业、股价稳步上涨。

D 公司管理层经验丰富、市场份额扩大,净利润增长、估值低于行业、股价稳步上涨。

第二章
投资中的认知限制

请在此处回想一下,哪家公司的基本面包括:管理层经验丰富、产品价格提高、市场份额扩大、净利润增长以及股价稳步上涨?您的答案是A、B、C或D公司(请在所选公司字母上打钩。在回忆时请避免回头阅读,也不要继续向下浏览)。如果您的选择是A到D的任一选项,那么说明你的记忆出现了整合。事实上,上述的公司都不符合"管理层经验丰富、产品价格提高、市场份额扩大、净利润增长、股价稳步上涨"的信息。然而,我猜测不少人会觉得这个信息是出现过的。

这一现象揭示了投资者在判断过程中,并非仅仅记忆零散的信息点,而是通过逻辑推理、情景分析,甚至是预测和预期,将这些信息点融合成一个全面的判断或情景,这种做法旨在减轻大脑的认知负担。然而,当信息被整合后,我们区分哪些是已知信息、哪些是新的信息、哪些是基于现有信息的推理、哪些是纯粹的臆测,往往变得困难。这也从一个侧面阐释了为何市场中的投资者对于相同的信息,有时会呈现出截然不同的解读和反应。

二、峰终定律

记忆的峰终定律是由心理学家丹尼尔·卡尼曼提出的。它描述了人们在回忆事件时,往往倾向于记住那些经历的高潮(峰)时刻和结束(终)时刻的体验。与此同时,事件的中间部分,无论其体验是长是短,是积极还是消极,对记忆的影响相对较小。这一定律揭示了人类记忆的一个显著特征:情感体验在记忆中的比重远超其他细节。这意味着人们对某次经历的记忆主要受到两个因素的影响,分别是高峰时和结束时的感受,这既有正面的又有负面的。

弱者体系

峰终定律是一种认知上的"弱",会影响人们对过往经历的细节和真实过程的记忆,在一系列事件中,尤其是那些特别美好或特别糟糕的瞬间以及最终时刻,更容易被记忆系统所捕捉并保留下来。人们对事物的体验往往取决于正面或负面的峰值以及结束时的感受,而非整体经历的平均值。

记忆的峰终定律,对投资者的影响存在以下固定的模式。

(1)峰和终的体验在记忆中最突出。投资者对投资的整体回顾性评价往往由最高潮时刻和最后时刻的平均加权所决定。

(2)过程忽略。记忆对于过程并不敏感,投资者常常会遗忘投资过程中大部分的细节。

这一现象揭示了现实经历与最终记忆是不一致的。投资者往往会忽略投资过程中的大部分细节,却能深刻记忆那些最强烈和最后的瞬间感受。即便整个投资中包含许多负面因素,只要峰值和结束时的体验是积极的,投资者对于整个投资的评价往往也会偏向正面,反之亦然。这会扭曲对投资的客观评估和回顾。

峰终定律会导致三个典型的认知偏差,分别为:首因效应、初始效应、近因效应。

首因效应和初始效应类似,都是指投资者在对投资对象(如股票、基金、债券等)进行评估和决策时,最初获得的信息对其后续判断产生过度的影响。首因效应又叫第一印象效应,更强调投资者受到认知资源的限制,倾向于由首要信息快速形成一个整体印象。初始效应更侧重于强调信息呈现顺序的影响,开头部分的信息在记忆中更容易被优先存储和提取。投资者在整合信息时,往往会以开头的信息为基础来构建对整体

第二章
投资中的认知限制

的认知。如果开头的信息是积极的,投资者会更倾向于将后续的信息往积极的方向整合。

近因效应是由记忆的差别引起的,源于投资者对近期的信息记忆更为清晰、更加鲜活,之前的信息在记忆中逐渐变得模糊。近因效应是一种认知偏差,在投资领域,它是指投资者在做投资决策时,过度重视最近发生的事件或信息,而忽略了长期的历史数据和更全面的基本面因素。例如,一家上市公司近期发布了一份亮眼的季度财报,投资者可能仅仅基于这份财报就大量买入该公司的股票,而没有深入思考该公司的长期发展战略、行业竞争格局等其他重要因素。

在做投资决策时,投资者过于关注短期市场的极端波动(如股价的暴涨暴跌),却忽视长期的稳健回报。一旦投资者体验到一次投资的高峰,如某只股票在短期内显著上涨,他们可能会过度自信地寻求类似的投资机遇,而忽略了市场的风险和不确定性。相反,当投资者在市场下跌期间最终遭受了挫折,他们可能会对市场、特定行业乃至某种投资策略产生恐惧和排斥心理,形成错误的观念,这可能导致他们错失宝贵的投资机会。

峰终定律还可能导致投资者出现"锚定效应",即过度依赖历史峰值体验来预测未来的市场动向。这种锚定效应可能使投资者对市场变动反应过激,或者忽略均值回归,在市场趋势已经转变时,仍固守既往的投资策略。

因此,投资者在投资过程中应尽力避免受峰终定律的影响,应避免因一次极为成功或失败的投资经历(终值效应)而忽视投资过程中的偶然因素或实际承担的风险,从而形成不当的投资偏好或错误的投资观念。

弱者体系

第四节 记忆与易得性启发

上述关于记忆的问题揭示了我们大脑能力的局限性,并提示我们应大幅降低对记忆的信赖度。同样,建立在记忆之上的投资经验和信念也应如此对待。我们在投资中不能完全依赖自己的记忆,不仅因为峰终定律的影响,记忆本就不能保留经历的全部细节,而且记忆的重构性意味着,唤起记忆这个动作本身就会改变记忆。但大多数人对此却浑然不觉!这揭示了记忆的不稳定性,然而许多投资者却常常认为自己的记忆是可靠的,这种盲目自信是一种认知偏差。

一、对记忆的善弱分析

1. 要警惕事后之明的影响

记忆重构和峰终定律可能导致投资者在回顾和反思投资决策时表现出"事后之明"的倾向。设想这样一个普遍的情景:你投资了一只股票,随后股价出现大幅下跌,你开始感到恐慌。于是,你复盘了之前的分析和决策过程,意识到:"实际上,在购买这只股票之前,我就已经察觉到一些潜在的问题了。"这样的回顾靠谱么?

有这么一个调查实验,让一群投资者人描述它们对某只股票的看法。两个月后,研究人员再次联系这些投资者,询问他们是否还记得当初对这只股票的评价。结果表明,所有人的记忆都出现了某种程度的偏差。如果在这两个月期间,该股价格上涨了,大多数人会回忆起自己当初对这只股票的评价偏向乐观，甚至认为自己当时就预见到上涨的潜力。相反，如果股票价格出现大幅下跌，他们往往认为自己当时对这只股票的评价就是负面的。

2. 要重视问题的框架和暗示

在提出投资问题时，我们要重视是否有框架效应和潜在暗示，这些因素可能会诱导我们的记忆出现偏差。关于"框架效应"的深入讨论，我们将在第五章中详细展开。

3. 要注意经历与记忆的区分

经历是一个过程，而记忆则更倾向于关注过程中的高潮和终点。这件事的重点在于，很多人误以为经验源自经历，而实际上，我们大部分的经验源自记忆。然而记忆和经历并不总是一致的，因此经验并不直接源自真实的经历。这一点对我们有重要的投资启示：投资不能仅依赖记忆来积累经验，因为这样形成的所谓经验往往并不可靠，因为它可能忽略了投资过程中许多重要的细节和偶然因素。

我们经常会遇到这样的情况：在持有某只股票的过程中，我们经历了许多错误和挑战。然而，如果最终实现了盈利，那么这个结果可能会给我们留下积极的印象。我们会对它所在的行业、适用的投资策略等产生过于乐观的片面认识。这些经验将直接影响我们未来的投资决策。

在对长期投资进行总结和复盘时，我们不能完全依赖自己的记忆。因为看似正确的理论和方法，很可能是因为我们遗忘了当时的某些细节，或者将一些偶然的事件误认为是必然的规律。

不管是事后之明的倾向，还是问题框架与暗示对记忆的诱导，以及在积累投资经验过程中，记忆缺陷导致的扭曲问题，我们都可以借助一种方法来实现对记忆的"善弱"，那就是好记性不如烂笔头。在投资过程中，我们应运用投资决策树对各个阶段进行详尽的记录，投资决策树的每个节点，都应详细记录事件细节并附上当时的投资逻辑和判断。这样，在将来回顾和分析时，我们才有可能获得更客观的"经验"。

关于投资决策树的原理及其构建方法，我们将在第十章中详细讲解。

二、易得性启发

易得性启发是一种心理捷径，指的是人们在做判断或决策时，倾向于依据最容易获得或回忆起来的事件和信息，而忽略其他可能更为重要的信息。这种启发式捷径通常基于记忆中信息的可得性程度来评估某一事件发生的相对频率或概率。

生活经验告诉我们，一般来说，频繁发生的事情比偶尔发生的事情更容易被我们记住，可能发生的事情比不太可能发生的事情更容易被我们回忆起来。因此，易得性启发在我们生活中无处不在。我们借助易得性启发来估计事件发生的可能性，这种简便的思维工具往往能使我们做出快速而有效的决策。

但由于记忆的情景重构和峰终定律，那些能激发情绪的、生动的、易于想象的以及具体明确的事件，要比平淡的、乏味的、抽象或模糊的事件以及统计数据更易于被回忆起。因此，在投资中，这种启发可能会引发认知偏差。因为信息的易得性也会受到与被判断事件发生的客观频率无关的因素影响。这些无关因素能够不恰当地影响事件被快速知觉的显著性、生动性和想象的便利性，从而使得我们忽视了一个重要事实：很多事件超出了我们的经验范围。

在投资决策过程中，易得性启发，即依据记忆中事件的可获取性来评估其发生频率和可能性的倾向，导致那些生动且易于想象的事件更易被记住并被高估，而抽象事件和统计数据往往被忽视或低估。投资中的易得性启发主要体现在以下三种情况：易于回忆、易于想象、易于获取。

1. 易于回忆

回忆与事件的时间接近性和生动性相关。即便事件发生的频率相同，人们往往更容易回想起那些时间上更接近以及更为生动的事件，并据此做出判断。时间远近影响情景重构的程度，而生动性则与峰终定律直接相关。记忆的这些特点导致人们易受事件接近性和生动性影响，高估其发生的可能性。例如，大部分人会高估车祸导致的死亡人数，因为车祸事件的生动性容易唤起回忆。人们在亲眼看见车祸后往往会增加购买车险的意愿。

在投资中，投资者的决策往往会受到事件生动性和接近性的影响，他们可能会过分依赖近期或记忆深刻的市场事件来做判断，从而错误地估计这些事件在未来发生的可能性。例如，在生动性方面，投资者偏好于在曾经出现过十倍股的行业中挖掘"下一个十倍股"。还有，当突发事件引发股价出现剧烈涨跌时，很多投资者会不顾公司的基本面情况而过度交易。

在接近性方面，当某个行业或股票经历显著上涨后出现回调时，投资者可能会急于"抄底"，这往往导致他们成为下跌周期中的接盘者。同样，当投资者看到某化工行业的企业发生火灾事故的报道后，可能因接近性而过度担忧该行业的前景，从而高估其风险。

2. 易于想象

投资者对特定投资结果的想象往往能够影响他们对事件发生概率的评估。当某个投资结果易于想象时，这种想象不仅使得事件更容易在脑海中被提取，还倾向于提高投资者对其发生可能性的评估。反之，如果某个投资结果难以想象，那么想象的过程可能会降低投资者对其发生的预期。例如，那些有增长想象力的公司，可能会让投资者认为它们更有可能成功，而缺乏增长想象力的公司可能会降低投资者的预期。然而，并非所有想象都会提升投资预期，极端负面的想象会因触发损失厌恶而引起投资者的排斥。

3. 易于获取

关于易于获取带来的启发，最典型的问题就是"幸存者偏差"。幸存者偏差是一种逻辑谬误，发生在我们仅关注了幸存者的表现，而忽视了那些未能幸存者的存在，从而得出了错误的结论的时候。例如，投资者常关注表现好的基金，而忽视业绩差的，这会导致对某种基金策略整体表现的片面认知。任何基于少数成功案例总结出的投资策略都可能受到幸存者偏差的影响，因此需要通过更全面的测试来加以验证。

此外，投资者往往对那些资料易于获取、商业模式易于理解的公司抱有更高的信心；易于与公司高管频繁接触后，他们可能会变得过于乐观。这些都是易于获取引发的认知偏差。

第五节　探秘投资中的直觉

一、投资靠理性还是直觉

很多初学投资的人可能会认为，成功的投资者都是极度理性的。他们想象中的高手在进行投资时，会运用缜密的逻辑思

第二章
投资中的认知限制

维,细致对比各种备选方案,并慎重地权衡利弊。然而,现实情况并非如此。我们的大脑内部拥有复杂的神经网络,由多个区域构成,大部分都与情绪的产生密切相关。在任何时候,当我们试图决策时,大脑中都充斥着各种情绪,而这些情绪会在不知不觉中主导我们大多数的决策过程。

以传奇投资大师乔治·索罗斯为例,他撰写了《金融炼金术》一书,并提出了著名的"反身性"理论。许多人渴望从他的著作中领悟投资的真谛和赚钱的秘诀。然而,据索罗斯的儿子透露,真正影响索罗斯交易决策的并非"反身性"理论,而是他的背痛,他时常会因突发的背痛而突然调整仓位。索罗斯本人也相信,背痛往往预示着他的投资组合可能存在问题,是风险预警的信号。据说,索罗斯很依赖这种由背痛引起的风险"直觉"。尽管我们不能否认"反身性"理论的研究价值,但他的投资决策可能更多地来自经验与直觉的结合,这也许才是他真正的"炼金术"。此外,索罗斯的直觉似乎经常失灵。他所管理的量子基金的业绩在后期亦不尽如人意,这可能是这位传奇投资家最终选择退休的一个重要因素。

通过索罗斯的案例,我想说的是,对于任何技能,包括投资,在经过一系列实践和训练后,人们都会逐渐摆脱理性系统转而更多地依赖直觉系统。原因何在?原因就是大脑的进化是为了"生存"而非"理性"。理性思考和推理过程需要消耗大量时间和能量,这对我们的祖先来说并不总是有利的生存策略。因此,大脑将处理复杂事件的大部分工作交给了直觉,以实现能量消耗的最优化。此外,大脑并不像我们想象的那样功能强大,在许多决策情景中,如果缺少足够的"时间"这一要素,我们往往只能依靠直觉来快速做出反应。

二、投资中的直觉是什么

我们在探讨直觉对投资的影响,以及在投资决策中是否可以信赖直觉之前,首先需要明确一个核心问题:投资中的直觉究竟指的是什么?直觉是大脑在事件或经历的不断重复中形成的反馈模型。这种模型源于多巴胺驱动下的学习机制,形成的反馈模型实际上是一种情绪反应。因此,直觉本质上是一种情绪。当直觉出现时,它传递给我们的是一种情绪体验,而非具体的认知信息。例如,当股价突然出现剧烈波动时,我们的大脑会立即警觉起来,察觉到这种走势与常态不符。这种忧虑会迅速转化为一系列情绪反应,如心跳加速、呼吸急促,或是感到异常兴奋或莫名烦躁等。

神经科学研究显示,多巴胺的分泌能够引发快乐和兴奋的情感体验,因此形象地说,多巴胺是大脑中的通用神经货币。人类大脑的学习过程类似于人工智能神经网络中的奖惩机制:先进行预测,随后将预测与实际结果进行对比。如果预测正确(股价如预期般上涨),多巴胺能神经元就会放电并释放多巴胺,此时投资者会体验到"预测正确"的快乐情绪。相反,如果预测错误,多巴胺能神经元就会降低放电率,减少多巴胺的释放,导致投资者体验到消极情绪。

多巴胺能神经元通过奖惩机制不断累积经验,自动比较预期和实际结果,生成各种"如果……那么……"的条件模式。杂乱的现实和模糊的关联被梳理成各种相关模型,使得大脑能够预测未来可能发生的事件。这个学习和总结的过程在人脑中一直持续进行。多巴胺能神经元会密切监控着从眼、耳、鼻、舌、身、意中采集的各种反馈,如果符合预期,就会释放一股快乐信号；如果不符合预期，就会罢工惩戒，这种不断的修正确保了神经元的预测模式得以持续更新。

通过这种反馈和奖惩的学习机制，人脑的多巴胺能神经元学会了如何预测和应对曾经经历过的各种情景。值得注意的是，通常在人脑通过逻辑和归纳进行理性思考之前，多巴胺能神经元就已经破解了这一任务，这是人脑的一项重要的认知能力。多巴胺能神经元能够察觉到理性思维所忽视的细节，并能处理许多我们通过理性尚无法理解的信息。一旦多巴胺能神经元提炼出一套关于该情景如何运作的预测模型，它就会将其转化为情绪。

现在，我们能认识到情绪所蕴含的非凡智慧了。多巴胺能神经元的学习机制揭示了情绪远不止是动物本能的体现，它们还包含了通过学习反馈而获得的智慧。这就能够解释直觉带来的洞察力了！这种洞察力是一种情绪反应，是大脑在理性思维尚未启动之前就已经出现的智慧理解。直觉的形成遵循其独特的学习模式，能够识别出理性思维所无法察觉的微妙情景。即便我们自认为一无所知，但我们的大脑实际上已经掌握了一些信息，这正是直觉试图向我们传达的。

例如，当有人向你咨询关于你持有的股票近期的基本面情况和走势时，你可能会发现自己难以回忆起所有指标数据和K线形态。然而，如果询问的是你认为哪只股票未来的表现会更好，这时的问题触及了你的直觉，你会突然发现自己能迅速识别出未来可能表现最佳的股票。

三、直觉的固有缺陷

虽然直觉具有惊人的智慧，但也并非完美无缺。对于投资来说，直觉是一把双刃剑，在某些情景下，会导致我们做出错误的判断。因此，"善弱"的投资者必须了解直觉的固有缺陷，并能识别在哪些情况下直觉可能不够可靠。

1. 直觉上瘾

直觉的第一个缺陷是其引发的上瘾问题。当理性的分析能够确保获得确定性收益时，投资者通常会更倾向于依赖理性。然而，如果理性分析的结果具有不确定性，而直觉判断也能频繁地带来收益时，即便理性的准确率高于直觉，投资者仍可能更偏好于依赖直觉。这是因为直觉判断正确时，伴随有情绪奖励。这种现象，我们称之为"直觉上瘾"。

尽管买入并持有策略往往具有更高的胜率，但许多投资者仍然偏爱波段操作和追涨杀跌。一个可能的解释是，在这种交易模式下，当投资者做出正确决策时，会体验到多巴胺带来的奖赏感，这正是直觉上瘾现象的体现。

2. 虚假总结

直觉的第二个缺陷在于它可能导致"虚假总结"的问题。在投资中，并非每次盈利都会激发多巴胺的奖赏感，特别是在股价出现剧烈波动的情况下。例如，当股价先升后降，大脑可能会接收到错误的学习信号。即便最终实现了盈利，多巴胺能神经元仍可能专注于错失的收益，计算实际收益与最大可能收益之间的差异。如果这种信号被体验为后悔的情绪，就会被直觉总结为错误。

另外，很多投资者固执地探寻股价短期波动的内在机制，他们的多巴胺能神经元不断做出预测，并且试图从预测中学习。然而，问题在于这里没有什么可预测和总结的，股价的短期涨跌从统计上是完全随机的。

3. 对随机性的不适应

直觉的第三个缺陷是对随机性的不适应。多巴胺能神经元的学习机制天然无法应对随机模式，这也是为何弱者体系提倡研习概率思维的原因。在面对随机事件时，直觉很可能会误导我们。每当我们在随机事件中偶然猜中结果，多巴胺能神经元便会释放出一阵强烈的快感，引发情绪反应，这会导致我们对实际情况产生误解。

多巴胺能神经元固执地寻找事件背后的规律，并试图通过预测的成功或失败来构建一个预测模式（即直觉），但这个模式背后的规律实际上并不存在。随机性的本质在于其不可预测性，即使存在某种规律，那也是统计上的。然而，我们的多巴胺能神经元只能通过一次次增加或减少放电来学习，而不会统计同一情景下累积的放电次数和多巴胺的释放总量，正是神经元学习模式的这一生理缺陷，使得我们天然对统计规律并不敏感。许多投资者热衷于研究股价的短期波动，就像许多执迷不悟的彩民试图寻找彩票开奖的规律一样，两者都源于同一类原因。

有时候，股价的短期涨跌似乎可以被预测，这正是股市的危险所在，也是直觉误导我们的地方。多巴胺能神经元的学习机制驱使我们不断探寻股市的变动规律，脑神经试图与随机性对抗，寻找每一个赚钱的模式，但多数情况下都是徒劳的。很多投资者不仅不正视随机性，反而试图从中发现规律。他们常常从偶然的成功中辨识出并不存在的模式，试图从股票价格的走势和形态中解读出短期涨跌的规律，这与人们有时在云朵中看到龙飞凤舞的图案如出一辙。当大脑面对任何随机现象（如云朵的形状），它会本能为这些现象赋予某种模式。然而，云朵中并不存在龙凤；同样，股市作为一个复杂的系统，其短期涨跌也不存在稳定的规律。

弱者体系

第六节 如何正确运用直觉

实践证明，投资者在面临不确定性时，尤其是在股价出现剧烈波动，需要迅速做出买入或卖出决策的情形下，他们往往不会深入分析信息，也缺乏足够的时间进行理性推理。相反，他们的选择更多是基于直觉。因此，如何在投资中正确地运用直觉，正是"弱者体系"需要深入探讨的课题。

一、简单问题应诉诸理性，复杂问题需借助直觉

直觉是理性的启发。在投资中，面对简单的问题，我们可以通过理性思考和逻辑推理来找到解决方案。然而，当遇到复杂且紧迫的问题时，我们往往需要依赖直觉。股市作为一个复杂的系统，过度的理性分析可能会让我们过分专注于那些实际上并不重要的变量，这不仅会导致精力的过度消耗和注意力的分散，还会使我们过分关注不重要的细节和弱相关事件，从而影响投资判断的准确性。在错误的时刻过度思考，还可能会错失直觉的智慧——直觉在评估真实需求和偏好方面更为出色。

鉴于现实投资环境中的信息是庞杂且持续演变的，我们无法直接对信息做出即时反馈或采取行动，而是必须依赖于模型。模型的作用在于处理那些前所未见的情况，它将过往盈利的经验和亏损的教训进行归纳和泛化，进而在我们的大脑中构建起一套预测和应对模型，将新信息转化为我们熟悉的操作策略。投资者所使用的模型无非就是两类：一类是通过理性思维学习到的常识、规律、金融原理、逻辑推理和线性预测等；另

第二章
投资中的认知限制

一类就是我们的直觉。

在投资中,直觉很重要。资深投资者的直觉对股票市场的各种表现"异常敏感",这种不可言表的情绪是一种智慧,是投资判断不可或缺的元素。很多时候,直觉所捕捉到的信息要远超我们自己所意识到的。在面对不确定性的风险时,我们要充分重视直觉的启发。当然,这不是说在投资中的理性分析不重要,而是强调不应试图事事都能用理性来应对。我们要学会给理性放假,让直觉来消化一些信息。在紧急的情形下,直觉所提示的往往是最佳的选择,或者说,我们应当对第一直觉给予足够的重视。直觉是理性的启发,理性应该围绕直觉来进行论证。如果直觉和理性分析得出的结论相悖,我们必须格外小心。

二、在运用直觉时,要识别直觉的来源

直觉的来源有两种,分别为经验性直觉和替代性直觉。

1. 经验性直觉

经验性直觉属于有效的直觉。这种直觉源于在规则明确且能迅速获得反馈的环境中,通过不断实践和反复训练所积累的技能与经验。例如,象棋选手、医生、机械工程师以及消防员等专业人士,他们所面对的都是复杂但本质上规则明确的情景,这与多巴胺能神经元的学习机制相契合。在处理复杂状况或不确定性时,他们能够凭借经验性直觉迅速做出判断和选择。经验性直觉使大脑能够在无意识状态下识别熟悉的线索,并迅速提出解决问题的策略。

一旦你在类似领域积累了足够的经验——你已经投入大量时间训练自己的多巴胺系统,在复杂且时间紧迫的情景中,你就不应过多地、有意识地权衡各种选择,越是艰难的决策,越

应依赖直觉。

必须指出的是，尽管股市在大多数情况下并不具备稳定性和规律性，且无法提供及时的反馈，但在某些套利投资和股市周期处于极端位置的情况下，这种规律性和即时反馈的特征是短暂且存在的。此外，经验性直觉的这一特性也对投资提供了一个重要启示：在缺乏稳定规律的环境中，不应过分依赖直觉。因为在这种环境下培养的直觉通常不适用于新的环境和问题，对于解决问题并无助益。

"专家，就是在特定领域内经历过各种错误的人。"这句格言揭示了专长实际上就是多巴胺能神经元通过不断的奖励和惩罚累积而来的智慧。这为我们提供了投资方面的深刻启示：犯错不应被视为失败，而应被看作是成长的机会，并且需要仔细反思。大脑通过犯错来学习，积累智慧，这是一种普遍的模式。取得进步的关键在于：关注投资中的错误。有意识地反思那些已被多巴胺能神经元内化的错误。每次投资结束后，我们都应进行详尽的回顾，投资决策树可以帮助实现这一过程。自我提升的秘诀在于自我批评，负面反馈是最好的老师。即便一项投资最终获得了盈利，也要坚持寻找细节上的失误。

回顾每一个投资环节，不断审视自己的错误，寻找可能的更佳决策，投资技能就会不断提升。此外，在复盘过程中，不愿正视自己的错误是一种需要克服的情绪障碍。这是一种自控力上的"弱"。

2. 替代性直觉

替代性直觉属于无效的直觉。替代性直觉源于"替代偏差"，即人们在面对复杂问题时，倾向于用一个简单的问题来替代原本的问题进行解答。由于替代的问题并非原始问题，解决

第二章
投资中的认知限制

它并不能有效解决原始问题,甚至可能对原始问题产生误导。因此,基于这种替代性问题产生的直觉,往往会导致错误的判断。

在面对复杂且缺乏规律、反馈延迟的情景时,替代偏差很容易被触发。大脑往往会迅速用一个简单的问题来替代难题,构建出一种虚假的联系。此时,直觉所提供的答案实际上并非针对真正的问题。

举个普遍的例子。

我是否应该投资这只股票?——替代为:这只股票是市场上的热门选择吗?

这家公司未来的盈利前景如何?——替代为:这家公司报出的最新消息是利好吗?

现在是进入市场的合适时机吗?——替代为:其他人都在买进吗?

我是否应该长期持有这只股票?——替代为:我对这只股票的短期表现满意吗?

我的投资组合是否健康?——替代为:我的投资组合最近是否在盈利?

替代过程是自动发生的,且具有隐蔽性。投资者通常并不清楚大脑深处采纳的替代是在何时何处发生的。替代可能源于"易得性启发"引起的偏差。

另外,只有当获取的信息与投资决策直接相关时,替代偏差才会发生。例如,在评估一家公司的盈利能力时,单纯了解该公司的成立时间和地点,并不能对评估其盈利能力提供实质帮助,因此这些信息不会触发替代效应。然而,任何看似能够反映企业实力或财务状况的指标都可能成为替代品,如公司的规模、产品的知名度、最近的营销活动力度等。当用一个问题

041

取代另一个问题时，如果两者的正确答案不同，那么错误就会不可避免地发生。

三、利用概率思维，对直觉进行佐证或修正

在投资中体察到直觉后，我们的首要任务是要有意识地区分直觉的来源。对于那些基于自己丰富经历的经验性直觉，可以赋予较高的信任度。然而，对于那些尚不熟悉的行业或投资领域，我们应当对直觉保持谨慎，因为这种感觉良好的直觉很可能来自替代偏差。要警惕那种基于替代性直觉而产生的灵感。

同时，对于专家及其他行业专业人士所提供的直觉判断，我们需要评估环境规律和他们的学习经历，以此来判断其直觉的可靠性。是否可以采信他人的直觉，取决于他们是否在这方面拥有更可靠的经历和经验，而不是通过其表现出来的自信程度来评判。

在投资中，直觉更多起到提示和灵感的作用。当我们感知到直觉的启示时，理性分析就显得尤为重要。首先，我们需要审视直觉所解答的问题是否可能被"替代"所误导。接着，对于直觉性的预测，我们应运用概率思维来进行佐证或修正。例如，我们要评估该直觉预测的事件是否具有较高的基础比率，以及我们的先验概率是否足够充分；证据与预测事件之间是否具有很大的似然度；证据本身是否具有重要性和稀有性。

此外，我们还应考虑事件本身的周期性和回归性。例如，如果一家公司前一年的业绩和增长表现突出，那么接下来，无论由于竞争加剧、需求饱和或是成本上升等因素，都可能导致其业绩出现回归趋势。关于概率思维的这些概念，本书将在第四章中进行深入讨论。

行为偏差和噪声 第三章

第一节 应对偏差的通用策略

一、认识行为偏差

投资中的行为偏差指的是投资者在做出投资决策时,由于受到各种心理因素和认知限制的影响,从而偏离理性决策的行为模式。"弱者体系"首先聚焦于那些会对投资决策产生显著影响的行为偏差,这些偏差通常在投资者不自觉的情况下发挥作用,影响其做出准确的判断,导致其做出违背收益最大化原则的决策。

关于投资心理学和行为偏差的书籍,在市场上琳琅满目。那么,弱者体系对行为偏差的探讨有何独特之处呢?首先,大多数关于行为偏差的研究文献都是学术性的,缺乏针对投资场景的专门论述。而弱者体系则更多地采用跨学科的综合视角,结合投资实际来提炼行为偏差的影响和应对偏差的方法论。其次,对行为偏差的研究是弱者体系的重要组成部分,因为行为偏差是投资中的"弱",深入研究它们能够显著提升投资能力。同时，行为偏差是我们阐述和理解后续许多章节内容的基础，如群体噪声产生的原因、技术分析的作用以及价值和动量效应的原理等。

应对行为偏差的通用策略可以分为两大类：助力和助推。助力策略主要涉及提供知识、技能和工具，以帮助投资者更深入地理解和克服行为偏差。它着重于个人能力的提升，使投资者能够积极主动地调整自己的行为。助推策略则是利用投资者的行为惯性和潜意识倾向，通过精心设计和布局来引导投资者做出更合理的选择。它不依赖于个体的主动认知努力，而是通过改变外部环境等手段来影响投资者的行为。简而言之，助力是主动纠正偏差，而助推则是被动抵抗偏差。

二、助力

所谓助力，指的是训练投资者提炼、识别并克服投资过程中常见的行为偏差。这些行为偏差构成了我们在投资中的"弱"，因此，弱者体系强调的是"识弱"和"克弱"。

1. 助力的第一步是识弱

这涉及提炼和概括各种典型行为偏差的现象和特征，分析其产生的环境和机理，进一步研究其对投资者行为的影响以及如何被交易对手利用，以及由此引发的群体效应和市场表现。市场是由人构成的，人的行为偏差具有规律性，市场的错误也因此具有规律性。理解一些典型的行为偏差，将分析个体与分析市场相结合，能帮助我们更多地找到战胜市场的机会。实践证明，许多投资者在习惯、惰性等潜意识的影响下受到行为偏差的影响。仅仅是增强意识，就能对大部分行为偏差产生免疫力，甚至还能从他人或群体的行为偏差中获利。

第三章
行为偏差和噪声

2. 助力的第二步是克弱

这涉及应对和纠正各种行为偏差的具体策略。这些策略强调在投资实践中能够被实施和坚持，并且能够融入各种具体的投资思维和策略中，如证伪思维和逆向投资策略等工具。

一个很重要的助力方法是学习涉及各种典型行为偏差的投资情景和案例，这可以帮助投资者识别由行为偏差导致的错误，并总结在相似情景下如何避免这些错误。此外，由于受到立场和情绪的影响，相比于觉察自己所犯的偏差，投资者通常更容易识别他人的偏差。通过举办投资沙龙和研习小组，参与者可以及时地从他人那里获得关于自己行为偏差的反馈。

这一方法的关键在于科学的群体组织方式，否则可能适得其反，具体内容将在"投资中噪声的种类"一节中进行讨论。因此，投资者通过参与如"弱者体系研习社"这样的研习和互助组织，及时发现并反馈他人的偏差，同时提升个人认知，这本身便构成了一种有效的助力策略。

行为偏差通常显而易见，投资者在决策过程中应能期待实时识别这些偏差。因此，创建一份"偏差清单"是一个非常有效的助力工具。在进行投资决策时，投资者可以依据这份清单逐一审视和诊断是否存在行为偏差。如果你领导一个投资团队，还可以通过设立一个"偏差观察者"的中立角色来提供帮助。例如，公司内的风险管理人员可以担任观察者，根据偏差清单对研究团队的决策和行为进行监督。作为团队行为偏差的"守门人"，激励机制必须确保他能够保持客观中立的立场，在团队中勇于提出不同意见，且不必担心会损害人际关系或遭受排斥甚至惩罚。

偏差清单可能无法详尽地涵盖所有可能影响决策的因素，

但其目的是突出那些最典型以及在过往投资经历中频繁出现的行为偏差。

三、助推

助推这个术语形象地描绘了其含义，原意指的是用胳膊肘轻推别人一下，以提醒或引起他人的注意。在投资领域，助推涉及通过特定的决策框架或环境设计，以间接方式帮助投资者克服行为偏差，以减少这些偏差的负面影响，并在潜移默化中引导他们做出更明智的选择。更进一步，我们甚至可以利用他人的偏差或群体的偏差，来做出更优的投资决策。

为了深入理解"助推"这一概念，我们可以观察日常生活中的实例。例如，为了鼓励孩子健康饮食，我们可以将健康食品放置在容易拿到的地方，同时将不健康的食品放在他们难以触及的位置。同样，为了促成员工积极参与社会保险，可以实施默认加入并自动扣费的机制。这些方法都是运用助推原理来克服人们的惰性和拖延。

许多行为偏差源自人类进化过程中遗留的天性。例如，大脑为了缩短分析时间、避免痛苦、增强生存信心，以及拓展生存边界等引发的行为模式。这些偏差之所以得以保留，是因为从进化选择的角度来看，它们在大多数情况下或在群体层面上是正确的。因此，试图盲目地对抗那些经过数千万年进化形成的人性特质，是一项极其艰巨甚至不可能完成的任务。所以，我不建议采取完全对抗的态度来应对这些偏差，因为这不仅会减少快乐，而且难以长期坚持。相反，通过巧妙的助推，可以让自己在投资过程中尽量避免陷入行为偏差。

助推有很多典型的策略，可用于应对不同的行为偏差。

第三章
行为偏差和噪声

（1）环境控制。引入外部及对立的专业意见和信息渠道。例如，购买少量竞争对手或与持仓逻辑相悖的资产，跟踪其基本面和市场动态。深入研究竞争对手的信息，参与竞争对手的交流，以理解对手的策略和投资者情绪。对于亏损的持仓，采取"心态止损"策略，先行卖出持股，再根据风险与收益的重新评估结论而决定再次买卖。这些做法都是有助于避免过度自信、禀赋效应和处置效应等的助推策略。

（2）默认设置。建立明确的投资约束机制。例如，创建投资监测清单和投资决策树，将投资流程、分析步骤、关键节点以及价值评估方法标准化，以减少损失厌恶、心理账户等行为偏差的影响。按默认要求，每周整理宏观、货币和市场周期信息，每日进行持仓分析，并设定一套固定的监测清单。此外，实行至少持有十只股票的强制分散策略，这种默认设置实际上是一种助推机制，有助于防止因集中投资导致的行为偏差引发的重大损失。

（3）建立反馈。通过运用投资监测清单、投资决策树以及投资软件的提醒功能，投资者可以建立一套关于投资事项和关键节点的反馈与提醒机制。借助这些反馈，投资者能够更加及时地关注基本面的变化和价格动态，执行应对预案从而避免因行为偏差而错过最佳的交易时机。

（4）社会影响。社会影响在投资决策中扮演着重要的角色，它包括了同行激励、群体压力等多种因素。在构建监督和奖惩机制时，可以考虑邀请那些对投资者有社会影响力的人士参与，或在公共投资交流平台上公开自己的交易计划和交易记录，以此来实现对投资行为的社会监督。

一旦投资者展现出典型的行为偏差，他们应能在该机制下及时接收到提醒和反馈，甚至直接面临行为上的干预。

第二节　三大基础行为偏差

在投资领域，典型的行为偏差可以归纳为三大偏差和五大效应。三大偏差指的是损失厌恶、心理账户和过度自信，而五大效应则包括处置效应、禀赋效应、锚定效应、沉没成本效应和事后之明效应。当然，基于不同的心理学理论和行为特征，行为偏差的概念和分类繁多，本书无意于进行详尽列举。这三大偏差和五大效应构成了投资行为学的基础，许多其他的行为偏差和现象都可以通过这三大偏差和五大效应来解释和拓展。

一、损失厌恶

投资的痛苦往往源于损失厌恶，投资者在盈利时感到自豪和喜悦，在亏损时则感到懊悔和痛苦。回想你的投资经历，哪种情绪更令你难忘？通常来说，亏损引发的负面情绪要比盈利带来的正面情绪更强烈。损失厌恶是指面对同等金额的盈利和亏损，亏损引发的情绪更深刻。要理解这一心理现象，可参考赌博的例子。赌博和投资都涉及的不确定性是产生行为偏差的温床。

设想一个赌局：庄家投掷硬币，正面赢1000元，背面输1000元，赔率为1。这种赌局没有人会愿意参与。但随着赔率不断提高，人们的参与意愿也会随之改变。现在问题变为，在仅赌一次的情况下，赔率到多少你才会觉得这个赌局吸引你？建议先暂停阅读下文，请认真思考并给出答案。

第三章 行为偏差和噪声

你的答案是：(_____)元？

该测试旨在评估"损失厌恶系数"。在现实生活中，人们通常不愿意接受赔率为1的赌局，这表明损失厌恶系数通常大于等于1。如果赢2000元与输1000元是你的决策临界点，那么你的损失厌恶系数为2。研究显示，正常人的损失厌恶系数介于1.5~2.5，这揭示了损失厌恶现象具有普遍性。

损失厌恶现象也可以通过效用理论来阐释，我们能够借助一张图来直观地呈现损失厌恶的效用特性。如图3-1所示，盈利效用曲线相对平缓，而亏损效用曲线则显得陡峭。这展现了损失厌恶的效用特性：等额的收益或损失所带来的正面效用与负面效用并不对等。

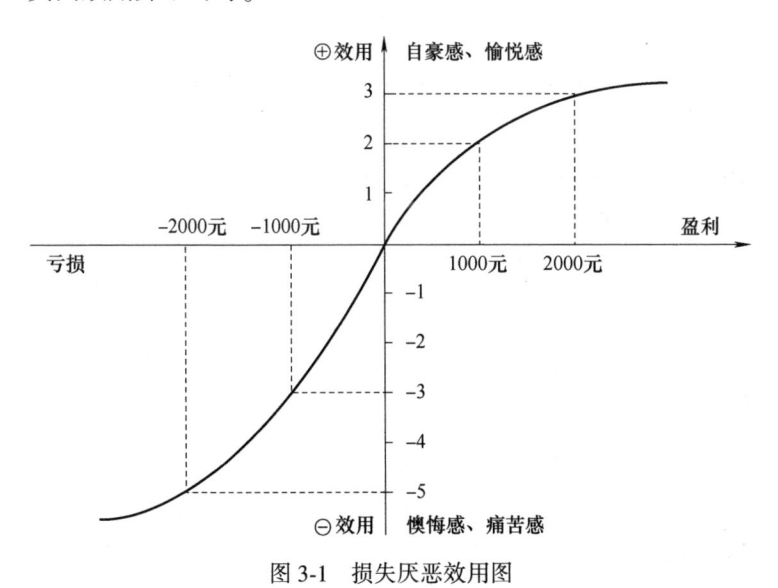

图 3-1 损失厌恶效用图

以投资为例，亏损时的效用曲线起初陡峭，随后逐渐趋于平缓。这说明，亏损初期带来的负面效用比后期更为显著。随

弱者体系

着曲线趋向平缓，亏损的边际效用也在递减。这意味，在经历了一段时间的浮亏之后，新增亏损所引起的痛苦感会有所减轻。这正是我们常说的，亏损会使人逐渐适应并变得麻木。

此外，通过分析效应曲线，我们可以进一步揭示"损失厌恶"的三个细节特征。

（1）一系列小额盈利所带来的效用价值，往往高于同等总额的单一较大盈利。换言之，连续的小额盈利能够为投资者带来更多的自豪感和愉悦感，持续时间也更长。

（2）整合损失可以降低总体的负面效用。也就是说，当多个持仓出现亏损时，一次性地全部处理这些损失，相较于分批逐步地卖出，所感受到的痛苦感会更小。

（3）将较小的亏损与较大的盈利相结合，有可能会减轻损失的感知。这种方法可以适度降低损失厌恶的情绪。

损失厌恶效应的强度，还受到投资过程中事件与决策者之间的关联度和授权度这两个心理因素的影响。

（1）关联度。在那些导致公司股价下跌的信息中，如果与投资者决策能力的关联度较低，如涉及宏观经济、自然灾害或偶发事件等，由此产生的损失厌恶效应相对较小。反之，如果信息与投资者决策能力的关联度较高，如公司财务状况、产品优势或价格趋势等，那么由此产生的损失厌恶效应则更为强烈。

（2）授权度。损失厌恶的强度与投资的授权度紧密相关。当投资者亲自挑选股票并执行自主投资决策（即不进行授权）时，损失厌恶效应更为明显。相反，当投资者选择购买主动管理的私募基金（即完全授权给基金经理）时，损失厌恶效应则相对较小。一个合理的解释是，如果投资者能够将亏损的责任归咎于他人，那么懊悔感和痛苦感会相应减轻。

二、心理账户

投资的困惑常由心理账户引起。金钱本身并无标记，但我们会给它们贴上各种标签，形成心理上的隔离。我们会给不同来源或用途的金钱赋予独特标签，如辛苦赚的钱（用于生活用度）、父母赠予的钱（用来提高生活品质）、意外之财（供娱乐和享受）、投资资金（承担风险以期提升财富水平）、应急资金（不到万不得已不可动用）等。当我们为金钱赋予特定的标签，并创建了独立的心理账户时，我们的大脑仿佛建立了一系列独立的财务档案柜。每个决策、出纳及其结算，都需在相应的档案柜下进行单独核算。这正是所谓的"心理账户"偏差。

心理账户是一个普遍存在的现象，其根源在于我们大脑的工作机制。由于大脑处理信息的能力存在局限，我们倾向于依赖"分类"来简化信息处理（关于分类思维的更多内容将在第十章中进行探讨）。在这种情况下，大脑倾向于将信息"组块化"，从而使复杂的信息变得更加易于记忆和处理。

与赌徒心理相关的赌资效应和回本效应，都与心理账户的概念紧密相连。赌资效应揭示了赌徒倾向于将赌博所得视为"意外之财"，这导致他们更愿意拿赌资承担风险，以继续赌博，而对本金则可能表现出更多的谨慎。回本效应则指出，当赌徒遭受亏损时，为了挽回本金，他们往往会选择不顾后果地继续赌博，试图通过后续的赌博赢回先前的损失。这两种效应在涉及投资的心理行为上也有着相似的体现。心理账户对投资有哪些影响呢？主要体现在以下两个方面。

（1）我们经常将可投资资金进行分类，如储蓄与理财资金、保守与激进资金、长期与短期资金以及个人与家庭资金等。这种分类有助于我们在投资时根据不同的风险偏好或投资策略做出明确的区分，这是积极的一面。

（2）即使交易都在同一个股票账户中进行，我们也会为每个投资对象创建心理账户。投资者潜意识里将每项投资的成本和盈亏独立考虑，期望每个"子账户"都能盈利，这与现代投资组合管理理念相冲突。它导致投资者往往忽视不同投资之间的相关性和分散效应，进而忽略了投资组合整体的收益、成本和风险，导致资产配置和处置偏离了财富最大化的目标。许多人购买股票时，更像是去享受一次丰盛的自助餐，很少有人会刻意关注食物的荤素搭配或营养均衡。更可能的是一种"这个看起来不错""那个也来点""这个是朋友推荐的""那个也尝尝"的随性心态。

理性的投资者应将证券投资组合视为一个统一的整体。在审视自己的投资组合时，许多人往往会过分关注持仓中各个股票的细节信息，如每只股票的购买价格、持仓成本以及盈亏情况。实际上，这种做法已经受到了心理账户偏差的潜在影响。明智的投资者更应关注投资组合的总体收益和整体风险，并遵循投资中的最大期望原则。关于这一点，我们将在第五章中进行深入的探讨。

三、过度自信

过度自信是投资者在市场中普遍存在的一种行为，表现为高估自己的认知水平和预测能力，同时低估投资风险并夸大自己控制事件的能力。

第三章
行为偏差和噪声

1. 过度自信的四个特点

（1）**过度自信具有普遍性**。我们普遍坚信自己的能力高于市场平均水平，这是我们会在统计上显示"1 赚 2 平 7 亏"的市场中坚持投资的原因。过度自信可能源于我们的本能，它驱使人类尝试超越"实际能力"所限的行为，以拓展种群的生存边界，这对人类整体的生存是有益的。过度自信使投资者倾向于关注事物的积极方面，并在面对失败和困难时展现出较强的承受力。我们需要认识到，从事投资的人可能比其他行业的人更倾向于过度自信，这是我们"识弱"的起点。

（2）**在复杂问题上更易过度自信**。研究表明，当面对简单问题时，人们往往不会表现出过度自信。然而，在处理中等难度到复杂问题，特别是涉及不确定性时，过度自信的倾向则变得更为明显。鉴于投资活动常常伴随着随机性和不确定性，我们在做出投资决策时，更容易展现出过度自信。

（3）**自信程度并不等同于准确性**。自信并不能确保准确性，反之亦然。衡量过度自信的方法是观察判断的准确性与信心水平之间的差异。研究显示，投资者在面对复杂或不确定事件时，其判断通常会表现出10%~20%的过度自信。即使信心达到100%，其准确率往往也仅有70%~85%。过度自信与智商无关，也不是由于疏忽大意。实际上，投资者投入的精力越多或动机越强烈，他们表现出的过度自信程度往往也越大。

（4）**过度自信往往有违直觉**。以天气预报和医疗诊断为例，尽管天气预报通常被认为准确性不高，但研究显示，其准确性和信心度通常一致，很少有显著差异。这与人们缺乏概率思维有关，如当天气预报预告有80%的概率会下雨时，人们通常会理解为几乎肯定会下雨，若实际未下雨，则会被认为预报不准确。而在医疗诊断中，医生的过度自信程度反而很高，其信心度通常是准确度的八倍。但很少有人会质疑医疗诊断的准确性。这可能是因为人们较少接受医疗诊断，且难以迅速获得明确的反馈。研究表明，能定期获得准确反馈的行业，如棋牌或工程，过度自信现象较少，而在反馈滞后或结果具有偶然性的行业，如投资，过度自信现象更普遍。

2. 过度自信对投资者的影响

（1）**专业错觉**。投资者往往对熟悉的市场或公司表现出过度自信。尽管行业专家或意见领袖的分析判断可能比普通投资者更为精准，但他们的过度自信程度往往更超其判断的准确性。这提醒我们在审视专业研究报告、业内人士的分析以及意见领袖的观点时，应更多地关注他们所提供的客观数据，并借鉴他们的推理逻辑。然而，对于他们的分析结论，特别是那些过于乐观的预测，我们应保持警惕。

（2）**信息优势错觉**。投资者往往因掌握公司内部信息或与公司高管频繁交流而变得过度自信。他们错误地认为，信息量的增加必然带来预测准确性的提升。虽然更多的信息确实在一定程度上可以提高预测的准确性，但自信心的膨胀却更为显著。

一项投资实验表明，当投资者接收到新的"内部信息"后，尽管整体预测的准确性仅提高了两个百分点，但他们的自信程度的增加却是准确率提升的十倍。信息优势并不会显著提升投资优势。即便是公司内部人员在投资自己所在公司的股票时，也未显示出明显的统计优势。长期持股或那些与管理层频繁接触的投资者，在面对基本面变化时，往往更易偏离客观判断，且反应迟缓。相反，那些与管理层保持适当距离的投资者，反而能够更加冷静地做出决策。

（3）控制错觉。投资者一旦购入股票，往往会产生一种错觉，认为自己对投资结果的掌控力随之增强了，这种心理现象普遍存在。以"抛硬币"实验为例，当人们亲自参与抛掷时，他们倾向于下更大的赌注。这种行为似乎表明，人们相信自己的参与能够在某种程度上影响抛硬币的结果。尽管理性分析告诉我们这种控制感是一种错觉，但它仍然影响着我们的行为。在投资中，这种控制错觉使得投资者容易高估自己对所持股票的预测能力，认为自己持有的股票会比未选择的股票表现更佳，这可能导致投资组合过度集中或持有时间过长。

3. 应对过度自信的方法

（1）助力。"识弱"的第一步是认识到过度自信的普遍性。一旦持有股票，过度自信往往会加深。在持股期间，遭遇复杂事件和充满不确定性的决策环境，过度自信的程度会进一步提升。随着研究的深入、持股时间的增长以及仓位的增加，过度自信的程度还会进一步加剧。

（2）助推。投资应避免持仓过于集中，因为一旦投资者过度重仓甚至孤注一掷，必然会过分高估自己的分析和判断能力。此外，投资者应建立投资决策树并运用证伪思维，在关键的时间节点上建立及时且明确的投资反馈机制，在投资前就设定好当预期不符时的相对量化的退出策略。在购买股票之前，投资者必须意识到自己不可能比市场掌握更多信息，应预留足够的容错空间。要强制自己关注竞争对手的利好分析和自己持仓的看空观点，以相互验证。以上措施都能在一定程度上避免因过度自信造成的影响。

（3）重新校准。如前所述，投资者在面对复杂或不确定事件时，其判断通常会表现出10%~20%的过度自信。即使信心满满，其准确率也仅有70%~85%。因此，若对某项投资抱有九成信心，应将预测概率调整至七八成。记住，信心与准确性是两码事，切勿混淆。若有专家声称对某项事件有十足的信心，谨慎的投资者应将其预测概率重新校准为80%~90%。这种调整有助于获得更为保守的投资胜率或期望值。

第三节 五大衍生行为效应

一、处置效应

处置效应揭示了投资者在处理股票等投资资产时，倾向于过早地卖出盈利资产，却长时间地持有亏损资产，这种行为可以通过损失厌恶和心理账户这两个偏差来解释。

出售盈利的股票会带来喜悦，而清算亏损的资产则会引发痛苦。此外，情绪作为最原始的学习和反馈机制，常常会使我们潜意识里将喜悦误认为是"正确"的信号，而将痛苦误认为是"错误"的标志。这将导致我们错误地认为保留亏损资产而卖出盈利资产的行为是正确的。从心理账户的角度来看，出售盈利资产，关闭盈利账户似乎证实了先前决策的正确性。相对地，出售亏损资产，结算亏损账户，则意味着承认先前决策的失误，这往往伴随着懊悔感和痛苦感。

在处置效应下，投资者的群体行为呈现出典型的量价模式。

（1）底部放量。在股票下跌趋势中，经过缩量调整后，在股价底部区域通常会出现成交量的突然放大。底部缩量反映了投资者初期对亏损的抵抗，而成交量的放大则意味着投资者开始集中整合清算亏损头寸。只有在放量止跌后，市场才可能确认底部并趋势反转。关于这一现象，我们将在第六章讨论量价分析时展开。

(2) 上涨回调和下跌反弹。在处置效应下，投资者倾向卖出盈利股票，导致一段上涨趋势中出现放量和短暂回调，这解释了"千金难买牛回头"的现象。同时，持有亏损股票的倾向最初会减少下跌趋势中的成交量，并在卖压真空期引起短暂的价格震荡或反弹。

(3) 动量现象。群体的处置效应可能扭曲股价。大量浮盈投资者集中在某股票上可能引发抛售，卖压短期内造成股票可能被低估。这些股票未来可能会持续上涨，体现为市场对利好消息反应不足，也称为动量现象。

(4) 价值现象。群体的处置效应导致股票在下跌末期出现抛售潮，体现为市场对利空消息的过度反应，从而产生价值现象。动量现象和价值现象都是市场超额收益的来源，我们将在第八章中详细探讨。

我们要预判处置效应下的市场现象，需要了解投资者群体的盈亏状况。筹码分布作为一个有效的统计工具，能够揭示持仓成本的分布情况，以及在不同价格水平上的持股数量。关于筹码分布的解读，我们将在第六章中展开讨论。

二、禀赋效应

禀赋效应描述了人们在获得某物品后，对其价值评估上升的现象。在投资中，投资者往往会高估持有资产，即使面临贬值风险或其他更好的机会也不愿出售。损失厌恶和心理账户能解释禀赋效应，投资者出售资产时更看重潜在损失，倾向于以高出成本价卖出以抵消损失厌恶。此外，投资者将持有和未持有资产标记为不同的心理账户，倾向于将持有资产视为财富的一部分进行保留，以维持心理账户的平衡和安全感。

1. 禀赋效应的特点

（1）禀赋效应在有形物品的交易中更为显著，对抽象概念影响较小。例如，仅将股票视为交易工具时，投资者受禀赋效应的影响会减弱。相反，如果投资者注重股票价值和其代表的公司资产，禀赋效应则会增强。这解释了为什么技术分析者和趋势交易者在证券买卖中通常更为果断，而价值投资者则容易与股票产生情感，表现出较强的禀赋效应。

（2）投资者对于重仓的证券，禀赋效应表现得更为显著，而对于持有较少份额的证券，禀赋效应则相对较弱。

2. 禀赋效应的影响

（1）在禀赋效应下，投资者易受"现状偏好"的影响，导致其在遭遇负面信息时可能出现犹豫、等待和拖延等行为，从而错失卖出时机。

（2）禀赋效应可能导致投资者过分执着于保留某些资产，从而未能充分调整其投资组合，造成资产配置失衡。

（3）在群体禀赋效应的影响下，股票可能由于浮亏者坚持持有而导致定价被高估和风险累积。投资者不应急于抄底刚经历大幅下跌的股票，而应等待其经过较长时间的底部震荡或恐慌性抛售，待市场充分沉淀后再考虑介入。

应对禀赋效应，我们可采用环境控制的助推策略：当重仓某股票时，应考虑买入和加入竞争对手的股票和交流组织。运用证伪思维,在股票上涨时,我们要强制自己深度搜集持股的负面信息和竞争对手的正面信息。

三、锚定效应

商场里的商品琳琅满目,一件标价 99 元的衣服或许不会引起我们太多的关注,但如果海报上写着"原价 ~~1999~~ 元,现价 199 元"的宣传字样,你会不会多看几眼呢?当你与女友或妻子逛街时,是否曾有过被她们拉着进店一探究竟的经历?在这个商业行为中,原价充当着参照点的角色,它是我们评估产品价值的初步印象。尽管我们难以直接衡量一件衣服的真实"价值",但通过对比就可以降低难度了。与原价相比,现价引发了"打折是购买良机"或"不买就亏了"的心理暗示,这在很大程度上提升了我们的购买冲动,这一点也得到了众多心理学研究的支持。

锚定效应描述了人们在评估的过程中,往往会受到参考点的强烈影响。这种影响类似于轮船的锚,将思维牢牢固定在某个特定的点上。人们倾向于以这个锚点为基准,通过比较和上下调整来简化分析过程,以降低判断的复杂性,并加快决策的速度。然而,这种依赖锚点的做法可能导致人们仅专注于与锚点相关的差异,而忽视了其他关键因素。

如果某新兴科技公司 B 上市定价为 20 元/股,竞争对手公司 A 半年前上市时也是 20 元/股,现价 50 元/股。那么你预期公司 B 上市后会涨到多少?如果公司 A 现在的股价是 10 元/股而不是 50 元/股,这会改变你对公司 B 上市后股价的预测吗?

事实上,大多数投资者在进行估值或预测时,都会受到这类看似相关实则无关的锚定信息的影响。锚定效应源于认知限制，使用锚点可节省认知资源，降低判断难度，但会造成一定的决策偏差。

1. 锚定效应的特点

（1）在面对不熟悉的情景或未知事物时，我们更容易受到锚定效应的影响，投资者往往难以避免这种偏差。他们倾向于从一个相似、易得或已知的问题开始设定锚点，然后上下调整。但这种调整通常不足以得出准确的投资判断。

（2）锚定过程分为两个阶段：启发和调整，通常启发在前调整在后。例如，当估算某股票的价值时，问题的设定会影响估值。若问"这个股票值15元吗？"你可能以15元为起点进行调整；若问"值35元吗？"你可能以35元作为参考点。同一股票，由于不同的锚点会导致不同的估值结果。这说明投资者在面对估值这类复杂的问题时，往往会先找到一个启发性的锚定值，然后在该值附近进行上下调整。这就是许多投资者进行股票估值的实际过程。较低的锚定值容易导致较低的估值，反之亦然。

（3）通常情况下，只要锚点能吸引投资者的注意，不论其真实性或参考价值如何，都会产生锚定效应。锚点与预测问题的相关性或相似性越高，锚定效应就越显著。引人关注的锚点通常具有生动性和易得性，如持仓成本、历史买卖价、近期新高和新低点、机构推荐价格、权威建议等。即使锚点是一个极端值，它也能触发锚定效应，但由极端锚点产生的效应通常较弱。

2. 锚定效应的影响

（1）问题框架或暗示可以构成锚点。例如，提问"这只股票是否值 30 元？"就可能使 30 元成为估值的锚点。暗示可能来自外设锚点（如研究报告、专家推荐等）或内设锚点（如买卖价格、持仓成本等），投资者可能基于锚点而非股票的真实价值做出决策。

（2）投资者往往以近期的市场表现或印象深刻的历史行情作为锚点，据此上下调整预期来预测市场走势。这导致即便市场发生牛熊转向后，投资者仍旧保持乐观，急于在股票下跌反弹时抄底，因为他们此时的心理价位仍锚定在高点。同样，在熊市末期，即便有利好消息，投资者因心理价位锚定在低点，可能会犹豫不决，不愿建仓或在行情早期因恐高就早早地卖出。

（3）投资者往往受锚定效应的影响，偏好购买与热门股票同行业或同主题的股票。锚定效应还会导致投资者在搜集信息时，倾向于寻找与锚定信息相吻合的证据，这在一定程度上会引发确认偏误。此外，锚定价格还可能激发假想的"损失"或"盈利"情绪，触发损失厌恶，从而导致决策偏差。

3. 应对锚定效应的方法

（1）**审视锚点**。锚定效应简化了我们评估复杂事件的难度，并不总是有害的。关键在于，锚定效应导致偏差的原因有两个：锚点的主观性和调整过程的不充分。在投资中，我们不应完全排斥锚定效应，而应审慎地检验锚点。基于事实和客观数据的锚点能减少锚定效应引起的偏差。只要我们有意识地主动审视锚点，就会发现许多启发性的锚点已不再适用。例如，由于公司基本面的变化，过去的某个买卖点已失去参考价值。

（2）**设置多个锚点**。在投资决策时，我们应考虑多个视角和不同参考点,以避免被成本、历史价位等锚点影响。主动设置多个锚点,并为每个锚点提供合理的依据,同时从多视角审视可能存在的矛盾,是避免锚定偏差的有效手段。设置等值但方向相反的锚点,就是一个好的方法。例如,曾以 5 元买入,现价 10 元的股票,是否可以加仓呢?这时,我们可设想曾以 15 元卖出过,再评估股价从 15 元跌至 10 元是否合理。通过这种方法,我们就能巧妙地利用锚定效应来简化评估,从而判断以现价买入的决策是否明智。

(3)运用证伪思维。在制订投资计划时,我们切勿一开始就过分关注"成功"或"盈利",一开始就锚定在"盈利"上可能导致过度自信和乐观情绪。相反,同时考虑潜在的失败情景有助于在规划阶段就能预见各种失误。这要求我们在构建投资决策树时,必须包含负面预期和反向回顾的分支、以及相应的应对措施。

(4)提升思维。我们应运用周期规律和概率思维,超越单一投资事件的视角,从分析市场和行业周期入手,以更全面的视角评估公司的基本面。例如,即便当前价格看似合理,也要重视市场周期或行业环境可能已经发生变化,这将有助于避免被错误的锚点所束缚。

四、沉没成本效应

投资者在决策时应专注于当前成本和未来收益,避免受过去成本的影响。但现实中,我们总是不自觉地考虑那些过去已经无法挽回的成本,甚至持续为过去的错误决策和成本付出代价。这种投资决策的偏差,就是沉没成本效应。

损失厌恶和心理账户是投资者受沉没成本影响的两大核心

第三章
行为偏差和噪声

因素。投资者投入的资金、时间和精力均会转化为历史成本，为了规避损失厌恶，他们可能倾向于对亏损项目追加投资，以期摊薄成本，从而避免心理上的痛苦。此外，沉没成本还会被归入特定的心理账户中，投资者往往试图"挽救"这些账户，而不是基于整体财务状况做出决策，这导致了决策偏差。

1. 沉没成本效应的特点

沉没成本效应与成本的金额大小和时间跨度密切相关。成本越高，效应越强；时间越长，效应越强。但更长的时间跨度或在特定条件下，沉没成本效应也可能减小，因为遗忘、淡化的影响或外部环境的改变，可能降低历史成本与当前决策之间的相关性。

2. 应对沉没成本效应的方法

（1）**在助力上，要意识觉醒，换位思考**。这里可以借鉴一个经典的商业案例：英特尔公司最初是从事存储器业务的，在该领域投入了巨额资金和资源。然而，在20世纪80年代，面对日本公司的激烈竞争，英特尔因为储存器业务的持续亏损陷入了困境。公司高层受到股东质疑，急需做出经营改变。当时的英特尔CEO安迪·格鲁夫向公司创始人戈登·摩尔提出了一个问题："如果我们下台了，新来的管理者会采取什么行动？"摩尔回答："他会放弃存储器业务！"格鲁夫随即回应："为什么我们不自己放弃？"随后，英特尔彻底退出了存储器市场，转而全力投入微处理器的研发，最终公司业绩实现了新的增长。投资者应当认识到沉没成本是无法回收的，在做出决策时应将其排除在外，专注于未来的潜在成本和收益。

（2）**在助推下，制定量化的止损策略**。我们可以预先设定明确的止损点，一旦投资亏损触及该点，立即采取行动卖出，以防止因沉没成本效应而延迟决策。同时，在达到预定的盈利目标时，迅速兑现利润，确保收益。关于"保护性止损"和"动态止盈"的具体方法，我们将在第九章中进行深入讨论。

五、事后之明效应

事后之明效应是指投资者在投资结果出现后，往往会高估自己先前的预测准确度，忽略决策时的不确定性和信息不完整性。这种效应还表现为将已发生事件视为不可避免或显而易见，而忽视偶然性和随机性对结果的影响。

例如，股市出现大幅波动后，会涌现出大量关于涨跌原因的分析，好像之前就能预测到结果一样。但实际上，在事件发生前，我们通常并不能准确预测市场的短期波动，只是在事后对信息进行重新解读时，产生了错觉。事后之明效应源于记忆的重构和过度自信。投资者往往根据已知结果来调整记忆。而过度自信总是将成功归因于自己的决策，而将亏损归咎于外部因素，这种自我归因加深了事后之明效应。

事后之明效应的形成与因果思维紧密相关。一旦事件发生，即使事件是偶然或随机的，我们在因果思维下归纳出原因时，就会把其他可能性排除。这种归纳过程消除了不确定性，让我们感觉到事件本应能被预测，只是之前未充分重视。

1. 事后之明效应的影响

事后之明效应让投资者误以为他们本可以事先预测市场动向和投资结果，从而忽视了实际决策时的不确定性，以及投资策略可能存在的缺陷。这使得他们难以从经验中吸取教训，导致未来在投资中重复同样的错误或决策不当,从而影响投资能力的提升。

2. 应对事后之明效应的方法

(1) **运用证伪思维**。我们应主动思考其他投资结果的可能性并探究它们在何种条件下产生。即使我们已知某个阶段性的结果,也应回顾分析其他结果没有发生的原因。

(2) **构建投资决策树并定期复盘**。翔实记录投资决策中的每个环节,包括市场状况、信息来源、推理逻辑、阶段目标及潜在风险。复盘时,我们可以通过比对实际结果与投资笔记,客观评估决策和策略的合理性,以避免结果导向。

第四节　偏差与噪声的区别

如果说偏差是由个人或投资者群体所造成的系统性判断偏误,那么投资中的噪声则代表了判断过程中那些无规律的错误。投资环境充满了由不确定性和信息不对称所产生的噪声,这些噪声有时会导致严重的决策错误。

认知和行为偏差通常源于认知限制,或是由损失厌恶、心理账户等心理问题所引发的。这些偏差深植于投资者的心理和认知结构之中,是内在的。相对地,噪声指的是在投资过程中出现的多元化、随机甚至无关的信息。这些噪声可能是外在的,也可能是内在的,通常表现为投资者在不同情景下对同一问题会做出不一致的判断和决策。如果大家感觉上面的阐述有些抽象的话,那么《噪声》(丹尼尔·卡尼曼等著)一书中用了一个形象的比喻,生动地展示了两者的区别,如图3-2所示。

准确的判断　　　　偏差　　　　噪声

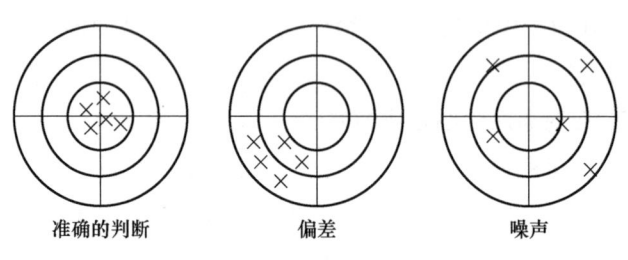

图 3-2　偏差与噪声的区别

从靶点图的视角来看，相较于精确的判断，偏差似乎具有方向性，它被限制在靶图的某一特定象限内。而噪声则类似于随机散落在靶图各象限的误差，但并未命中靶心。偏差与噪声在判断误差的构成中并不是油与水的关系，它们往往是相互交织和共存的。偏差是一种普遍存在的心理和行为现象，常常导致共性的错误判断。然而，当偏差在个体间存在较大差异（不同的预判）或偏差的效果受到情景的影响（不同的触发因素）时，噪声便会产生。噪声是影响人类判断力的关键因素。在许多方面，人类的判断之所以不如统计结论或量化模型准确，原因就在于判断过程中受到了噪声的影响。

第五节　投资中噪声的种类

根据噪声的产生机制和来源，我们可以将投资中的噪声分为外部噪声和内部噪声两种。

一、外部噪声

市场中其他投资者和群体的偏差所产生的信息，构成了我们所面临的外部噪声。当群体成员的认知和行为不一致时，噪声便会产生。这些噪声可能源自市场波动、媒体报道、社交讨论等多种外部因素。

以投资决策为例，我们常常会借鉴他人的信息解读，这涵盖了政府、机构、研究人员、投资团体以及权威人士的观点和逻辑。我们接触到的新闻、公告等，其表述本身就带有立场和观点，并且经过了加工和解读。这类信息中蕴含着各种偏差，有的群体偏于乐观，而有的则偏于悲观。基于各自的立场，在确认偏误的影响下，相同的报道可能会被解读为利好或利空。例如，当一位研究员指出某公司存在巨大风险，而另一位则认为该股仅仅是遭到短期情绪冲击时，噪声便产生了。对于我们而言，在市场中获取的任何信息或建议几乎都带有"噪声"成分。

外部噪声是无法避免的，甚至在证伪思维下，我们必须积极地接纳多元化的观点，允许"分歧"的存在，自然就会受到噪声的影响。

二、内部噪声

内部噪声与我们在进行投资决策时的情景和情绪紧密相关。个人的情绪状态，无论是乐观还是悲观，贪婪还是恐惧，轻松或是焦虑，都会对判断和决策产生影响。个人的身体状况同样也会对此产生影响。在环境方面，如果我们处于一群乐观的投资者之中，自然也会感到乐观；而在一个悲观的氛围中，我们可能会倾向于更加谨慎。

内部噪声可能由多种因素引起，包括个人情绪和环境等方面，如长时间的疲劳或市场的剧烈波动等。尽管我们无法控制所有潜在的触发因素，但能够尝试规避那些可能显著干扰决策的因素，并在一定程度上进行环境控制。例如，如果我们意识到愤怒、恐惧或其他情绪已经在影响判断，那么在不同时间反复审视自己的决策是一个明智的做法，这是因为内在噪声的触发因素在不同时间可能会有所变化。

综上所述，在投资中，判断和决策的过程总是伴随着噪声。噪声是随机的且难以辨识，即便从一群资历相当的投资者中进行随机调查，噪声问题依旧不可避免。例如，当一群资深投资人根据一份载有业务概述和财务报表的资料来评估一只股票的内在价值，以及对未来两年的收益预测时，我们会发现他们得出的结论千差万别，这正是噪声的体现。

第六节　应对噪声的策略

对于外部的投资噪声，应对策略是"决策卫生"。至于内部噪声，主要的应对方法是增强投资中的自控力。

丹尼尔·卡尼曼等研究者将应对噪声的策略称为决策卫生。这个比喻十分贴切，通过研习，我们或许能轻易识别出某种行为偏差，但噪声却不易被察觉。由于噪声具有随机性和难以辨识的特性，我们的应对策略就像通过洗手来预防细菌感染一样。当我们洗手时，我们可能不清楚自己究竟在预防哪种细菌，但可以肯定的是，洗手是预防各种细菌感染的有效手段。同样，遵循决策卫生的原则意味着：即便我们不清楚要应对的是哪种原因引起的噪声，但采取这种策略也能有效地防御噪声。

第三章
行为偏差和噪声

一、量化分析

量化分析是实现决策卫生的方法之一。基于明确规则的量化投资,因其有效减少了主观判断和情绪波动的影响,在确定交易时机和风险控制方面往往表现出色。在充满不确定性的投资环境中,量化规则往往能够超越专家的判断,提供更为精确的预测。我们进行主观投资时应当借鉴量化投资的优势,利用量化手段来减少决策过程中的噪声,制定投资监测清单、绘制投资决策树等都是将主观投资量化的有效工具。

二、借助群体智慧

借助群体智慧是实现决策卫生的第二个方法。我们对群体中成员的判断进行平均化处理,有助于降低噪声,但前提是成员必须基于自己的分析做独立判断。群体智慧的概念源于1906年英国博览会的一个猜牛重量比赛。统计学家高尔顿发现,尽管观众的个体猜测差异很大,但群体猜测的平均值却异常准确。787位观众猜测的平均值仅比实际重量差1磅(约0.45千克)。这也揭示了群体智慧的存在。

汇总群体预测的最直接方法是计算它们的平均值。据研究,对400个独立判断进行平均就能减少95%的噪声,已接近无噪声判断。如果将市场参与者视为独立判断的来源,并将交易的动态结果视为平均值,那么技术分析就成了一种观察并汇总群体独立判断的有效工具。这也启示我们,真正有用的技术分析指标是那些具备经济学意义、符合统计特性并结合了平均算法的简洁指标。关于这一点,我们将在第六章中进一步探讨。

在缺乏多个投资者独立判断的样本时，对同一投资者在不同时间点的两次判断取平均值，也能一定程度减少噪声。虽然这种方法的效果不如将两个独立个体的判断平均后显著，但在没有外部辅助的情况下，它仍是一种可行的策略。

三、群体智慧的陷阱

群体智慧宛如一把双刃剑，若运用不当，反而可能放大噪声。无论群体的多样性如何，只有当个体的判断彼此独立时，汇总这些判断才能有效地降低噪声。然而，在投资群体中，成员间相互影响的情况更为常见。对此，我建议大家借鉴罗伯特·西奥迪尼在《影响力》一书中的见解。书中揭示的互惠原则、承诺和一致性倾向、社会认同压力以及权威效应等，都是影响群体成员保持独立判断的重要因素。在投资领域，群体判断往往容易受到权威效应、信息级联乃至群体极化的影响。

1. 权威效应

权威效应是指投资者在决策过程中倾向于追随和模仿那些被认定为权威的个人或机构，而忽略自己所拥有的信息和独立思考的能力。投资者会主动寻找权威人士或机构的投资建议，并将其作为自己投资决策的依据。

2. 信息级联

信息级联现象描述的是，在投资决策时，投资者往往重视他人的选择而忽略自身的独立判断，导致决策行为呈现出一种连锁反应。以股票市场为例，信息级联现象十分普遍。假设一家公司发布了一条新消息，群体里的第一位投资者经过研究后认为，这则消息对公司的未来有正面影响，股价未来可能上涨，于是决定买入股票。随后，第二位投资者注意到第一位投资者的买入行为，可能会认为第一位投资者掌握了一些自己未知的信息，从而在没有完全认同该消息的情况下，也选择购买股票。当第三位投资者观察到群体里前两位投资者都买入了股票，他可能会进一步相信这家公司股票的投资价值，即便自己的分析提示可能存在风险，也可能会受到前两位投资者的影响，最终决定买入。

3. 群体极化

群体极化现象指的是投资群体在做出判断时，成员的观点往往会向极端方向发展，导致原本群体中的主流观点得到进一步强化，形成更为极端一致的判断结果。例如，在一个投资群中，成员们在讨论是否该买入某只股票时，最初可能只是多数人对该股票持乐观情绪，但这种乐观情绪并不十分强烈。然而，在经过一段时间的讨论和交流后，在相互的鼓励和认同下，群体成员的乐观情绪和共识往往会不断升级，最终形成一种极端的观点，即认为该股票具有极高的投资价值，几乎不存在风险。

总体来说，权威效应、信息级联和群体极化在投资论坛、群聊交流中广泛存在，制造了大量噪声。很多人在投资中喜欢加群和抱团，原本的目的可能是来寻求群体智慧的，但往往得到的是群体陷阱。

四、如何保持独立性

那么，在群体决策过程中，如何确保每位成员的判断保持独立呢？

德尔菲法是一种通过匿名方式组织专家进行多轮独立判断和反馈的方法。首先，组织者挑选相关专家并提出问题，专家们独立给出判断。接下来，组织者汇总反馈并再次匿名提供给专家，专家们据此调整或补充意见。这个过程重复3~5轮，直到意见趋于一致。此方法保障了专家判断的独立性，因为他们不知道其他专家的身份和意见。

另一种方法是改进的头脑风暴法。操作步骤如下：组织者首先明确地阐述投资问题，然后给予成员一定的时间，让他们各自在纸上记录下自己对问题的见解。在这一阶段，成员之间不进行交流，以确保独立思考。接下来，进入传统的头脑风暴环节，成员们依次分享自己的想法，期间依然遵循不批评原则，鼓励提出更多创新的想法和观点。之后，对旧观点和新观点进行综合评估。这种方法通过先让成员独立记录想法，避免了在讨论初期受到他人意见的干扰，从而保证了每位个体最初判断的独立性。

五、提升投资自控力

鉴于内部噪声是由不同时间和环境等情景因素引起的，并与投资者的个人情绪紧密相关。因此，我们在投资过程中增强自控力，以维持在不同时间段、不同情景下的情绪稳定性，成为抵御内部噪声的有效手段。关于自控力的提升与锻炼方法，我们将在第十一章中进行深入探讨。

投资中的概率思维 第四章

第一节 投资中的随机性

如果有人问你指数明天会不会上涨,你该如何回答?

一、随机性与遛狗理论

在讲概率思维之前,首先我们来聊聊投资中的随机性,以及如何用概率思维来应对这种随机性。什么是随机性?简单地说,它是指投资中存在的那种我们无法提前预判某一结果,但在统计上又具有一定规律,并在单一事件上不存在深远意义的普遍现象。

股票的短期价格波动就是最典型的随机性现象。投资大师安德烈·科斯托拉尼将其形象地概括为遛狗理论。股价就像一只被绳子拴着的狗,而内在价值则如同牵着绳子的主人。主人牵着狗缓缓前行,狗时而跑到主人前面,时而落在后面,偶尔也会回到主人身边。主人手中的遛狗绳时而松弛,时而紧绷,绳子松时狗可以跑得较远,绳子紧时狗则靠近主人。但无论狗如何嬉戏,主人和狗最终都会抵达同一个终点。

在这个比喻中，狗在每个时刻的位置，代表了那些我们无法预先判断的偶然结果，这些结果本身并没有深远的意义。然而，狗始终在主人周围活动，这正如同股价围绕内在价值的波动一样，体现了随机性在统计学上的规律性。

二、为了减少错误就必须接受错误

在投资中，承认随机因素的影响意味着投资者必须接受这样一个事实，我们的预测不可能完全准确，总会存在一定的误差。然而有趣的是，接纳随机性的存在实际上有助于我们提升整体预测的准确性。这似乎有些自相矛盾，但现实确实如此：在面对随机性时，为了降低错误的发生，我们必须学会接受错误的存在。接下来，让我们通过一个案例来阐释这一问题。

乔尔·格林布拉特在《股市稳赚》一书中提出了神奇公式，这是一种基于量化价值投资理念的机械式选股策略。该策略通过评估公司的投入资本收益率（ROIC）和总价值收益比（TEV/EBIT）来落实"好公司、好价格"的选股理念。通过将股票的 ROIC 和 TEV/EBIT 排名相加，并且用相加后序列靠前的股票来构建投资组合。格林布拉特发现，这个策略能稳定地带来超额收益，并且风险较低。

随后，格林布拉特进行了一项研究，比较了投资者使用神奇公式后的表现。投资者可以选择自主管理或机械执行两种方式。自主管理账户的投资者根据神奇公式筛选的股票池自行决定交易对象和买卖时机，而机械执行账户的投资者则完全遵循神奇公式的规则进行交易。持续两年的观察显示，自主管理账户的表现普遍略逊于大盘，而机械执行账户的收益却超过了大盘。这说明，尽管自主管理账户也投资了优质股票，但投资者的自主判断却降低了收益率。

神奇公式之所以成功，在于它是一个有固定错误率但预期收益为正的简单策略。自主管理账户的失败，是因为投资者试图用个人经验避开策略的亏损期或组合中表现不佳的股票。但这种做法反而增加了错误率。面对复杂系统，主观努力往往仅能增强自信心，但同时会降低正确率。

这就是接受错误以减少错误思维在股票投资中的应用。投资者必须认识到，股市作为复杂的系统，价格短期的涨跌往往受到多种复杂因素的影响而呈现随机性，投资者很难准确预测每一次的涨跌。因此，我们放弃追求每一次都正确的想法，转而采取基于概率思维和统计规律的稳定投资策略，往往能够获得更高的整体投资回报率。这种策略意味着我们需要接受一定的错误和随机性，但这也是减少长期投资风险并获得稳定回报的关键。

三、投资不能依赖预测

随机性要求我们培养不进行预测的意识和习惯。《海龟交易法则》一书的作者柯蒂斯·费思通过"海龟计划"赚取了数百万美元，但面对朋友关于市场短期涨跌的咨询，他坦诚地回答："我不知道。"

海龟交易系统的成功源于对趋势跟踪策略的严格执行以及科学的风险管理，而非对市场的精准预测，它是一套基于低胜率与高赔率相结合的简单系统。成功的"海龟"们对行情突破的时机和方向并没有预知能力，也不十分在乎，而是掌握交易结果的分布形态——肥尾效应。他们只是客观地等待交易信号并机械地执行策略，他们坚守规则，避免任何预测。

现在，让我们回到本章开头的那个问题，我想一个自信又恰当回答是："没意义，不知道！"

第二节　概率思维的三个内涵

从投资的角度运用概率思维，可以概述为以下三个内涵。

一、升维看待单个投资

概率思维在解决投资中的随机问题时，本质在于将短期的和局部的随机性升维至整体上的确定性。尽管股价短期波动呈现随机漫步，但长期具有统计规律和确定性。这种思维方式基于样本总体的规律，将特定投资案例视为更广泛类别中的一个实例。也即，当我们采用概率思维时，面对一项投资的成败，会升维去归纳这类投资整体的模式和效益，而不是用因果思维将其归咎于某些特定事件造成的必然结果，从而陷入对这一具体投资案例的过度分析中。

我们能够借助概率思维来评估和管理风险。在证券市场中，每个单独的风险因素都带有偶然性和随机性。然而，通过分析历史数据，我们可以洞察到某些投资策略的总体胜率和赔率，进而制定出与个人风险偏好相匹配的投资策略。

二、接受市场的随机性

许多优秀的投资者将证券市场视为一个或然的世界。他们明白，已经发生的和当前所见的，仅仅是众多可能性中的一种

第四章
投资中的概率思维

结果。他们不会因为单一的结果而情绪波动、过度总结,更不会因此停滞不前。因为对于他们而言,各种结果都在预期之内,并且已提前做好应对策略。

以创业板指(SZ: 399006)为例,2019年全年涨幅达到43.79%,而2020年的表现更是惊人,全年涨幅高达64.96%,最高触及2969.75点。假设在2021年初,考虑到当时的估值和市场情绪,你预感到了风险并决定空仓。那么当在2021年底回顾时,发现创业板指全年依然实现了12.02%的涨幅,你是否会感到遗憾,并认为需要吸取一些失败的教训?但在概率思维下,这只是众多可能性中的一种。设想在另外一个平行宇宙中,创业板指在2021年下跌了12%。你又该如何总结呢?毕竟,这才是更大概率发生的情况。事实上,创业板指在2022年全年下跌了29.37%,在2023年全年又进一步下跌了19.41%。

接受随机性,有助于我们对投资建立合理的预期。不再追求完美的交易,不会妄图每一次都能买在最低点或卖在最高点,这种追求完美的想法反而会导致失败。如果我们从概率思维出发,就知道市场中没有100%的成功率,每一次交易都有可能亏损。因此,我们应该设定合理的预期,接受一定的亏损,专注于提高长期的投资胜率。

接受随机性,意味着要具备如下理解:面对市场行情,即便我们判断市场目前呈现上升趋势,并选择重仓持有,我们也必须做好市场可能下跌的心理准备和应对策略。同时,我们也应准备好应对市场在未来一段时间内涨幅低于预期的情况。对于市场而言,越是短期的预测,其随机性往往越大。

三、做大概率的事

为什么概率思维在投资中至关重要？假设某项活动仅需执行一次，且即便失败，后果我们能够承受，那么我们或许可以依赖运气一试。然而，当某事需要持续进行时，我们必须依据概率行事，与高概率为伍，因为没有人能够永远幸运。依赖运气进行投资显然是行不通的，即便偶然买到了一只股价翻倍的股票，并且幸运地持有至高位并成功套现，这依然无法决定投资的成败。因为投资如同滚雪球，很少有人会在赚到一笔钱后便见好就收，选择退出市场。

相反，获利往往会让人产生错觉，认为投资轻而易举，自己天赋异禀，从而继续投身其中。市场是一个不断要求我们做出决策的场所，唯有持续做大概率的事，我们才能取得成功。依赖运气获得的财富，最终也会因运气不佳而失去，这是一种必然。股市最大的公正之处在于，一个人可能因运气短期内获得超出预期的收益，但只要他站在概率的对立面，股市将有无数种方式让他将这些收益还回去。

总之，投资中的概率思维强调的是对单一投资事件的升维看待，是对随机结果的预期管理和对大概率事件的持续尝试，而不是追求短期暴富或者试图精确预测市场的每一次波动。通过理解和运用概率思维，我们可以更加理性地看待市场，寻求更科学的投资策略、建立合理的风险预期，并更好地应对市场的波动。虽然概率思维无法确保我们在每次交易中都能获利，但它能够提升我们长期投资的胜率，助力我们在股票市场中实现持久的成功。

第四章
投资中的概率思维

第三节　因果思维带来的误区

人类的思维系统天然缺乏甚至排斥随机性及统计等概率思维，更多地依赖因果思维。然而在投资中，由于市场是复杂的系统，因果思维并不适用，且与概率思维存在冲突。因此，因果思维是投资中的一种"弱"。请大家首先记住这个结论。

一、因果思维

因果思维强调的是事与事之间的因果关系，即特定结果是由一个或多个特定原因引起的。在因果思维中，我们关注"因"与"果"的必然联系，即一个事件（原因）直接导致另一个事件（结果）的发生，不存在第三变量的问题。此外，因果关系具有方向性，即原因在前，结果在后。通过因果思维，我们试图找出引起某个事件结果的原因，进而预测和控制未来可能出现的情况。

我们头脑中的因果思维是怎么运作的呢？步骤通常是这样的：首先，发现现象（结果）；随后，回溯并搜集可能导致该现象发生的因素（原因）；接着，分析并筛选出直接且关键的原因；之后，验证因果假设，确认原因与结果之间是否存在直接的、必然的前后引发关系，从而确立因果逻辑；最后，根据因果逻辑，制定未来的预测和应对方案。

我们必须承认，因果思维在解析众多线性的自然规律以及简单的社会现象时极为有效。运用因果思维能够帮助我们更全面、更深入地洞察简单事物的本质及其发展规律。例如，在科

弱者体系

学研究、工程技术等众多领域，明确因果关系都至关重要。

然而，我们也必须认识到，因果思维强调是一种确定性的关系，是原因和结果之间的必然联系。人类曾普遍认为一切事物都遵循因果联系，世界像钟表一样精确地运行，但随着认识的深入，我们发现现实世界不是钟表，它充满不可预测的随机性。尤其在量子领域，这种现象更为突出。因果思维本质上排斥随机和偶然性，因此它不适用于那些存在随机和偶然性的系统。例如，在复杂系统和量子领域，因果思维就显得无所适从。

我们必须认识到，股票市场是一个复杂的系统。市场中的价格波动受到众多因素的影响，包括宏观经济、政策变化、公司经营、群体情绪等。这些因素相互作用，使得事件的演变不能简单地进行线性外推，因为事件之间的关系更多是"或然性"的，而非"必然性"的。一个原因可能会导致多个结果，多个原因可能会导致一个结果，或者多个原因共同导致多个结果，而单一原因导致单一结果的情况则较为罕见。那种非常完美的因果链，如 A 导致 B、B 导致 C、C 导致 D，虽然可能隐藏在细节之中，但总会有随机事件的出现打断这一链条。因此，股市的因果关系难以被验证，我们试图通过寻找因果关系来预测股市注定会失败。

二、因果思维与事后之明

"理解"究竟指什么？一般而言，它指的是找到了导致某一事件发生的根本原因。我们往往在事件发生之后才去寻求解释，并构建起因果逻辑的链条。一旦我们找到了看似恰当的解释，便不再继续深入探索。因此，我们常常认为事件是可以被预测的，因为事后的解释总是可以合乎逻辑。这种认识事物的方式源于我们对不确定性的厌恶以及简化复杂问题的倾向，这导致我们在找到看似合理的解释后便停止了深入探究，但重要的是，合理的解释并不总是等同于真相。

我们在前面讲过了，股市是一个复杂的系统，并不存在真正的因果链条。我们认为的因果关系，往往是种虚假的解释，这特别契合事后之明效应。在投资中，事后对所有事情做出的解释，大多是制造了理解的幻觉。不仅如此，如果我们总是试图在事后解释一切，也就堵死了认识投资本质和真相的大门。

新事件一旦被人们所知，其他可能性就会被同时擦除——编造因果的过程几乎忽略了所有的不确定性。正如我们在一些"事后之明"的经典案例中了解到的：即使事前的不确定性存在过一段时间，但当事件发生后，对不确定性的记忆很快就消失了。

三、从"因果"到"玄学"

当然，我们总会遇到一些特别复杂和特殊的事件，当我们无法找到一个显而易见的原因时，我们会立即构建一个解释，以填补事件模型中的空白。这正是我们推理未知事件的方式。只有当我们的事件模型无法调整，无法对某一结果做出解释时，我们才会将这一结果归类为"确实令人惊讶的"。即使连"事后之明"都不起作用时，我们也不会止步于此，我们会开始为它寻求更为复杂的解释。我们始终坚信这个事件的发生有个"因"，只是我们暂时没有想到而已，可能是我们认知不足吧！到最后，甚至神学、命运、风水、业障这样的"因"都可以最终派上用场。这种持续对事件进行因果解释的倾向就是我们"理解"事件的方式。这就是我们大多数人在市场中的因果思维。

人类的因果性思维根深蒂固，这种认知方式虽然在很大程度上适应了生存的需求，但在面对复杂的系统时，反而适得其反。因果思维使我们误以为能够解释市场中大部分的随机现象，这也说明了为何我们倾向于认为股市比实际情况更易于被预测。

四、因果思维与概率思维的区别

在概率思维下，预测的本质是判断统计性和相关性而不是因果性，因为很多相关性并不存在因果关系。因果思维更多地关注过去和现在的联系，而概率思维则更多地关注未来的可能性。因果思维在确定性和可预测性较强的环境中更为有效，而概率思维在不确定和复杂的环境中更为有用。在投资中，我们面对最多的是一些相关性因素，那些我们自认为的因果关系很可能也只是一种强相关关系而已。对于概率思维，我们接受相关性下的随机性才是投资的常态，并尝试通过升维来适应随机性。

最后，我们以一个生动的故事来结束本节的内容。

哲学家伯特兰·罗素在讲到虚假的因果关系时，他要你假设自己是农场上的一只鸡。在你的印象中，每天农场主都会来到你跟前，然后喂你。于是，你认为这两件事之间存在因果关系。但有一天，农场主来到你跟前却没有喂你，而是扭住了你的脖子……

朋友们，作为投资者，你们有没有被市场扭住过脖子？

第四节　相关性思维与虚假相关

一、相关性与因果性的区别

如前文所述，股市作为复杂系统，大多数事件之间存在相关性而非因果性。然而由于因果思维的顽固性，很多人在投资中很容易将相关性误认为是因果性的证据。人们偏爱因果思维的原因在于其确定性。当两个事件仅存在相关性时，并不能确保一个变量的改变必然导致另一个变量的改变，它们之间的联系是概率性的。缺乏概率思维意味着，仅凭相关性似乎无法有效地预测和判断事件之间的关系。

在投资领域，相关性指的是两个变量（如资产价格和市场指标）随时间变化的同步性，而因果性则意味着一个变量的变化直接导致了另一个变量的变化。在实际的投资分析中，投资者应该寻找变量间的相关性来指导投资决策，但需要注意区分相关性和因果性的区别。

相关性推论不等同于因果性推论的原因有两个，分别为：第三变量问题和方向性问题。

1. 第三变量问题

两个变量相关并不意味着它们之间存在因果关系，因为相关的产生可能是由于这两个变量都分别与第三个变量相关，而这个变量未被测量甚至未被发现。假设投资者观察到在过去几年中，某白酒公司股票的价格与建筑行业的开工量情况之间呈现很强的正相关关系。具体来说，每当建筑行业开工量上升时，这只股票的价格往往就会上涨。投资者可能会错误地认为建筑行业开工量上升导致了该股票价格上涨，然而这仅仅是一种相关性，而不是因果性。

实际上，可能存在其他未被观察到的第三种变量因素（如开工量上升需要更多的工人，建筑工地的工人更愿意消费白酒，从而提高了该白酒公司的销售业绩，进而推高了其股票价格），或者是两个变量都受到同一未观察到的因素的影响（如建筑行业开工量上升说明经济状况好转，人们更愿意外出聚会和应酬而消费白酒）。因此，虽然建筑行业的开工量与该白酒公司的股票价格之间存在正相关性，但我们不能断定建筑行业开工量上升直接导致了白酒公司股票价格的上涨。

2. 方向性问题

两个变量相关通常指的是一个变量的变动与另一个变量的变动之间存在某种程度的关联。这仅是表明两个变量在统计上一起变动，但这并不意味着一个变量的变动是另一个变量变动的原因，或者一个变量的变动发生在另一个变量变动之前。换言之，相关性并不涉及因果性或变动顺序的方向性。

方向性问题常常是投资者容易陷入的误区。许多投资者在观察到两个高度相关的指标时，往往会不自觉地做出方向性的推断，这可能导致错误的结论。例如，当发现宏观经济与股市的牛熊周期高度相关时，一些人可能会错误地认为，只要宏观经济向好，股市就会步入牛市。然而，实际情况可能是股市已经进入了牛市，随后才显现出宏观经济的改善。甚至有可能，两者之间并不存在明确的先后顺序，只是相关联而已。这种先后顺序的感觉，可能仅仅是由于观察者首先注意到某个指标，或者某个指标更容易被观察到，从而产生了启发式错觉。

第四章
投资中的概率思维

在投资中，我们常常需要依靠不充分的知识和不完整的信息来做出判断。同时，鉴于股市的复杂性，我们试图追溯众多事件的因果性往往是徒劳的。因此，更加现实的做法是关注事件之间的相关性。但同时，我们也要保持警惕，避免陷入相关性分析的一些潜在陷阱。

二、相关性思维与虚假相关

在投资中运用相关性思维，最重要的是要避免虚假相关所造成的误导。一个在投资中很常见的事关虚假相关的现象就是：许多投资者在观察到某些事件经常出现同涨同跌时，就会误以为它们之间存在相关性。

例如，最近市场上的猪肉价格飙升，你注意到生猪养殖行业的股票也随之步入上升通道。因此，你开始考虑投资"养猪股"。作为一名资深投资者，你不会因为猪肉价格上涨和"养猪股"行情上扬就冲动地购买股票，而是打算先深入研究一下猪肉价格波动与"养猪股"股价涨跌之间的相关性，以此作为评估"养猪股"行情持续性的依据。

你拿到了一份养猪行业调研报告，记录了近五年连续255个周度时间段里，猪肉价格周涨跌与"养猪股"股价周涨跌的同步数据（见表4-1）。

表4-1 相关性分析示例表

（单位：周）

猪 肉 价 格	"养猪股"股价	
	涨	跌
涨	140	70
跌	30	15

在看到表4-1的统计数据，你首先需要解答以下两个问题。

（1）要确定猪肉价格涨跌与"养猪股"股价涨跌是否存在相关性，表中的哪些数据是必需的？

（2）根据表中的数据，你认为猪肉价格涨跌与"养猪股"股价涨跌之间是否存在明确的相关性？

一些投资者可能会很快指出，因为猪肉价格和"养猪股"股价同时上涨的单元格里出现的周数最多（140），所以两者呈现相关性。同时，因为猪肉价格和"养猪股"股价同涨和同跌的周数总和（左上单元格140+右下单元格15=155）大于两者一涨加一跌的周数总和（左下30+右上70=100），所以两者呈现正相关性。

然而，单凭上面的直观判断无法得出正确的结论。只有当一个事件（如"养猪股"股价的波动）发生的概率确实会随着另一个事件（如猪肉价格的变动）的发生而出现相应的变化时，我们才能确定这两个事件之间存在相关性。

为了验证猪肉价格的波动与"养猪股"股价表现之间是否存在相关性，表4-1中的四个单元格数据都很重要。通过比较猪肉价格上涨和下跌期间，"养猪股"股价在相应时间段内的涨跌情况，我们发现前者的比例为140∶70（即2∶1），后者为30∶15（也是2∶1）。这表明，无论猪肉价格是上涨还是下跌，"养猪股"股价上涨与下跌的比例都是2∶1。换言之，不论猪肉价格如何变化，"养猪股"股价上涨的概率都是下跌概率的两倍。因此，根据这份调研报告的数据，我们无法得出猪肉价格波动与"养猪股"股价表现之间存在明确的相关性。

没有经过概率思维训练的投资者往往缺乏对相关性的深刻理解，因此当他们尝试进行相关性推理时，倾向于仅凭两个事件共同上涨或下跌的频率来评估它们之间的联系。面对"两个事件是否相关"的问题，他们很可能会将此问题"替代"为两个事件是否多次同时发生过。

此外，尽管历史上事件与事件之间可能存在真实的相关性，但这些结论通常是基于特定时间和环境下的既往关系所做出的统计。鉴于市场的复杂性，当时间与环境发生变化时，这些相关性未必能够保持稳定或继续存在。投资者需要权衡新出现的信息和相互矛盾的信息，以形成新的判断。简单概括往往会使投资者陷入虚假相关的陷阱。

三、选择性偏差及其影响

在投资中，选择性偏差是造成虚假相关的主要原因。当我们分析两个或多个变量之间的相关性时，由于样本选择不当或数据处理过程中的偏差，以及特征的非随机性聚集，都可能会导致得出不准确的相关性结论。

投资中的选择性偏差通常源自样本偏差。样本偏差指的是在分析数据时并非随机抽取，而是基于某些特定条件或标准进行选择的，从而导致样本缺乏代表性。例如，仅研究成功企业而忽略破产的企业就属于幸存者偏差，这是选择性偏差的一种。

此外，当研究的参与者并非通过随机抽样选出，而是基于自愿原则，如仅包括那些愿意接受采访的投资者（通常为投资盈利的群体），这些参与者属于样本不当。这种参与偏差也归属于选择性偏差。

许多投资者，尤其是量化投资者，往往仅依赖于特定时间段内的一小部分数据来回测投资策略与收益之间的相关性，这种做法也是典型的选择性偏差。在投资中，选择性偏差往往不易被察觉,特别是当我们预先期望观察到因果关系时,这种偏差常常被忽视。面对充满诱惑的相关性证据,加上对概率思维的缺乏,即便是最聪明的头脑也可能被误导。

第五节　概率谬误与代表性启发

在投资过程中运用概率思维时,我们应避免陷入五种与概率相关的"谬误",一些心理学文献将其归类为"代表性"启发式偏差。

一、基率谬误:对基础比率的忽视

投资者在评估事件发生的可能性时,往往容易忽视事件发生的基础比率(基础比率是指根据历史数据统计推算出的某个事件发生的概率)。如果再对事件加以相似性或因果性的联想,则会加重投资者对基率的忽视,从而引发对事件发生概率的误判。投资者往往给诸如印象深刻或容易回忆的事件赋予过大的权重,而对在统计意义上更加显著的指标赋予较小的权重,这就是基率谬误。

事件之间的相似性和典型性往往会加重我们对事件基率的误判。如图 4-1 所示,由于事件 C 与事件 B 更为相似(重合度较高),因此当事件 C 发生时,我们更容易错误地认为事件 B 同时发生的概率(按重合的面积计算)高于事件 A。

要注意,我们对相似性、典型性的判断完全不受基础比率的影响,但在判断事件概率时,如果忽略了基础比率,就注定会犯错误。在信息有限的判断情景下(投资环境往往如此),

第四章
投资中的概率思维

我们必须基于投资事件发生的"基率"来进行投资判断。

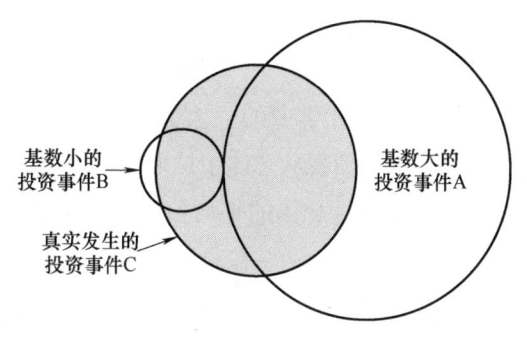

图 4-1 基率谬误示意图

假设一位投资者打算购买一家专注于创新药物研发的公司的股票，他注意到该公司即将公布一款新药的临床试验结果。这位投资者可能会审视公司的历史研发记录、明星科学家团队、市场传闻以及专家对药品前景的积极预测等信息，从而得出结论，认为该药物研发成功的概率高达九成，并据此决定积极买入。然而，了解概率谬误的投资者会意识到这种结论可能过于自信。据统计，创新药物研发成功的基准概率仅为5%~17%，基于该药物90%的研发成功概率来预期这项投资显然过于乐观，进而可能做出与风险不匹配的仓位配置。

此外，还有大量研究表明，当投资者对事件发生的预测赋予因果关系的假设时，更容易忽略事件发生的基础比率。例如，许多投资新手热衷于研究那些突然飙升的热门概念股，希望能够捕捉到下一个迅速致富的机会。在因果逻辑和事后之明的引导下，这些股票似乎总有一些在它们暴涨之前就能被识别的征兆和理由。然而，这种做法往往是徒劳的，因为他们忽视了这类股票在市场中的基数其实非常小，除了依靠运气，很难主动地追踪到它们。

二、小数谬误：对样本大小的忽视

小数谬误是相对统计学中的"大数法则"而言的。大数法则阐述了一个原理：随着从总体中抽取的样本量的增加，样本的平均值将越来越接近总体的平均值。这一法则启示我们，在大量重复的随机事件中，通常会显现出一定的规律性。只要重复实验的次数足够多，随机事件发生的频率将趋近于其真实的概率，这也揭示了偶然性中蕴含的必然性。然而，大数法则也提醒我们，当样本量较小时，单个样本的平均值可能会与总体平均值存在显著差异。

小数谬误是人们普遍存在的认知偏差。在直觉上，我们常常忽视样本大小的重要性。同时，我们倾向于认为从总体中随机抽取的样本彼此相似，并且通常高估样本与总体之间的相似度。这种倾向导致我们错误地将从大样本中得到的结论应用于小样本。小数谬误在投资中有两个维度的体现。

（1）第一个维度涉及将小样本和大样本误认为遵循相同的概率分布，这实际上违反了大数法则。例如，一些个人投资者观察到专业机构采用的趋势跟踪策略收益显著，便也想尝试执行。然而，经过几次交易后，他们却遭遇了连续亏损，只能选择放弃。问题在于，这类趋势跟踪策略通常是低胜率但总体收益期望为正的策略。个人投资者在交易频率和数量上，往往只构成一个极小的样本。这使得他们难以实现策略的正期望，反而容易在低胜率的影响下遭受重大亏损。这种投资能力与策略不匹配的现象属于典型的小数谬误。

（2）第二个维度涉及股市中那些不具备统计显著性的事

件往往被错误地赋予了统计意义。例如，一些基金投资者可能会基于观察到某位投资经理在过去两年的表现优于同行，便草率地得出该经理能力更强的结论。然而，两年的时间跨度样本量太小，不足以提供可靠的指导。实际上，市场风格的转变可能导致这位投资经理的表现受到"均值回归"的影响，在接下来的几年里表现平平。

三、随机谬误：对随机事件的误解

关于人们对随机性的直觉感知，有一个广为流传的故事。《乔布斯传》一书中提到，当 iPod 音乐播放器首次面市时，它引入了"随机播放"功能，并且最初是基于真随机算法的。然而，这一功能很快遭到了用户的大量抱怨，他们认为随机播放功能存在问题，因为它似乎经常按照顺序播放歌曲，甚至有时会重复播放同一首歌。为此，苹果公司不得不在官方网站上澄清：真正的数学随机性确实会表现出这样的模式！遗憾的是，这一解释并未能平息用户的质疑和投诉。最终，苹果公司不得不调整了这一真随机算法，转而使用了一种更符合用户直觉的伪随机算法，从而使得投诉声浪逐渐消失。

这个故事揭示了人们对随机性的普遍误解，即所谓的随机谬误。随机谬误表现为两种形式。

（1）随机感觉。人们通常会直觉地认为，由随机过程产生的数据序列，即便序列较短且缺乏统计显著性，也应当呈现出"随机性"的外观。以抛硬币为例，随意抛掷六次，若结果为"正-反-正-反-反-正"，人们往往觉得这是正常的。然而，若结果为"正-正-正-反-反-反"，则"看起来"并不像是随机产生的。若结果进一步为"正-正-正-正-反-正"，则几乎会让

弱者体系

人质疑硬币是否存在问题！然而，统计学原理告诉我们，鉴于多重随机事件的独立性，实际上每种结果序列都有可能出现。例如，许多彩民在中得一次小奖之后，通常会选择更换他们一直使用的投注号码。他们会想："毕竟，一个号码连续中奖的概率有多大呢？"

再举个与投资有关的例子。

投资者小强手中的股票连续两天涨停，他认为这种连续涨停的情形极为罕见，该股股价不太可能继续上涨了，因此迅速抛售了手中的股票。然而，事实上，因为公司可能有尚未公布的重大利好消息，该股股价后续又继续上涨了好几个交易日。小李就是陷入了对股票走势随机性的误解，没有认识到股票价格的短期涨跌在一定程度上是随机的，单纯地以连续上涨这种现象来判断后续走势，而忽略了股票上涨背后的实际驱动因素以及市场的复杂性。

（2）自我修正。人们直觉上认为随机事件具有自我修正的功能。然而，实际上随机事件并不具备自我修正的能力。例如，一个高分的出现并不必然预示着随后会有相应的低分来抵消它；同样，正面结果之后也不一定紧跟着出现反面结果来形成对应。剩余的样本数据并不是对这个随机事件的修正，而是起到了"稀释"作用，使得平均值更接近于总体的平均值。

生活中的一个典型现象是赌徒心理。玩牌的人在连续摸到三手烂牌后，往往坚信该轮到自己摸一手好牌了。也即，人们总是直觉上错误地认为，一个随机事件会不断地向其平均值自我修正。

小强刚开始涉足股票市场，从一个包含 50 只蓝筹股的股票池中挑选股票。历史数据显示，这个股票池平均每天有超过一半的个股呈现上涨走势。小强首先购入了两只股票，但这两只股票在买入后均出现了下跌。此时，小强打算购买第三只股票。他心想，既然前两只股票的表现都不理想，那么第三只股票应该会表现得更好。否则，他的组合表现就与股票池的表现不相符了。你认为这种推理是正确的吗？

许多人像小强一样，会认为这种推理是正确的。如果第三只股票也选中了下跌的股票，那么其表现与股票池的差异将会非常明显，几乎不可能是巧合。然而，实际上，前两只股票的走势并不会影响第三只股票的表现。这种心理就是一种典型的随机谬误。

在投资上，一些投机者倾向于认为，经过一连串的不走运之后，好运终将到来，这种信念驱使他们在遭受重大损失时仍旧持续下注。然而，股市的随机性并不具备自我修正的能力。一系列的不顺就是不顺，并不能保证接下来会有好运；同样，困境也不会永远持续不变。我们可以通过科学的组合管理和分散投资来规避坏运气的连续发生，但是不要期待在经历一系列的坏运气之后，一次性地全仓投入就能挽回以前的损失。

四、回归谬误：对均值回归的误解

均值回归理论是金融学领域广泛采纳的一个概念。它源自统计学的回归分析原理，主张任何资产的价格与收益率在长期内倾向于回归至其历史平均水平，即所谓的"均值"。在金融分析中，均值回归理论常被应用于股票价格、债券收益率等资产波动性的研究。例如，无论股票价格短期内是过高还是过低，都有可能以较大的概率回归至其长期均值。换句话说，如

弱者体系

果股票价格在一段时间内显著偏离其历史平均水平，那么预计未来价格将趋向于这一平均水平。

投资中的大部分事件和现象都遵循均值回归的原理。例如，那些在前一年实现超额利润的公司，往往在接下来的一年表现不佳；同样，前一年收益率领先的基金，在第二年可能表现平平；牛市之后通常会有熊市等。

所谓"回归谬误"，是指在投资中许多投资者往往容易忽略均值回归的规律。这可能源于他们对短期市场波动的过度关注，或是受到过于乐观或悲观的市场情绪的干扰，从而对资产价格的走势及其持续性做出不准确的评估。在市场中，我们经常能观察到一些典型的"回归谬误"现象。例如，一些投资者在经历了一段长时间的牛市之后，便错误地认为这种上升趋势将持续存在。当市场转熊时，他们通常坚信牛市将会迅速回归，直至他们目睹利润逐渐蒸发之前也难以调整思路；当某基金在上一年度实现了显著的超额回报，基金经理频繁亮相于媒体时，投资者便纷纷抢购该基金，但接下来的一两年内，该基金的表现往往平平无奇；投资者在某只股票上获得丰厚利润后，若看见股价出现大幅下跌，仍认为该行业将持续繁荣，公司业绩将保持强劲增长，于是加大投入本金，结果往往遭遇了重大挫败。

为何多数投资者在投资过程中会遇到回归谬误的问题？原因在于回归现象往往与我们的直觉相悖。这与人类大脑总结事件的惯性思维模式有关：我们通常倾向于认为，过去的趋势能够维持，并能够预测未来的走向。

五、合取谬误：对情景细节的误解

合取谬误发生在人们错误地认为两个独立事件同时发生的概率大于其中任一事件单独发生的概率，这违背了概率论的基本原则。实际上，两个独立事件同时发生的概率等于它们各自发生概率的乘积，而由于概率值不会超过1，因此两个独立事件同时发生的概率绝不会超过任一单独事件发生的概率。

简而言之，合取谬误是指人们错误地将一系列独立的事件视为一个整体，并且在生动性、相似性或典型性的误导下，认为它们同时发生的概率要大于这些事件单独发生的概率。

举个例子，见下面两个陈述。

A：小强患有孤僻症。

B：小强是一名留守儿童，患有孤僻症。

在概率上，B是A与另一个条件（即小强是留守儿童）的结合，因此B发生的概率理应不大于A。但是，合取谬误揭示了一个现象，即人们常常错误地认为B比A更有可能发生，因为他们觉得B提供了额外的信息，使得对小强患病的原因和描述更加详尽和具体。

发生这种错误的主要原因是人们在评估概率时往往会受到直觉和心理因素的影响，而不是严格遵循概率论的法则。人们容易被很细节化的情景所迷惑，因为这些细节使得整个情景看起来更具代表性，然而它们实际上却降低了事件发生的可能性。

就投资而言，合并谬误描述了一种认知偏差，即投资者在评估事件发生的概率时，倾向于错误地认为那些描述得更具体或更生动的事件比一般事件更有可能发生。随着评估情景中信息量和细节的增多,由于联合事件看起来更加生动和典型,且似乎与过往经历相吻合,投资者因此容易错误地判断该联合事件比单独的事件更有可能发生。

A公司是一家传统制造业企业,业绩稳定增长。B公司是一家科技制造企业,业绩稳定增长的同时,还涉足了当下热门的人工智能概念。许多投资者会认为B公司的投资价值高于A公司,因为有两个利好因素叠加,B公司股价上涨的可能性更大。但实际上,从概率上来说,B公司维持上涨可能是业绩增长和人工智能概念共同作用的结果。这种上涨逻辑是两个事件概率的乘积,要比A公司仅依赖业绩增长的上涨逻辑概率要小。因此,如果未来业绩增长放缓或新技术概念遭遇市场冷遇,B公司可能面临更高的整体风险。

为了避免合取谬误,投资者需要深刻理解概率的基本原则,特别是在处理复合事件时,要认识到每一个附加条件都会降低事件的发生概率。事件的情景细节越高,通常显得更加生动、更加典型也更具代表性。但是,这同时也降低了其发生的可能性。

第六节 贝叶斯思维的提炼和应用

一、客观概率和主观概率

在探讨贝叶斯思维之前,我们首先需要明确"投资中的概率"与"学术中的概率"在概念上的差别。许多投资者在心理上抗拒将概率方法应用于自己的投资决策,其中的一个核

第四章
投资中的概率思维

心原因在于，实际投资中所用的概率值往往是通过不可靠的主观估算得出的，导致一百个人可能有一百种不同的估算和理解，其可靠性和实用性非常可疑。此外，这种概率分析与我们在学校学习的概率论和数理统计存在本质上的不同。

例如，一些更注重结果的投资者可能会认为，股票价格在一段时间内不是上涨就是下跌，投资的结果不是盈利就是亏损。关注的事件要么发生要么不会发生，非此即彼，不存在实质的概率问题。而另一些更注重过程的投资者则认为，投资中一系列的事件和演变，始终处于动态变化之中，伴随着各种变化的概率。这些概率难以准确评估和实际应用，因此在某种程度上，它们等同于不存在。

在投资中，要解决这些困扰，我们需要区分"客观概率"和"主观概率"的区别。

（1）客观概率是指事件在大量重复实验中出现的频率。它是一个与观测者无关的量，代表了在相同条件下事件发生的可能性。客观概率符合大数定律，即当实验次数足够多时，事件发生的频率将趋近于其概率值。客观概率可以根据历史统计数据或是大量的可重复性实验来推定和验证。例如，抛一枚硬币正面朝上的概率为50%，投掷骰子每一面出现的概率是1/6。

（2）主观概率是指个体基于其经验、知识、判断和信念对事件发生可能性的一种度量。它是主观的，依赖于个人的理解和信念，因此不同的人可能会给出不同的主观概率。主观概率不是通过实验直接得到的，而是通过逻辑推理、分析判断以及历史数据来综合评定的。

例如，对明天多大概率会下雨这个事，不同的人根据自己

弱者体系

的经验会给出不同的判断，这就是主观概率。即使是天气预报，虽然其参考了过往的天气统计，但同时也结合了当前对云图、湿度等的测量和主观判断，不同的模型计算出来的下雨概率也是不同的，所以这也属于主观概率。

虽然客观概率和主观概率有以上区别，但两者之间也有联系。这种联系体现在主观概率通常是在不确定的环境和信息不充分的情况下，或在无法完全复现的事件中，对客观概率的一种估算或推断。随着不断获得与事件相关的最新证据并加以科学的评估（如贝叶斯计算），主观概率有可能逐渐趋近于客观概率。

为此，我们举个与投资直接相关的例子。

资深投资者都知道，A股市场历来有"开门红"的概念。开门红指的是A股在春节假期后首个交易日（以下简称开门日）通常出现的上涨行情。根据历史数据的统计，截至2024年，上证指数在历年开门日的上涨概率为62.5%。这里，上证指数的"历年开门日上涨概率为62.5%"就是一个客观概率，因为它是对开门日这一可重复事件在历史上每个年度的收盘价涨跌数据进行统计分析得出的结果。

但投资者真正关心是今年春节假期后还有没有"开门红"行情，以便在春节假期临近时决定是否持仓过节。但是，上证指数在"今年开门日的上涨概率"却是一个主观概率，因为它与客观概率有如下两点区别。

（1）"历年开门日"是一个可重复事件，但"今年开门日"是一个还没有发生且不可重复的事件。

（2）在"今年开门日"收盘前，无论有多少信息，"今年开门日的上涨概率"都不会是一个确切的数字。但一旦收盘，

第四章
投资中的概率思维

它又成为一个确定性事件,不论涨跌都有具体的数值。此时概率的概念也不复存在。

当然,在今年开门日收盘前,"历年开门日上涨概率为62.5%"这个客观概率,对"今年开门日上涨概率"这个主观概率有指导作用。当今年开门日收盘后,它的涨跌情况又会对"历年开门日上涨概率"这个客观概率进行修正,这就是在"开门日上涨概率"这个事件上,客观概率与主观概率之间的关联。

在投资中,我们面对的绝大多数判断和决策场景涉及的都是主观概率,而贝叶斯思维的优势就在于它能对这类主观概率事件进行科学的处理。借助贝叶斯思维,我们能够根据新信息和证据的不断涌现,持续更新对某一投资事件的经验和预判,并形成新的信念和预期。这种动态跟踪投资事件并实时更新判断的思维模式,对于投资实践至关重要。

二、贝叶斯公式的拆解

贝叶斯公式由18世纪英国数学家托马斯·贝叶斯提出,并以其名字命名。该公式阐述了在信息和条件受限的情形下,如何利用过往数据与新出现的证据,动态地更新或修正对某一假设的概率估计。它通过一种动态调整的方法,助力我们逐步逼近事件发生的真实概率。

下面,我们将列出贝叶斯公式的数学表达式。这里需要强调,贝叶斯推断在投资中的实际应用,更多地体现在它内含的思维模式,这一点将在后续内容中深入讨论。熟知贝叶斯公式或看到数学公式就头疼的读者,可以略过本段内容。贝叶斯公式的表达式为:

弱者体系

$$P(A|B) = P(A) \times \frac{P(B|A)}{P(B)}$$

(1) $P(A|B)$ 为后验概率。它是指对一个随机或不确定事件,在观察到某些证据后的概率重估。它是一个条件概率,读作"在 B 条件下 A 的概率",表示在事件 B 发生的条件下,事件 A 发生的概率。然而,在投资的背景下,我们需要注意的是,事件 A 和事件 B 之间并不一定存在时间上的先后顺序或因果联系。也即,事件 A 可能会先于事件 B 发生,也可能相反,甚至可能同时发生。同样,事件 B 可能会导致事件 A 的发生,也可能相反,或者二者之间根本就不存在因果关系。

(2) $P(A)$ 为事件 A 的先验概率。即在不考虑事件 B 时,事件 A 发生的概率。在投资中,它一般是指在具体观测某一事件之前,根据以往的经验、统计或主观判断而得到的概率,它是对某个事件发生可能性的预先估计。

(3) $P(B|A)$ 是在事件 A 发生的条件下,事件 B 发生的似然概率,也叫似然度。我觉得"似然度"这个词起的很形象。在投资中,我们通常是在观察到事件 B 后,去评估事件 A 发生的可能性。然而,我们实际上需要进行反向思考:在假设事件 A 已经发生的条件下,事件 B 出现的概率有多大。这一概率衡量的是证据与事件之间的相似度和匹配度。假如事件 B 与事件 A_1 和 A_2 都有关,且 $P(B|A_1) > P(B|A_2)$,那么我就可以说前者比后者更"似然"。

(4) $P(B)$ 是事件 B 的概率。即在事件 A 发生与不发生的所有样本中观察到事件 B 的总概率。在投资中,具体是指投资证据或者某种指标出现的概率。

第四章
投资中的概率思维

下面我们通过一个肺癌诊断的案例来展示贝叶斯公式的计算过程。

问题如下：当前我国肺癌的发病率约为0.05%，肺癌六项血清标志物检测的阳性诊断准确率是90%（误诊率为10%），如果一个人在常规体检时被诊断为肺癌阳性，那么你觉得他真正患上肺癌的可能性有多大呢？

我们先来分析一下这个问题中，与贝叶斯计算有关的事件：

（1）事件A：得了肺癌（事件A′：没得肺癌。A+A′=100%）。

（2）事件B：被六项血清标志物诊断为肺癌阳性。

（3）P(A|B)：被诊断为阳性的情况下得了肺癌的概率。

（4）P(A)：得肺癌的概率。为我国肺癌的人群发病率0.05%。同时，P(A′)为不得肺癌的概率，为1−0.05%=99.95%。

（5）P(B|A)：在得了肺癌的情况下被诊断为阳性的概率，为六项血清诊断的准确率90%。

（6）P(B)：一个人体检时被诊断为肺癌阳性的概率。分为两部分，在实际得了肺癌的人群中被诊断为阳性的概率为P(B|A)=90%；在没有得肺癌的人群中被误诊为阳性的概率为P(B|A′)=(1−90%)=10%。这里需要用到全概率公式（见图4-2）：P(B)=P(B|A)×P(A)+P(B|A′)×P(A′)=90%×0.05%+10%×99.95%=10.04%。

代入公式：$P(A|B)=P(A)\times\dfrac{P(B|A)}{P(B)}=0.05\%\times\dfrac{90\%}{10.04\%}\approx$ 0.05%×9=0.45%。

除了使用公式计算外，我们也可以使用"贝叶斯图形"（见图4-3）进行计算，结果如下：

弱者体系

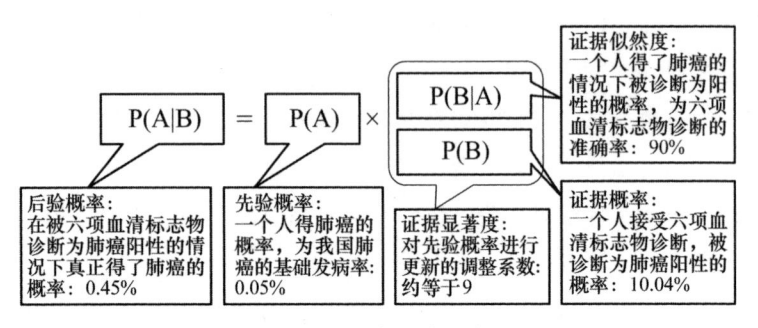

图 4-2 贝叶斯公式示意图

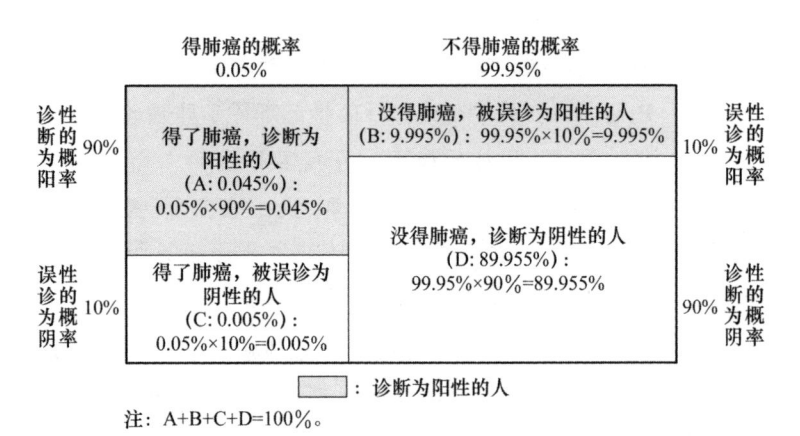

图 4-3 贝叶斯图形示意图（1）

$$P(A \mid B) = P(得了肺癌的人 \mid 诊断为阳性的人) = \frac{0.045\%}{0.045\% + 9.995\%}$$

$$\approx 0.45\%$$

这个案例的结论有违直觉，它启示我们：肺癌是一个极其罕见的疾病（发病率仅为万分之五）。当一个人在常规体检中被诊断为肺癌阳性时，即便诊断的准确率高达90%，但由于人群得病的基础概率实在太小了，实际上被诊断为阳性的个体中真正患病的比例仅为 0.45%。也即 100 个被检测为阳性的人群中，真正患病的人不到 1 个。但是我们也要看到，一个人在被检测为阳性时，他患病的概率提升了将近 9 倍（证据显著度）。所以，正确的做法应该是：尽快前往另一家医院进行复诊，或者接受更专业的检查，并建议不要预先向新医生透露前一次的检查结果。

三、似然推理和基率谬误

对于贝叶斯思维的应用，投资者容易陷入两个常见的误区。一个是"最大似然谬误"，即在评估事件的概率或信念时，人们容易错误地将事件的"似然度"与"后验概率"混为一谈；另一个是"基率谬误"，它是指在投资中，人们倾向于忽略基础比率对事件总体影响的重要性。关于"基率谬误"的定义及特征，我们已在"概率谬误"一节中进行了深入探讨，本节将着重分析其对贝叶斯推理的具体影响。

1. 似然谬误

我们在运用直觉进行推理时，倾向于采用"似然推理"的方式来判断事件的概率，也即常常误将"似然"当作"后验"。例如，在肺癌诊断的例子中，在经过六项血清标志物诊断后，我们实际需要评估的是 P（得了肺癌 | 诊断为阳性），即被诊断为阳性的情况下真正得了肺癌的概率。这是个后验概率，经过计算是 0.45%。然而，在直觉判断中，人们常常错误地将它的似然度 P（诊断为阳性 | 得了肺癌），即在得了肺癌的情况下被诊断为阳性的概率（这实际上是六项血清诊断的准确率，即 90%），误认为就是事件 P（得了肺癌 | 诊断为阳性）本身。

弱者体系

似然概率其实是后验概率的逆概率，它俩并不是一回事。但后验事件与似然事件有时候看起来非常"相似"。人们在进行概率判断时，直觉上往往喜欢找事情的相似性和匹配性来降低判断的难度，而似然概率往往又非常易得，很容易彼此混淆。

一个生动的例子可以说明人们这种"似然推理"的本能既顽固又强大。

经常坐飞机的人都有过这样的体验：当飞机遭遇剧烈颠簸时，机上的乘客，包括自己，通常都会感到非常紧张，担心飞机可能遭遇事故。这是因为大多数人的推理过程是这样的：首先注意到剧烈颠簸的现象，然后评估引起这一现象的两个原因的可能性。首先，飞机失事时出现剧烈颠簸的概率几乎为100%，即 P（剧烈颠簸丨飞机失事）= 100%；其次，飞机遇到乱流时也可能引起剧烈颠簸，但概率较小，为 P（剧烈颠簸丨遇到乱流）= 9%。

由此可见，在遭遇乱流时，飞机通常只会轻微的颠簸，而发生剧烈颠簸的概率很小（9%），因此这不会是主要原因。相反，飞机失事时几乎总是伴随着剧烈颠簸（100%），这使得两个事件之间的匹配度看起来非常高。这种直觉推理过程实际上是在评估两个事件之间的似然度，这就是似然推理。然而，这是一种推理谬误，即误把"似然"当"后验"了。

我们的直觉是基于匹配度、关联性和相似性进行推理的。然而，从理性角度出发，我们应当明白，飞机遭遇剧烈颠簸通常是由乱流引起的。这是因为，在通过信号判断事件时，我们不仅需要考虑事件与信号的匹配程度（似然度），还应考虑事件本身发生的概率（先验概率）。据统计，飞机失事的概率约为1100万分之一,即大约0.000009%;而飞机遇上乱流的概率则高得多,大约每8小时的飞行中就有约15分钟会遇到乱流,约为3%。

实际上,我们应当对比的是P_1(飞机失事|剧烈颠簸)和P_2(遇到乱流|剧烈颠簸)的概率,而非它们各自的似然度。通过贝叶斯公式计算可得,$P_2/P_1=30000$,这表明,飞机发生剧烈颠簸时,遇到乱流的概率是飞机失事概率的三万倍以上。

所以,基于理性分析,当遇到飞机剧烈颠簸时,大概率是遇上了乱流而非飞机失事,乘客应少安毋躁。但当我们下次坐飞机时,如再遇到剧烈颠簸,依然会感到恐慌不安,不是吗?

2. 基率谬误

不管是肺癌诊断的案例,还是飞机剧烈颠簸的例子,为什么它们的似然事件发生的概率那么高,而后验事件本身发生的概率又很小呢?其实原因就在于,不论是肺癌诊断还是飞机失事,这类事件本身发生先验概率非常小。一个极小的概率与一个较大的概率相乘,一般还是一个较小的概率事件。在进行投资决策时,许多人往往会忽视这一基本原理。

四、投资信号的显著度

显著度指的是信号与事件之间的关联强度。当显著度高时,意味着信号的出现能够显著地影响事件概率的更新。接下来,本节将通过两个涉及贝叶斯计算的投资实例来阐释投资信号显著度的概念。由于许多投资信号通常以指标的形式呈现,故也可称之为指标显著度。

弱者体系

1. 成交量与牛熊判断

如果现在是熊市，指数已经连续下跌了两年之久，市场情绪和交易量都非常低迷。在这样的背景下，如果某日你观察到沪深两市的日成交额突然激增，单日突破1万亿元。你会如何进行推理？牛市来了吗？你将如何解读这一市场信号呢？

我们先将这个问题转化为贝叶斯公式：

$$P(牛市|万亿) = P(牛市) \times \frac{P(万亿|牛市)}{P(万亿)}$$

投资事件：股市进入牛市。市场对于牛市的概念一般有共识，我们这里的定义为上证指数年K线收涨，则当年就是牛市；年K线收跌，则当年就是熊市。

投资信号：沪深两市的日成交额突破1万亿元。

后验概率 **P（牛市|万亿）**：在观察到沪深两市日成交额突破万亿元这个信号后，股市进入牛市的概率。

先验概率 **P（牛市）**：股市进入牛市的概率。它可以通过经验进行初步假设，或从历年的牛熊数据统计中获得。例如，回顾过去9年A股的走势，通常在经历1年的牛市之后，市场会进入超过2年的漫长熊市，牛短熊长的特征非常明显。基于此，我们假设A股进入牛市的概率P（牛市）= 30%。

似然度 **P（万亿|牛市）**：A股在牛市行情中，日成交额过万亿元的概率。要计算这个概率，我们可以通过统计A股过去的交易数据来获得。例如，先获取过往9年A股在牛市行情中交易日总数，再统计牛市中日成交额超过了万亿元的天数，最后计算超过万亿元成交额的日子占总交易日的比例。根据统计，这里我们取60%。

信号概率 **P（万亿）**：A股日成交额过万亿元的概率。这

第四章
投资中的概率思维

个我们同样可以通过统计 A 股过去 9 年的交易数据来获得。根据统计，这里我们取 25%。套用贝叶斯公式计算如下：

$$P(牛市|万亿) = P(牛市) \times \frac{P(万亿|牛市)}{P(万亿)} = 30\% \times \frac{60\%}{25\%}$$

$$= 30\% \times 2.4 = 72\%$$

通过贝叶斯图形计算，如图 4-4 所示。

	牛市的概率 30.00%	熊市的概率 70.00%	
日成交额超万亿元 60%	牛市中，日成交额超 1 万亿元的概率（A:18%）：30%×60%=18%	熊市中，日成交额超 1 万亿元的概率（B:7%）：70%×10%=7%	日成交额超万亿元 10%
日成交额未超万亿元 40%	牛市中，日成交额小于等于 1 万亿元的概率（C:12%）：30%×40%=12%	熊市中，日成交额小于等于 1 万亿元的概率（D:63%）：70%×90%=63%	日成交额未超万亿元 90%

$$P(牛市|万亿) = \frac{18\%}{18\%+7\%} = 72\%$$

注：A+B+C+D=100%。

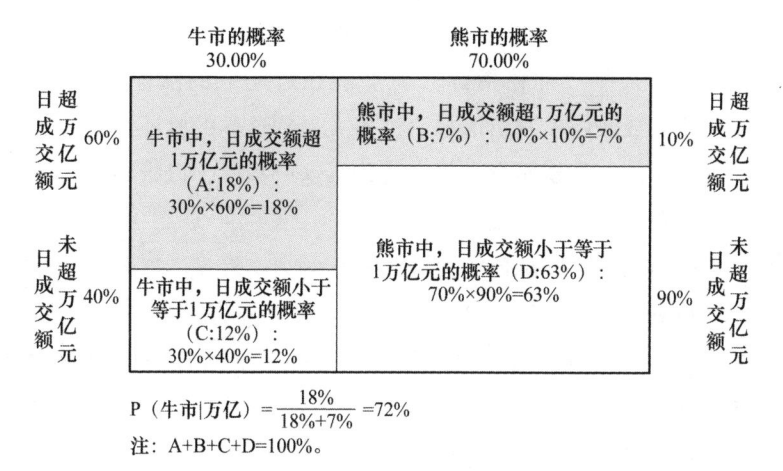

图 4-4 贝叶斯图形示意图（2）

从上面的计算可以看到，A 股处在牛市行情的概率是 30%。当观察到日成交额超万亿元后，A 股进入牛市的概率跃升到 72%。在投资中，"日成交额超万亿元"这个信号，可被视为一个重要的股市"指标"，它对 A 股进入牛市这个先验概率的调整系数（信号显著度）是 2.4 倍，是很显著的提升。因此，我们就可以说，"日成交额超万亿元"这个指标对判断 A 股是否进入牛市有很高的"显著度"，也即通俗的说法，这个"指标"很有效。

弱者体系

识别有显著度的信号对我们的投资判断至关重要。例如，当我们观察到"日成交量额超万亿元"这一信号时，如果我们知道该指标对于牛熊转换有很高的显著度，那么我们应立即摆脱熊市思维，更新风险态度，积极建仓。

2. 神秘指标

在股市中，据说有许多所谓的"神秘指标"能够捕捉到涨停股。当我们尝试"验证"这些指标的准确性时，会惊讶地发现，某些"神秘指标"竟然能在近七成的涨停个股中，于涨停前或涨停中发出信号。许多人见到这样的验证结果会感到兴奋不已，甚至愿意支付高价购买这些指标，以指导自己的实际投资。

然而，那些实际使用过此类指标的人会发现，这种指标往往"好看"而"不好用"。我们一旦按指标信号真正投入资金，往往会亏损累累。这是什么原因呢？下面我们从"指标显著性"的角度来分析一下。

投资事件：某股票涨停。

投资信号：在该股票上，出现"神秘指标"信号。

后验概率 P（**涨停** | **神秘指标**）：在某股票上出现"神秘指标"信号后，该股票涨停的概率。

先验概率 P（**涨停**）：股票涨停的概率，这里指涨停股票占全市场股票的比率。它会随着股市周期而变化，我们需要通过复盘特定时间内全市场的收盘数据来统计。股票涨停是小概率事件，这里我们设定概率 P（涨停）= 3%。

似然度 P（**神秘指标** | **涨停**）：在涨停股中，出现"神秘指标"信号的概率。这个在前文提到了，在近七成的涨停个股中，于涨停前或涨停中都出现了这个指标信号，也即 P（神

秘指标|涨停)＝70%

信号概率P（神秘指标）：股票上出现该"神秘指标"信号的概率。我们可以分为两部分来考虑：在涨停的股票中出现该"神秘指标"信号的概率为P(神秘指标|涨停)＝70%；在没有涨停的个股中，假设也有40%的个股出现了该信号，即P(神秘指标|未涨停)＝40%。用全概率公式计算为：P(神秘指标)＝P(神秘指标|涨停)×P(涨停)+P(神秘指标|未涨停)×P(未涨停)＝70%×3%+40%×97%＝40.9%。

套用贝叶斯公式计算如下：

$$P(涨停|神秘指标) = P(涨停) \times \frac{P(神秘指标|涨停)}{P(神秘指标)} = 3\% \times \frac{70\%}{40.9\%}$$

$$\approx 3\% \times 1.7 = 5.1\%$$

通过贝叶斯图形计算，如图4-5所示。

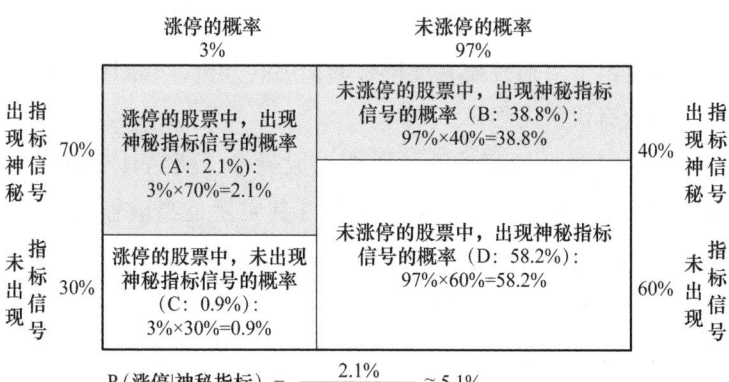

	涨停的概率 3%	未涨停的概率 97%	
出现神秘指标信号 70%	涨停的股票中，出现神秘指标信号的概率 (A: 2.1%)：3%×70%=2.1%	未涨停的股票中，出现神秘指标信号的概率 (B: 38.8%)：97%×40%=38.8%	40% 出现神秘指标信号
未出现指标信号 30%	涨停的股票中，未出现神秘指标信号的概率 (C: 0.9%)：3%×30%=0.9%	未涨停的股票中，出现神秘指标信号的概率 (D: 58.2%)：97%×60%=58.2%	60% 未出现指标信号

P(涨停|神秘指标) = $\frac{2.1\%}{2.1\%+38.8\%} \approx 5.1\%$

注：A+B+C+D=100%。

图4-5 贝叶斯图形示意图（3）

通过上述计算，我们能够发现以下两个问题。

（1）神秘指标的显著度不高。它的显著度仅为1.7倍，对

于涨停这一小概率事件（3%）而言，起不到显著提升的作用。即便在指标信号出现后，后验概率 P（涨停 | 神秘指标）也只有 5.1%，也即神秘指标信号出现时，股票涨停的概率仅提升为 5.1%。若投资者以此胜率长期进行投资，亏损似乎在所难免。

（2）之所以很多人一开始看到神秘指标的介绍："在近七成的涨停个股中，于涨停前或涨停中均出现了指标信号"，便认为该指标在捕捉涨停股方面极为有效，是因为误把 P（神秘指标出现 | 涨停）这一似然度认作了有投资指导价值的后验概率 P（涨停 | 神秘指标出现）。这种错误认知在投资中十分常见，被称为"似然谬误"。市场中很多曾经流行过，甚至红极一时的、看似有效实则无用的神秘指标，大部分都是通过把"似然"当"后验"来偷换概念的把戏。

3. 打造信号验证机制

通过以上对信号显著度概念的提出和分析，我们可以得出以下两个有价值的思维。

（1）从贝叶斯思维看，所谓选股指标，就是具有某一特定概率和似然度的信号。信号显著度其实就是当信号出现后，对事件先验概率的调整系数，信号显著度是由信号的似然度除以信号本身的概率得出的。

（2）如果信号对事件先验概率的改变大（无论是提升还是降低），我们就可以认为这个投资指标显著或有效；反之，则意味着指标的显著度低，也即该指标无效。因此，我们可以得出结论，神秘指标在识别涨停事件方面的显著度较低，无法为涨停这一事件提供有力的信号验证。

在投资中，引入信号或指标显著度的概念，有助于我们科学地识别某些价值或技术指标的真实有效性。此外，针对显著度较高的信号或指标，我们可以构建投资中的信号验证机制。换言之，我们能够针对特定投资搜集一系列关键信号或指标，它们能够显著影响其后验概率的变化。我们将这些信号或指标整理成清单或投资决策树，以便重点监控。一旦这些信号或指标出现，我们便能及时察觉到投资事件的先验概率已经发生了显著变化，因此我们还需要及时调整预期，并采取相应的投资措施。

鉴于我们在投资中的注意力和资源是有限的，若不加区分地密切追踪所有与投资相关的信号或指标，长期来看将不堪重负。因此，构建一个投资事件的信号验证机制是一种"善弱"的方法。

五、对贝叶斯思维的提炼

在实际投资中，我们通常难以精确地为事件的条件概率赋予具体数值。实际上，我们越是尝试为投资事件赋予精确的概率预测，反而可能离客观事实更远。此外，我们的大脑特性和计算能力也不足以让我们直接进行贝叶斯计算，这些都是我们天生的"弱"。

贝叶斯计算与现金流折现类似，更适合被作为一种思维方式而非精确计算。精确计算往往伴随着巨大的噪声，正如尝试用现金流折现精算股票价值一样，这是一件荒谬且无用的事情，甚至可能导致对证券内在价值的扭曲。但我们可以把贝叶斯计算的原理和推理过程，抽象为一种适于人脑记忆和分析的、有规则且节俭的思考模式，即：贝叶斯思维。这是一种符合"善弱"原理的方法论。

贝叶斯推理的表达式为：

$$后验概率 = 先验概率 \times \frac{信号似然度}{信号概率} = 先验概率 \times 信号显著度$$

现在抛开公式，让我们来看看贝叶斯思维揭示了哪些智慧，以及在投资中我们应该如何运用贝叶斯思维。

贝叶斯思维是一种通过新信号修正先验判断的思维模式：在发现新信号后，评估投资事件发生概率的调整。后验概率的变动与投资事件的先验概率成正比，与信号的似然度成正比，与信号出现的概率成反比。在投资中我们应如何思考呢？

1. 投资的成功取决于事件先验概率的大小

（1）投资中要做大概率的事，这是确保投资成功的关键前提。如果一项投资的建立在一个先验概率很低的事件上，那么即便后续出现的较大的利好（信号显著度），其后验概率依然可能维持在较低水平，长期以此方式投资大概率会导致失败。正如先前所举的例子，股票涨停的概率极低（仅3%），即便你发现了一些神秘指标，也仅能将捕捉到涨停股的概率提升至大约5%。因此，抓涨停策略历来对A股投资者颇具吸引力，但它并非一个能够长期成功的投资策略。

（2）投资事件的先验概率是持续演进的。随着市场行情的持续发展和新信息的不断涌现，新的后验概率逐渐转变为当前投资决策的先验概率。以A股市场为例，在牛短熊长的背景下，如果当前牛市已经持续超过一年，那么市场转向熊市的概率就会增加。此时，投资者就应积极调整，从牛市心态转变为熊市心态，并将这种心态转化为新的先验概率。例如，即便市场上再出现新的利好消息、积极的经济展望，投资者应先从悲观的角度进行解读和推理，关注潜在的背离和风险,并随时准备采取应对措施。例如,我们可以制订这样的应对策略:一旦股价出现单日大幅下跌或跌破60日均线,即便暂时缺乏显现的利空因素,也应做好减仓甚至清仓的准备。

2. 投资事件的变化与信号的似然度成正比

(1) 投资事件的后验概率与信号的似然度成正比。当与投资事件相关的信号出现后,评估信号与事件之间似然度的大小就尤为重要。有时,我们能够依靠直觉来判断两者之间的匹配度和相似性,这也解释了为何许多人发现直觉对投资判断具有启发性。然而,我们必须注意的是,直觉向投资者提供的通常是事件的似然度,而非事件本身,要避免被误导。但我们只要对似然度有所了解,就能恰当地运用直觉。

(2) 似然度分析类似于逆向思维。从投资事件入手,逆向思考与之相匹配的信号。例如,当我们试图判断日成交额超万亿元后股市是否将进入牛市时,我们需要进行逆向思考:如果股市已经处于牛市,那么日成交额超万亿元的频率是多少?这个信号(日成交额超万亿元)与事件本身(股市进入牛市)的相似度和匹配程度如何?

根据之前的分析,我们发现日成交额超万亿元这一信号对股市进入牛市的似然度很大(达到60%),这表明该信号具有显著性。因此,在投资过程中,我们一旦注意到与事件本身相关的信号或指标,就应该立即评估该信号与事件的似然度大小。信号的似然度越大,它对投资事件先验概率的影响就越大,这也就意味着我们需要积极调整原有的投资策略和预期。

3. 投资事件的变化与信号出现的概率成反比

（1）**投资事件的后验概率与信号本身发生的概率成反比**。换言之，一个信号出现时，其发生的概率越低，该信号的价值就越高，对事件的推动和证实作用也就越显著。

（2）**信号的价值与其稀缺性紧密相关**。在投资中，频繁出现的信号往往价值有限，而那些与投资事件紧密相关但又极为罕见的信号则尤为重要。我们一旦观察到这样的信号，就应当意识到这是一个关键的信号，它提醒我们需要立刻重新评估投资事件可能发生的改变。

4. 信号显著度是投资行动的警报

投资事件的后验概率与信号的显著度成正比。实际上，信号显著度正是对先验概率的调整系数。根据其构成："信号似然度/信号概率"，我们可以得出这样的结论：当一个信号与投资事件的似然度高，并且该信号本身较为罕见时，这类信号一旦出现，投资者应展现出警觉性和敏感性，积极地做出反应。它应被视为一个行动触发信号，引导我们及时进行加减仓等投资决策。

总之，贝叶斯思维要求我们依据新的信息、数据或证据来不断更新我们的策略、判断和预期，即认知的持续迭代。这是一种成长型思维，也是应对随机事件的智慧策略。具备这种思维的投资者不会固守单一信念，不会盲目跟风，也不会草率地依据情绪或直觉来判断事件。相反，他们会基于过往经验形成一个初步判断，并将其概率化。随后，他们会根据新出现的证据不断调整和优化先前的判断，以此来指导投资决策的后续行动。

第四章
投资中的概率思维

第七节 凯利思维下的胜率和赔率

一、凯利公式

凯利公式本是一个在期望净收益为正的独立重复赌局中，使本金的长期增长率最大化的投注策略。该公式于 1956 年由约翰·拉里·凯利提出，可以用来计算每次赌局中应投注的资金比例。若赌局的期望净收益为零或为负，凯利公式给出的结论是不赌为赢。

凯利公式的表达式为：

$$F = \frac{p \times f_W - q \times f_L}{f_W \times f_L} = \frac{E}{f_W \times f_L}$$

式中，F 是赌局每次的最佳下注比例；p 是胜率；q 是败率（q=1-p，注意与"赔率"区分）；f_W 是胜时收益率，如投入 x，收益为 y，则 $f_W = y/x$；f_L 是败时亏损率，如果投入 x，亏损为 z，则 $f_L = z/x$。

$0 < f_L \leq 1$。$f_L = 1$ 表示，一次投入可能输光筹码；$E = p \times f_W - q \times f_L$ 为赌局的期望净收益。赔率等于胜时收益率/败时亏损率 $= f_W / f_L$。

在某些投资场景中，我们也可以运用凯利公式来决定自己的投资仓位。

设想我们计划投资沪深 300 股指期货。根据沪深 300 指数过去半年的波动率均值，我们预计其预期波动率为 20%。这意味着在接下来的半年内，沪深 300 指数的潜在最大涨幅和跌

弱者体系

幅均为20%。当前，3个月期的期货合约贴水为3%。依据"善弱温度计"（一个由弱者体系开发的估值和周期判断工具）的分析，沪深300指数近期上涨的概率为55%（假设指数当前的平均温度为45℃），而下跌的概率为45%。保守起见，我们为每笔期货合约准备的保证金足以支持10倍的杠杆。同时，为了控制风险，一旦指数下跌导致保证金不足，我们将立即平仓。在这种投资策略下，每次应投入多少资金（包括保证金）进行交易呢？

凯利公式的要素包括：胜率（上涨概率）p=55%；败率（下跌概率）q=45%；期货合约到期时指数的最大预期涨幅为20%，再加上3%的贴水，那么到期时合约最大涨幅为23%，再乘以10倍杠杆，则预期到期收益率 f_W=230%；下跌平仓的亏损率（包括本金和保证金）f_L=100%。

代入凯利公式计算：

$$F = \frac{p \times f_W - q \times f_L}{f_W \times f_L} = \frac{55\% \times 230\% - 45\% \times 100\%}{230\% \times 100\%} \approx 35.4\%$$

在本例中，我们应用凯利公式计算得出，沪深300股指期货每次投资的最佳仓位为35.4%。然而，凯利公式基于一个前提，即投资结果的概率分布是已知的，并且结果相互独立。遗憾的是，在现实的投资活动中，这些条件往往难以被满足。具体原因有以下三点。

（1）投资中的胜率、败率、收益率以及亏损率往往都难以被精确量化，而且受个人主观判断和市场环境的影响很大。

（2）凯利公式适用的前提是，在相同的条件（胜率、赔率）下能够较高频率重复投注，但实际的投资情景则有所不同。某些特定的套利机会或特殊事件投资仅限一次，机会转瞬

第四章
投资中的概率思维

即逝。衍生品投资通常具有明确的到期日,并且存在时间价值的损耗。即便是在股票和债券市场,由于市场周期、利率环境的变化,胜率和赔率也会持续变化。

(3)尽管价值投资策略下的胜率和赔率相对稳定,但其投资周期通常超过一年,过于低频,不符合重复下注的条件。而一旦交易频率提升至高频,如日内交易等,股价波动将显著受到随机因素的干扰,使得凯利公式中的关键参数难以被准确确定。

二、凯利思维

像贝叶斯思维一样,凯利公式对投资的重要性体现在它提供了一种重要的思考方式。凯利公式可以用来指导投资者在面对具有不同预期收益风险的投资机会时,如何合理分配其资金。总体而言,凯利公式强调在投资决策过程中,理性地权衡收益与风险的关系,并依据概率论的原则来优化资金的配置。凯利思维揭示了:投资者应将资金分配到那些获胜概率大且预期收益超过潜在损失的投资上。在胜率高、赔率高的投资机会上加大投入,而在胜率低或赔率低的投资上减少投入。理论上,这种方式可以实现复利增长的最大化。

我们可以从凯利思维上获取对投资的启示有以下两点。

(1)运用凯利思维审视投资的胜率、赔率以及相应的投资期限。投资者可以通过分析胜率、赔率与期限之间的相互关系,来探讨各种可行投资策略的特征。

(2)运用凯利思维审视投资组合中个股的持仓比例问题。

1. 对胜率的思考

投资中的胜率指的是在当前价格水平进行投资后,未来一段时间内实现盈利的可能性。胜率反映了股价在不同价位出现的概率。例如,"善弱温度计"中的相对温度和绝对温度,从统计原理上看,可以作为评估个股或指数在特定时间点的胜率的指标。

当然,胜率也存在时间维度上的考量。从短期来看,胜率与股市周期及公司的经营状况紧密相关,经营状况通常通过景气度这一指标来衡量。景气度的提升可能源于政策支持、需求增长、产品涨价或产能扩张等积极因素,这些因素最终能够显著提升公司的业绩。当公司的业绩超出投资者预期时,其股价往往容易在短期内形成易涨难跌的高胜率的局面。然而,在高景气度带来的高胜率背后,往往伴随着较低的赔率,其最明显的表现就是估值水平较高。

长期胜率与公司的基本面紧密相连。基本面是对一家公司的行业前景、竞争地位、商业模式、盈利能力以及财务状况的全面评估。例如,波特五力模型就是一个极佳的基本面评估工具。长期基本面的确定性越高,意味着长期胜率也越高,长期业绩增长的确定性实际上等同于胜率。

2. 对赔率的思考

如果说胜率是一个概率性的概念,那么赔率则是一个空间概念。在凯利思维中,赔率由两部分构成:收益率和亏损率,它计算的是投资标的在未来一段时间内向上与向下的极限空间。赔率是收益率与亏损率的比值,常常体现为估值水平。

胜率有时间的维度,赔率有周期的维度。在股市周期的高峰,众多股票看似具有较低的估值,但若从周期性视角审视,我们会发现此时的赔率并非如静态数据所示的那样高,甚至可能低于1,这意味着未来预期收益率可能远低于预期亏损率。

同理，在股市周期的低谷，许多股票看似估值较高，但它们未来的赔率实际上可能要比静态数据显示的高。以化工股为例，景气时期价格的急剧上涨使得短期内的静态估值看似诱人，赔率看似很高。然而，从周期视角来看，此时行业内的企业在价格上涨的刺激下大都在盲目扩大产能，这往往会超出下游的实际需求，从而导致未来业绩下滑的风险大幅增加，因此长期赔率实际上很小。

3. 胜率与赔率的关系

（1）**高胜率、低赔率**。典型的投资策略是"长期持有白马股"，这些公司的行业格局稳定、经营优势明显，业绩的确定性很高。只是在一般情况下，由于其市值大、知名度高，价格也没有什么优势，故而赔率一般，长期持有虽然能跑赢通胀，但其超额收益并不明显。该策略正是巴菲特后期所强调的"以合理价格买入优质企业"。换言之，只要投资的赔率符合预期，便可以进行买入并长期持有。

（2）**低胜率、高赔率**。典型的投资策略是"困境反转"投资。买入那些经营陷入困境且股价低廉的公司，如果我们在深入研究其基本面之后，认为有潜力实现困境反转，那么此时的赔率是很高的。但公司从经营困境中复苏通常来说是一个低胜率的事情，因为困境往往伴随着市场份额的丧失、债务问题的加剧以及人才的流失。因此，尽管潜在回报诱人，"困境反转"本质上是一个低胜率的投资策略。

那么是否存在高胜率与高赔率并存的投资机会呢？确实存在，可以分为以下两种。

（1）"**高胜率、低赔率**"+高杠杆=高赔率。一个高胜率、低赔率特性的策略，通过施加高杠杆来实现高赔率。这正是对冲基金普遍采用的策略，但它的风险在于高杠杆的不稳定性，一旦遭遇极端波动，可能导致重大损失。例如，美国长期资本管理公司（LTCM）的倒闭就是这一风险的典型例证。

（2）升维到"周期"视角去看胜率和赔率。由于市场个股的高相关性，在股市周期的底部，就会出现大量高胜率和高赔率并存的投资机会。所以在投资中，我们判断周期位置和了解周期进程非常重要。关于这一点，我们在第七章中进行详细阐述。

4. 凯利思维与仓位

利用贝叶斯思维得出的投资胜率，可以指导我们根据凯利思维来决定投资或持仓的规模。凯利思维适用的前提条件是投资存在可重复性和较高的交易频率，这为我们提供了以下两点启示。

（1）对于周期较短且可重现的投资机会，我们可以利用后验胜率，结合凯利思维进行资金配置。鉴于后验胜率会随着新信息的出现而持续更新，因此在投资过程中，我们也需要不断地调整持仓，以实现仓位的动态平衡。

（2）对于周期较长且可重现性较低的投资机会，我们可以通过采用"组合"和"分散"的策略来提高投资的可重现性和高频性。在组合中，每一个仓位的配置都相当于一次凯利思维的应用。

投资中的决策科学 第五章

第一节 投资决策和运气的关系

掌握了概率思维之后,我们将进一步深入探讨投资中的科学决策。在大多数情况下,投资决策是在充满不确定性和随机性的环境中做出的,这并不完全是一种纯粹的智力较量。相比之下,我们可以将象棋与投资进行比较。象棋是一项规则明确、对手行为透明的智力游戏,在任何局面下都存在一套最佳的走法。象棋中不存在隐藏信息,不确定性和随机性因素几乎可以忽略不计。在象棋中,优秀的决策总是基于规则上更佳的走法。理论上,你可以回顾每一步棋并分析其中的失误。如果一名棋手的水平远超对手,那么他几乎可以战无不胜。

然而,投资则完全不同。我们的大部分投资都涉及信息不对称、不确定性、随机性,甚至还要面对偶尔的欺诈行为,运气的影响也极为显著。投资结果受到技能和运气的双重影响。对于一个中长期投资过程中的各个决策点,我们的决策几乎从不会100%正确或错误,投资的结果也几乎不会完全归因于技能或运气。因此,评估投资决策质量的难点在于,投资结果与决策质量之间的联系并不总是清晰可见。在实际操作中，将结果归因于技能或运气并非易事。

实际上，一项投资，尤其是投资组合的结果，往往是正确决策和运气共同作用的结果。因此，许多明智的投资决策可能会带来糟糕的结果，而一些看似糟糕的投资决策却可能产生良好的结果。在投资领域，我们既不能仅凭成败来评判决策和运气，又不能将决策和运气割裂开来单独考量。

一、投资决策中的两个关键问题

1. 努力悖论

理论上，决策的努力程度应与问题的重要性成正比，这关系到决策成本的问题。但你是否注意到，许多人在网上购买价值不足百元的小物件时，会投入数小时进行广泛比较，而在动用数万元甚至数十万元资金买卖股票时，却往往仅用几分钟思考，显得异常草率。这种现象的原因何在？这主要是因为购买简单的商品时，存在具体的可量化参数，如外观、性能、规格等。对这些参数的比较能够带来更优的结果。然而，在股票交易中，面对复杂性，我们往往无从下手，缺乏足够的可量化因素来进行对比和分析，股市的复杂性导致了我们的节俭式启发。

2. 独立于情景的投资决策是不存在的

我们所做出的决策和判断在很大程度上取决于所处的情景。投资者并非孤立地感知和决策某个投资事件，而是依据过往的经验、记忆、直觉以及事情发生时的情景来理解和解释新信息。在不同的情景下，同一个人对同一信息的解读可能截然不同。情景依赖性源于我们的认知限制，这一点在第一章中已有详细论述。

二、什么是优秀的投资决策

何为优秀的投资决策？在前述讨论的基础上，我们现在可以回答这个问题了。

（1）优秀的投资决策是在相同信息条件下，我们未来仍会反复做出的决策，而不是仅在某个时刻偶然带来良好投资结果的决策。

（2）优秀的投资决策能够很好地适应运气的不确定性，因此我们需要具备概率思维。提高投资决策的质量旨在增加获得良好结果的可能性，而非保证单次投资必然成功，良好的决策能够提升投资成功的概率，尤其是能够提高投资组合的期望值。在实际操作中，我们一方面需要在投资中运用概率思维，另一方面要采用统计上具有明显超额收益的策略。这部分内容我们将在第八章中详细讨论。

（3）优秀的决策过程应当重视情景依赖和努力悖论，这要求我们在面对不确定性和随机性时，要识别并提升那些可操控的因素。面对复杂系统，我们并非束手无策。实际上，我们需要应对的是"有限理性"。优秀的投资决策建立在有效应对"有限理性"的基础之上，即建立在"善弱"的基础之上。那么，何为投资中的"有限理性"呢？它涵盖了我们的选择性知觉、记忆缺陷、直觉误导、易得性启发、行为偏差、噪声干扰、概率谬误，以及缺乏对周期性和回归性规律的洞察。只有在"善弱"的基础上，我们才能在逻辑和客观上有望产生最佳的决策分析结果。我们不应仅根据投资结果的好坏来复盘总结，而是要反思在各个关键时间节点上是否有效地应对了"有限理性"。

总体来说，由于我们在投资中往往无法在当下或不久的将来验证决策的正确性,我们评估决策质量的方式在于审视其过程。优秀的投资决策是在投资过程的各个关键节点上,实现了有效应对"有限理性"的"善弱"行为,它建立在科学的超额收益原理之上,是在充满不确定性和随机性的环境中,大概率确保成功的决策。尽管运气总是扮演一定的角色,但在面对类似情况时,我们仍会毫不犹豫地选择再次执行这样的决策。我们应该将重心放在提升决策过程的质量上,而不仅仅是评估决策结果的好坏。

第二节　框架效应与风险态度

框架一词指的是问题的描述方式或信息的呈现角度。对相同信息的不同表述,或者对同一问题的不同表达都可以称为框架。框架效应指的是,当面对在客观上等同的信息或问题时,人们基于不同的表述或暗示,可能会做出不同的理解和判断。也即一句箴言:"问题会影响答案!"

投资同样会受到框架效应的显著影响,主要表现在投资者因框架效应而产生的风险偏好转变。风险偏好分为"风险规避"和"风险尝试"。风险规避指的是采取措施避免可能的损失或不利后果;风险尝试则意味着愿意承担风险,甚至可能主动寻求风险以获取更大的利益或回报。当问题以获利的方式被描述时,投资者可能更倾向于避免风险,即表现出风险规避;当问题以损失的方式被描述时,投资者可能更倾向于冒风险,也即表现出风险尝试。

让我们来看一组例子。

第五章
投资中的决策科学

案例（1）：假设某私募基金由于亏损 3000 万元，引起了客户的不满。基金公司为了应对，更换你为新的基金经理，接下来需要更换投资策略，有以下两个策略方案：

策略 A：采用该策略，在下一个基金报告期，报告实现盈利 2000 万元。

策略 B：采用该策略，在下一个基金报告期，有 2/3 的可能性盈利 3000 万元；但有 1/3 的可能性会无法实现盈利。

现在，作为新晋基金经理，你会选择哪个策略？

据实验统计，多数人在这种情况下会选择策略 A。

案例（2）：假设另一只私募基金也由于亏损 3000 万元而引起了客户的严重不满。基金公司也更换你为新的基金经理作为应对，接下来需要更换投资策略，有以下两个策略方案：

策略 C：采用该策略，在下一个基金报告期，报告仍有 1000 万元的亏损。

策略 D：采用该策略，在下一个基金报告期，有 2/3 的概率基金成功实现扭亏；仅有 1/3 的概率基金无好转但也无恶化，仍为亏损 3000 万元。

现在，作为新晋基金经理，你会选择哪个策略？

据统计，多数人在这种情况下会选择策略 D。

在案例（1）和案例（2）中，大多数人做出的选择看似不言而喻。然而，让我们现在用理性的眼光来分析这个问题：实际上，如果深入考察两个案例中的策略组合，我们会发现它们在客观上是相同的。基金在下一个报告期内实现盈利 2000 万元（策略 A）与报告期内仍有 1000 万元的亏损（策略 C）实际上代表了同样的客观结果，只是表述方式不同；同样，策略 B 和策略 D 在客观上也是等价的。换言之，在案例（1）

弱者体系

中选择策略 A 的人，在案例（2）中本应选择与策略 A 客观上相同的策略 C，但现实中大多数人却选择了策略 D。这种决策上的前后不一致，本质上是因为策略的表述从盈利转向亏损，就足以使投资者的选择从风险规避转变为风险尝试。这正是受框架效应的影响。

此外，策略 A、B、C、D 的盈利预期（收益期望）实际上是完全相同的。那么，在相同的预期下，为何投资者会做出不同的选择呢？这个问题我们放在后面讨论。

在前述案例中，究竟是哪些框架因素导致了风险偏好的转变呢？答案是由锚定效应引起的框架变化。锚定效应已在第二章中详尽讨论，这里不再赘述。接下来，让我们再通过一组案例来进一步阐释。

案例（3）：设想一年前，你以每股 30 元的价格购入了某医药公司的股票，投资逻辑是其研发的某款创新药获批进入临床试验。不幸的是，在买入后，由于公司主力产品受到了国家集采政策的影响，股价下跌到 20 元，你出现了浮亏。今天公司突然公告了一条重磅消息，一周后将公布其创新药的临床试验结果，分析表明，如果成功，股价有望涨回 30 元，你不再亏损。如果失败，股价有可能跌到 10 元。

那么现在，你将如何决策？是卖出还是继续持有？请在做出选择后再继续往下阅读。

统计表明，大多数投资者在这种情况下会倾向于风险尝试，选择继续持有股票。

案例（4）：设想一年前，你以每股 30 元的价格购入了某医药公司的股票，投资逻辑是其研发的某款创新药获批进入临床试验。幸运的是，在买入后，该公司果然受其创新药临床获

第五章
投资中的决策科学

批公告的影响，股价上涨到40元，你实现了浮盈。今天公司突然公告了一条重磅消息，一周后将公布其创新药的临床试验结果，分析表明，如果成功，股价有望涨到50元。但如果失败，股价有可能跌到30元。

这种情况下你会怎么决策？选择卖出还是继续持有？

统计表明，大多数投资者在这种情况下倾向于风险规避，选择卖出股票。

案例（5）：设想一年前，你以每股30元的价格购入了某医药公司的股票，投资逻辑是其研发的某款创新药获批进入临床试验。不幸的是，在买入后，由于医药板块受到了国家集采政策的影响，股价一直在30元来回震荡。今天公司突然公告了一条重磅消息，其一周后将公布其创新药的临床试验结果，分析表明，如果成功，股价有望涨到40元。如果失败，股价有可能跌到20元。

这种情况下你又会怎么决策？选择卖出还是继续持有？

统计表明，大多数投资者在这种情况下倾向于风险尝试，选择继续持有股票。

不难发现，案例（3）至案例（5）实际上揭示了同一家公司的基本面情况。在公布临床试验结果时，这三个案例中的股价涨跌概率在客观上是一致的。关键在于，临床试验结果本应是投资决策分析的关键，因为它会对公司的价值和盈利前景产生深远的影响。然而有趣的是，在这些案例中，对临床试验结果的预测并非是投资者关注和决策的焦点，投资者只关注它带来了"不确定性"。

这三个案例揭示了一个核心问题：面对不确定性引发的波动风险，投资者仅仅因为锚定了自己的买入成本（30元），

127

便做出了不同的交易选择。在案例（3）中，由于投资者目前处于浮亏状态（20元），因此大多数投资者因"损失厌恶"而倾向于风险尝试，选择继续持有；在案例（4）中，由于处于浮盈状态（40元），大多数投资者倾向于风险规避，选择了落袋为安；在案例（5）中，由于目前不盈不亏（30元），但持有股票一年的时间，损失了机会成本，在沉没成本效应的作用下，大多数投资者会倾向于风险尝试，选择继续持有。

尽管上述三个案例分别展示了不同行为偏差的影响，但它们实际上都可以归结为由锚定引起的框架效应。风险偏好的转变受到问题呈现方式的框架影响。当面对的选项相对于某个锚点看来是盈利时，决策者往往倾向于风险规避；反之，当选项因锚点被视为亏损时，决策者则更愿意风险尝试。

第三节 可能性和确定性偏好

可能性偏好与确定性偏好同样能够触发框架效应。由于进化过程中形成的本能，人们天生喜好确定性，也偏好可能性，但对不确定性感到厌恶。

当一件事的可能性从0增长到5%，或从5%增长到10%，虽然都是5个百分点的提升，但它们在心理上产生的价值和效用截然不同。从0到5%的跃升，意味着从无到有，从不可能到可能，这种转变对我们来说具有实质性的意义。人们往往高估那些虽然概率极低但存在可能性的事件，这被称为可能性偏好。例如，从购买彩票的广大人群反映出，人们愿意花费超过其实际价值的金额去追逐那微乎其微的中奖机会。

与可能性偏好形成鲜明对比的是,当事件发生的概率从95%提升至100%,这同样是一种实质性的转变。这种确定性的提升所带来的心理价值和效用,远超过从90%到95%的同比例增长。与可能性偏好重视那些不太可能出现的结果不同,对于几乎肯定会发生的事件(如95%的可能性),相较于绝对确定的事件,人们给予的信心和重视程度会相对较低,这被称为确定性偏好。

可能性偏好揭示了我们对于罕见事件往往赋予过高的信心或重视。而确定性偏好则揭示了我们相对于确定性事件而言,对于大概率事件更容易产生轻视或缺乏信心的心理倾向。

这一现象对投资的启示是:在面对极低概率的罕见事件时,投资者往往倾向于风险尝试。而在面对大概率但非绝对确定的事件时,投资者却更倾向于风险规避。这种心理倾向似乎是一种天然存在的"心理框架"。

确定性偏好与可能性偏好,结合损失厌恶和过度自信的心理偏差,共同揭示了风险偏好在特定情景下的逆转现象。面对罕见的小概率事件(如5%),投资者的信心往往超出实际概率的三倍,这种过度自信促使其倾向于风险尝试。同样,当投资者面临确定的损失时,他们通常表现出比面对95%概率的损失(即便两者损失期望值相等)更强烈的厌恶情绪。这是因为95%的损失概率在心理上可能仅被评估为79%,显著低于其实际数值,这种心理价值的低估同样推动了投资者对风险的尝试。

弱者体系

第四节　警惕虚假确定偏差

在行为经济学与决策心理学的交织领域，一个不容忽视的概念是虚假确定偏差，它深刻揭示了人们在风险决策过程中的一种非理性倾向。

更确切地说，在投资者面对多个选项的组合时，虚假确定偏差会导致他们倾向于选择那些看似确定性更高或可能性更大的单独选项，即使从整体投资组合的角度来看，那些综合来看期望价值更高但伴随更大不确定性的选项才是更明智的选择。让我们通过以下的投资决策案例来进一步阐释。

案例（1）：存在一个由两个阶段组成的连续套利策略。该策略提供了两个备选的投资方案（注：两个备选方案需要从第一阶段初始就整体打包选择）。在第一阶段，两个方案均有75%的概率一无所获，但同时也有25%概率能够成功进入下一阶段。一旦进入第二阶段，两个备选方案的盈利概率将呈现差异。

方案A：在进入第二阶段后，100%盈利20000元。

方案B：在进入第二阶段后，80%的概率盈利30000元，但有20%的概率一无所获。

那么，你会选择上面哪一项投资方案？

案例（2）：你会选择下面哪一项投资方案？

方案C：25%的可能性获利20000元，75%的可能性一无所获。

方案D：20%的可能性获利30000元，80%的可能性一无所获。

第五章
投资中的决策科学

在案例（1）中，大多数的投资者会选择投资方案 A。因为方案 A 具有确定性，在有确定性盈利的可选下，投资者往往是倾向风险规避的。这个决策从局部看是理性的。

在案例（2）中，大多数明智的投资者会选择投资方案 D。鉴于方案 C 和方案 D 均涉及概率事件，然而投资方案 D 的盈利期望（20%×30000 = 6000 元）要明显高于方案 C 的盈利期望（25%×20000 = 5000 元）。因此，选择方案 D 是合乎理性的。

但现在我们进一步对比下案例（1）和案例（2）的实质。在方案 A 中，因为第一阶段套利也涉及概率的问题，即 25%进入第二阶段，75%投资就结束了，一无所获。若将第一阶段和第二阶合并考量，那么方案 A = 25%×100%×20000 元 = 25%的可能性获利 20000 元，75%的可能性一无所获 = 方案 C；方案 B = 25%×80%×30000 = 20%的可能性获利 30000 元，80%的可能性一无所获 = 方案 D。

也即，在盈利期望实质上，方案 A = 方案 C，方案 B = 方案 D。但大多数投资者在两个案例下做出的决策却正好相反，这有违理性。这是什么原因造成的呢？问题出在投资者在案例（1）进行决策时，将两个阶段割裂开来单独考虑。在第二阶段的套利决策中，他们过分强调了确定性，却忽略了两个阶段的事件实际上是紧密相连的连续过程。这种看似追求确定性的选择，实际上对整体投资是不利的。这一现象揭示了投资中的虚假确定偏差。

尽管上述案例高度抽象，但在我们的投资活动中却屡见不鲜。大多数投资者通常不会在一段时间内只进行一项投资，而是持续不断地进行"滚雪球"式的连续决策。他们往往也不

弱者体系

会仅持有一只股票,而是会持有多只股票,并且可能在多个市场(如A股和港股)以及多个账户中进行组合投资。因此,在我们连续决策和组合投资的过程中,由于"心理分账"的普遍影响,如果将每个账户甚至每笔投资孤立地看待,投资者更倾向于选择一系列胜率高但赔率低的投资项目。而不是既包含高胜率低赔率,又包含低胜率高赔率组成的,从组合整体期望看预期收益更高的组合。这便触发了虚假确定偏差。

虚假确定偏差可能会损害我们长期投资和组合投资的确定性以及收益率。那么,我们该如何规避这一偏差呢?这正是接下来要讨论的问题。

第五节　投资的最大期望原则

我们之前讨论了框架效应和虚假确定偏差如何影响投资决策。那么,投资者如何在复杂情景中规避由框架效应和虚假确定偏差引起的对风险偏好的不当逆转呢?一个关键的方法论即是:遵循最大期望原则。

一、关于期望值的计算

接下来,让我们通过一组案例来具体阐释期望值的计算过程。

案例(1):假设你有A股和H股两个投资账户,由于美国突然发起了一项新的对华贸易的利空政策,现在你的A股和H股账户持股都受到了该政策的波及,需要根据最新政策下的基本面展望进行调仓,每个账户分别面临两种不同的调仓选择。

第五章
投资中的决策科学

A 股账户——在两个投资选项间决策。

调仓 A：100%盈利 10000 元。

调仓 B：80%的概率盈利 13000 元，20%的概率一无所获。

H 股账户——在两个投资选项间决策（经汇率调整）。

调仓 C：100%亏损 10000 元。

调仓 D：80%的概率亏损 13000 元，20%的概率无亏损退出。

如果是你，该如何决策？

A 股账户调仓选择 A 还是 B？

H 股账户调仓选择 C 还是 D？

对于案例（1）的调仓选择，我们可以做如下分析。

（1）对于 A 股账户，大部分投资者会选择调仓 A 的方案。因为调仓 A 具有确定性。调仓 B 中的 13000 元相比 10000 元来说，增利空间并不算大，但它丧失了确定性。在有确定性盈利的可选下，投资者往往是倾向风险规避的，这个决策符合"一鸟在手胜过两鸟在林"的共识，从局部看也是理性的。

（2）对于 H 股账户，大部分投资者会选择调仓 D 的方案。因为调仓 C 会立马坐实 10000 元的实际亏损，而调仓 D 还有扭亏的可能性。13000 元相比 10000 元来说，亏损的边际增加并不算大。如果增加的亏损额相对于原亏损额投资者能够承受，那么投资者大都倾向于风险尝试。这个决策从局部看也是理性的。

（3）我们要注意到，不论是调仓 A 还是调仓 D，都不是决策中的最大期望选项。调仓 A 的盈利期望为 100%×10000＝10000 元，要小于调仓 B 的期望 80%×13000＝10400 元；调仓 D 的亏损期望为 80%×-13000＝-10400 元，也要小于调仓 C 的亏损期望-10000元。

案例（2）：请考虑下面这个投资决策场景，并在两个调仓计划之间决策。

调仓E：80%的概率亏损500元，20%的概率不赚不亏退出。

调仓F：80%的概率盈利500元，20%的概率不赚不亏退出。

很显然，所有理性的投资者都会毫不犹豫地选择调仓F，因为调仓F是大概率盈利的，而调仓E是大概率亏损的，不论风险偏好如何，调仓F都要优于调仓E。

但是让我们稍稍深入分析一下就会发现，本案例中大概率亏损的调仓E其实就是案例（1）中局部理性的调仓A和调仓D的结合，因为80%×-500=100%×10000+80%×-13000+20%×0=-400元（期望）。

同样，调仓F实质就是调仓B和调仓C的结合。因为80%×500=80%×13000+100%×-10000=400元（期望）。

我们将案例（1）与案例（2）综合考量，可以发现一个有趣的现象：在单独评估时并非首选的选项组合（调仓B和调仓C的结合）实际上胜过了那些各自为优的选项组合（调仓A和调仓D的结合）。许多人会立刻认识到，这正是之前讨论过的虚假确定偏差。然而，我们在此需强调两个要点：首先，调仓A和调仓D在局部上是理性的；其次，调仓B和调仓C的结合的整体盈利期望值为400元，高于调仓A和调仓D的结合的整体期望值-400元。基于这两点，我们结合这个案例就可以来阐释投资中的最大期望原则了。

二、最大期望原则

在投资决策过程中，一个基本且核心的原则是追求最大期望

第五章
投资中的决策科学

收益。我们在运用最大期望原则进行决策时，必须要考虑事件的可重复性与可承受性。对于那些仅发生一次或无法承受其损失的情况，即便预期收益最大，也不应轻易冒险。这正是我们在案例（1）中认为调仓 A 和调仓 D 在某种程度上是理性的依据。

然而，如果事件具有可重复性，且损失在可承受范围内，那么我们应当遵循最大期望原则。在投资的实际操作中，我们常常面临连续的决策过程，类似于"滚雪球"，或者涉及组合投资。在这些连续决策和组合投资的情景下，追求期望值最大化通常是正确的策略。或许有人认为，最大期望原则的原理是不言而喻的，无须如此详尽探讨。然而，在现实的投资环境中，最大期望原则往往与我们的直觉相悖。

（1）前面所列举的案例都有很清晰的场景，但在现实的投资环境中，由于事件的复杂性和不确定性，投资者往往难以判断对单一投资项目是应该采取风险规避还是风险尝试。锚定效应、确定性偏好、可能性偏好以及虚假确定等偏差，都在不知不觉中影响着投资者的风险偏好。

（2）我们的投资很少仅限于单一品种，通常涉及多个市场（如 A 股、港股）和多种资产类别（包括理财、债券、股票、期货等），甚至跨越多个账户（如基金账户、股票账户、主账户、子女账户等）构建的投资组合。然而，由于受到心理账户效应的影响，投资者往往倾向于对每个独立的投资项目单独做出决策，而这种基于每个单项投资的优化决策所形成的组合，很可能并不符合最大期望收益原则。

综上所述，在进行投资决策时，我们务必要主动评估投资组合的整体期望收益，遵循最大化期望原则做出决策通常是最优的选择。

第六章 弱者体系与技术分析

第一节 价值和技术分析的辩证统一

鉴于投资领域长期存在将价值投资与技术分析视为对立面的倾向，本章开篇将从弱者体系的"善弱"视角出发，探讨价值投资与技术分析的辩证统一性。

技术分析是通过各种由价格形态形成的证据，在较早阶段识别证券价格趋势及其逆转的方法。其中，价格形态是投资者行为的图形化体现，它基于对投资者心理和行为模式的数学统计和概率分析而得，且这些形态或模式在市场上会反复出现。而所谓的趋势，指的是价格沿着一种不完全规则但持续的方向发展的演进态势。技术分析包括一系列的指标和工具，这些指标和工具通常是通过统计方法或其他周期性摆动原理设计而成的。

一方面，从证券定价的角度审视，价值投资中的基本面分析涉及对政策环境、行业特性、商业模式、竞争格局、财务报表、盈利能力、价格比率等要素的研究，旨在分析证券定价中的基准部分——内在价值；另一方面，技术分析专注于研究因

第六章
弱者体系与技术分析

投资者心理和行为偏差、信息不对称以及企业发展中的不确定性等这些因素导致的股票定价中产生的噪声部分，这部分定价是无法通过价值分析来精确量化和控制的。

在弱者体系的视角下，尽管存在定价噪声，但价值依然是价格的基准（尽管根据周期原理，价格不会长时间在基准附近停留）。而技术分析则认为，价格是市场的先导指标，甚至可能因为反身性原理，在一定程度上影响和推动基本面的变化。

了解这一点后，我们便能认识到，将价值分析与技术分析割裂开来是不恰当的。然而，不加区分地将二者混为一谈，随意滥用同样不可取。在价格运动的周期性波动中，若要分析当前钟摆的位置——是处于左侧还是右侧，中间还是极端——显然需要借助价值分析来确定其基准，以便做出判断。但当价格摆动至两个极端时，技术分析同样不可或缺，它帮助我们应对价格波动中的噪声和不确定性。

从这个角度看，技术分析是应对由投资者的有限理性造成的定价噪声部分的工具，是弥补投资者认知限制的一种方法论。从概率思维来讲，具有显著统计意义的技术分析，是应对概率问题的一种"善弱"方法论。对于周期思维来说，技术分析是运用周期理论不可或缺的一部分。

此外，逆向思维和逆向投资策略往往需要与技术分析相结合。原因何在？逆向投资不仅要求我们判断市场的走向，更关键的是要精准把握逆向投资的时机，这正是策略的核心所在。因为在市场转折点到来之前，大众情绪往往已经走向极端。股价可能被推至异常的高位或低位，估值指标可能达到令人难以置信的水平。在这一过程中，许多经验丰富的投资者可能会预感到未来可能出现大问题，他们的担忧是对的，但仅凭估值和

弱者体系

经验去预测和行动往往为时过早。例如，当许多人预测市场即将见顶（这表明市场还未形成一致性预期），但峰值却迟迟未现。当许多人认为市场已经见底时，回头看去，我们往往发现自己还在下跌的半山腰。股市趋势的逆转过程通常非常缓慢，对某些概念的狂热或恐慌可能会导致股价远远超出合理估值，甚至达到荒谬的程度。

鉴于投资者的行为倾向于极端化，常常偏离常态，过早做出判断可能会对投资产生极其负面的影响。例如，在上升趋势尚未结束时就卖出，或在下跌趋势尚未完成时就买入。因此，我们将技术分析与逆向投资策略相结合显得尤为必要。市场的峰值和谷底通常只有在实际价格走势形成之后，投资者才能事后识别，但诸如量价背离、趋势线或均线的突破，以及长期摆动指标达到超买或超卖水平等技术分析工具，往往能够提前揭示泡沫的破裂或底部的真正反弹。因此，技术分析着眼于潜在的可能性，旨在帮助我们在投资决策中应对那些因投资者的"弱"（如信息不对称、认知限制、行为偏差等）而难以解答的问题，从而提高投资决策的成功率。这表明它不应直接作为预测工具使用。

一方面，随着价值投资理念的广泛传播，一些缺乏经验或固守教条的投资者对技术分析产生了严重的误解，甚至将其视为价值投资的对立面，拒绝去了解或使用。他们采取了一种非黑即白的态度，认为采用技术分析就等同于背离了"真正的价值投资"，并对此抱有敌意，将运用技术分析的投资者和方法一概而论地贴上"投机"的标签。这种做法显然不利于对技术分析原理和作用的正确理解，这本身也是这类投资者的一个显著的"弱"。

第六章
弱者体系与技术分析

另一方面，技术分析的滥用也是一个普遍现象。一些人认为，所有基本面因素的变化最终都会在价格变动中反映出来。因此，技术分析作为一种研究价格变动的工具，自然也包含了基本面的所有信息。他们完全依赖技术分析来进行主观投资，认为基本面分析是徒劳无用的。然而，技术分析是一种概率工具，它分析的是潜在的可能性。证券的很多走势与技术指标之间的关系是不稳定的，因此技术分析得出的结论只代表未来发生的可能性，而非确定性，它是一种概率预测。如果我们对基本面信息一无所知，就无法对技术分析的准确性进行定性评估。实际上，基本面分析和技术面分析可以相互印证，共同构成了投资决策的坚实基础。

根据弱者体系的观点，技术分析既是投资中的决策工具，又是辅助工具。作为决策工具，我们主要在证券价格周期的两个极端位置，即由噪声主导定价的阶段进行运用。它帮助我们避免过早退出可能带来丰厚利润的上涨趋势，或过早抄底导致资金被动。同时，技术分析防止我们因乐观情绪而经历过山车行情，或在市场底部因恐惧而错过重要的反弹。然而，作为决策工具，我们必须谨慎使用技术分析，避免滥用。例如，在逆向投资中，只有在逆向因子出现反转，并伴随着逻辑演绎和估值显著变化后，使用技术分析来判断中长期趋势的逆转才显得有意义。否则，许多假的突破或背离很可能是市场噪声。

作为辅助工具，技术分析可以作为一种验证手段，检验我们的投资方案是否准确。价格走势有时能反映市场对一个证券的综合看法和态度，甚至能在问题显现之前提供预警信号。例如，当技术分析与我们的观点一致时，我们可以维持甚至增加投资额度。然而，如果技术分析与我们的乐观预期相悖，我们

弱者体系

就需要集中有限的注意力,重新审视我们的投资方案,确保没有忽略任何潜在的负面因素。在技术分析与我们的预期出现严重分歧时,我们也可以选择减少投资或暂时退出,以观察市场的后续发展。

技术分析及其指标种类繁多,弱者体系对此采取有选择性的态度。其应用旨在弥补我们在信息不对称、认知限制、行为偏差等方面的不足。具体而言,弱者体系认为,技术指标必须基于心理学或统计学原理,能够揭示市场中群体的心理和行为特征。此外,指标应当简洁易懂,并且得到广泛认知和共识。在市场这个复杂系统中,复杂的指标设计除了增加噪声外,几乎无法带来其他正面效果。我们应坚持从统计逻辑和概率思维的角度去看待和运用技术指标和技术分析。

如果由我来开设一门价值投资课程,我会首先讲解技术分析。这不仅因为在弱者体系中,技术分析与价值投资是相辅相成、辩证统一的。单从"辩证"和"证伪"这两种思维方式去正确认识一件事,也应该从其潜在的对立面开始研究。通常,如果我们能对事物的对立面有所了解,就会对其本质有更深入的理解。如果我们在研究潜在对立面的过程中领悟到价值分析和技术分析在"善弱"的视角下其实是相辅相成、辩证统一的,那么我们的投资理解将实现质的飞跃。

请注意,本章并非仅是列举技术分析及其各种指标,而是基于弱者体系的理念和需求,深入探讨其采纳的技术分析方法和技术指标的深层含义。本章将重点介绍弱者体系所依赖的主要技术分析工具和指标的统计学或心理学原理。关于这些工具和指标的具体应用情景,我们将在后续章节(如周期思维、逆向投资)中进行深入探讨。

第六章
弱者体系与技术分析

对技术分析指标的采信，弱者体系遵循三个基本原则。

（1）指标必须基于行为统计学或心理学的原理，能够揭示市场中群体的心理和行为特征。

（2）指标应当简洁明了，易于获取，并且得到市场的广泛认知和共识。

（3）指标对于投资操作应具有实际应用价值，即它们应当有明确且相对固定的应用场景，而非随意使用。

有些人可能已经阅读了大量关于技术分析的书籍，却仍然难以把握其核心要义。然而，如果我们在弱者体系的框架内审视本章对技术分析的探讨，可能会豁然开朗，有所领悟。

第二节 技术分析的基础工具

一、坐标系的选择

在进行技术分析时，股价走势图的坐标选取非常重要。选用不同的坐标系，股价曲线呈现出来的形态和走势是有很大的区别的，有时候这直接影响投资者对证券价格趋势及趋势逆转的判断。弱者体系倾向于在技术分析中使用对数坐标，原因如下。

（1）对数坐标更好反映历史真实的价格波动。对于价格波动范围很大的股票，对数坐标图可以更好地适应这种波动，不会因为价格的大幅变动而导致图表上的信息丢失或压缩。

（2）对数坐标更好展现价格趋势的变化。与采用算术坐标判断价格趋势对比，采用对数坐标能更好反映趋势和趋势逆转，对数坐标图有助于识别和追踪价格趋势。

（3）对数坐标更好反映投资心理的变化。相比于价格数值的绝对变化，投资者的心理更倾向于关注价格的比例变化。

总之，对数坐标能更实际反映真实价格波动下投资者的收益变化。对数坐标能让价格趋势按比例得到展现，同时符合投资者更关注价格比例波动的投资心理，也更具信息价值。投资心理是价格趋势、支撑与阻力形成的基础。支撑位与阻力位通常与价格的百分比变动相关，而不是固定的价格点。另外，许多技术分析工具和指标（如移动平均线、相对强弱指标等）在对数坐标图上表现更好，因为它们通常是基于价格比例而非绝对价格而设计的。另外，对数坐标具备视觉一致性，使得不同时间框架和价格水平的图表可以更容易地进行比较。

二、阻力位与支撑位

阻力位与支撑位也是技术分析中重要的概念，它们在判断股价走势、预测交易者情绪方面有一定的心理学基础。

阻力位是指股价在上涨过程中，由于卖方力量的增强或买方力量的减弱，使得股价在某个特定价位附近停止上涨，并开始回落的价格位置。相反，支撑位是指股价在下跌过程中，由于买方力量的增强或卖方力量的减弱，使得股价在某个特定价位附近停止下跌，并开始反弹的价格位置。阻力位代表供给集中的区域，而支撑位代表需求集中的区域。通过识别和分析阻力位和支撑位，投资者可以预测股价未来可能的波动范围。当股价接近支撑位时，可能面临反弹的机会；当股价接近阻力位时，则可能遭遇回调的压力。

阻力位和支撑位的形成和突破往往反映了市场情绪的变

化。例如，当股价成功突破阻力位时，可能意味着市场情绪转向乐观；当股价跌破支撑位时，则可能预示着市场情绪转为悲观。从行为心理学原理看，阻力位与支撑位的出现，与投资者的损失厌恶和锚定效应息息相关。通过对阻力位与支撑位形成的心理学原理的分析，我们可以有效推理出一些阻力位与支撑位的特点。

（1）在一段行情中，前期的高点或低点都是良好的阻力位或支撑位。

（2）某段行情中，成交量的密集区域，是重要的阻力位与支撑位。因为投资者在这个价位有大的利益得失，而且成交量越大，换手率越高，其阻力或支撑的作用就越大。

（3）整数价位和缺口，有时候也暗合投资者的心理，也是潜在的阻力位与支撑位。

（4）趋势线和移动均线代表动态的阻力位与支撑位。投资者在心理上有预测和探寻线性趋势延展的心理，所以好的趋势线和移动平均线可以成为一系列动态的阻力位与支撑位。

（5）近期的阻力位与支撑位要比前期特别是时间跨度较长的前期支撑位和阻力位重要。因为前期在该位置交易的投资者可能在后期的行情中进行了充分的换手，支持阻力位与支撑位的心理学因素已削弱或不复存在。

三、趋势线

趋势线是技术分析中基础又重要的工具。趋势线能够清晰地反映出股价随时间或其他变量的变化趋势，帮助投资者快速理解数据的主要走向，并预测数据未来的可能走向。技术分析最主要的目的之一就是对一段主要行情的趋势和逆转做出判断。

弱者体系

在上涨行情中，将不断走高的股价底部连成一条直线，称为上升趋势线；在下跌行情中，将不断走低的股价顶部连成一条直线，称为下降趋势线。在绘制趋势线时，必须连接两个或两个以上的峰位或谷底。如果只通过一个点，再依着股价大致的走势绘制一条直线，因为不具备心理学解释，一般毫无意义，不算真正的趋势点。

绘制上升趋势线时，选择两个或两个以上的股价低点作为关键点。这些低点应该具有一定的时间跨度，并且尽可能地反映上升趋势的开始和持续过程。理想状态下是连接最后一个谷底与反弹行情的第一个低点。绘制下降趋势线，选择两个或两个以上的高点作为关键点。这些高点同样应该具有一定的时间跨度，以准确反映下降趋势的开始和持续。理想状态下是连接最后一个波峰与下降行情的第一个高点。趋势线的可靠性，取决于其长度、所连接的点数及斜度三个要素：更长的长度、更多地触及、更平稳的斜度。

总之，不断观察后续的股价点是否沿着趋势线继续移动，形成了有效的阻力位或支撑位至关重要。如果多个股价点连续接近和触及趋势线，并且趋势线平稳且方向保持不变，则可以确认趋势线的可靠性很高。而它一旦被突破，则需引起投资者的重点关注和积极应对。

一条理想的趋势线，应该能代表重要的阻力位和支撑位，从这个角度说，用收盘价作为绘制趋势线的着线点，更契合投资行为心理的原理。

四、移动平均线

由于价格走势中包含大量小型波动，绘制移动平均线（简

第六章
弱者体系与技术分析

称均线）有助于对价格数据进行平滑处理，过滤掉价格随机变动中的噪声，使基本趋势显得更加清晰。另外，按照投资行为心理学原理，移动平均线通常根据收盘价绘制，属于动态的阻力位和支撑位，是重要的技术分析工具。均线与趋势之间的关系有以下四个要点。

（1）一条理想的均线本身就是价格走势的阻力位或支撑位。在上涨行情中，价格回落在均线上方获得支撑。在下跌行情中，价格反弹到均线下方受到阻力。在一段行情走势中，价格触及均线的次数越多，均线的可靠性就越强，均线被突破时的意义就越重要。

（2）在一段趋势行情中，如果均线已变得较为平缓甚至已经改变原来的趋势方向，那么在价格突破均线时，趋势逆转的信号就比较可靠。反之，如果在价格突破均线时，均线仍然在按照当前的趋势强势运行，那么这时的突破就没有前者可靠。

（3）一般而言，均线跨越的时间越长，对趋势指导的可靠性就越高，其被价格突破的信号就越重要。如果能代表趋势的均线有多条可选，那么应该参考跨度最长的均线。

（4）在趋势逆转的指导方面，均线方向的逆转比价格突破的信号更可靠。如果均线方向逆转和价格突破方向一致，且同时发生，这通常是一个非常可靠的信号。

常见的移动平均线的计算方法有简单移动平均线（SMA）和指数移动平均线（EMA）两种。EMA对近期的价格数据赋予了指数级的较大权重，反映了市场参与者在决策过程中对待新信息与旧信息的不同态度。投资者通常认为近期发生的事件更能反映未来的趋势，因此更倾向于依赖近期信息来做出决策，EMA 的加权方式符合投资心理。鉴于此，弱者体系在使用均线进行技术分析时，一般采用 EMA。

五、趋势线均线

上面讲到，趋势线的绘制原则旨在寻找有效的阻力位与支撑位，而均线的绘制原则解决了趋势线在绘制上因主观因素带来的问题。将两者的绘制和行为心理学原则相结合，弱者体系提出了"趋势线均线"的概念。

在选择均线的时间跨度时，要使得均线尽量符合趋势线绘制的要领：更长的长度、更多地触及、更平稳的斜度。也就是说，在长度上要尽量长地匹配一段已在进行的行情趋势；在点位上要尽量多地接触到和靠近行情中的关键收盘价点，尤其是那些成交量高的点位；在斜度上在满足前面两条规则的前提下，要尽量选择斜率平稳的曲线。一般均线的时间跨度越大曲线越平稳，对趋势指示的可靠性也越高。

总体来讲，什么是"趋势线均线"？即从一段已在进行的行情趋势来看，最能起到阻力位或支撑位的，也最能符合趋势线规则的均线。"趋势线均线"是弱者体系采信的重要的技术分析工具，它在时间跨度选择上，解决了均线绘制的主观性和科学性问题。

在图 6-1 这段上涨的行情趋势中，EMA32 均线（期数为 32 日的指数移动平均线）是最为贴合的趋势线。所以我们可以以 EMA32 均线作为这段上涨行情的"趋势线均线"，以 EMA32 均线作为上涨趋势的观察和逆转监测的依据，可能最为可靠。

第六章
弱者体系与技术分析

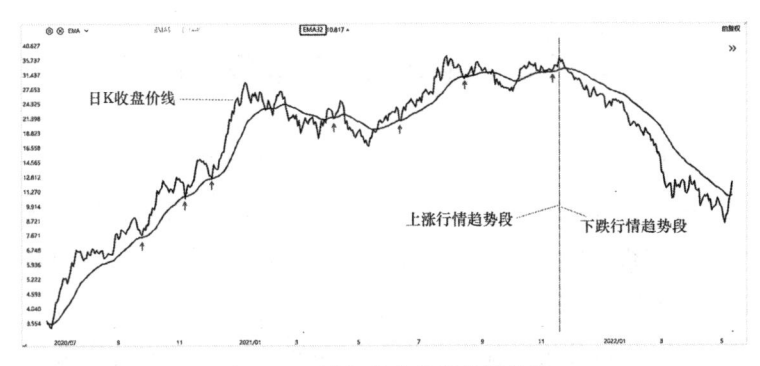

图 6-1 上涨行情中的趋势线均线

在图 6-2 这段下跌的行情趋势中，EMA13 均线是最为贴合的趋势线，所以我们可以以 EMA13 均线作为这段下跌行情的"趋势线均线"，以 EMA13 均线作为下跌趋势的观察和逆转监测的依据，可能最为可靠。

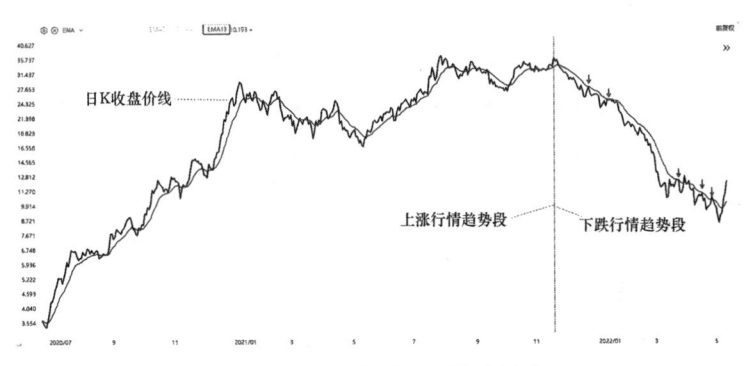

图 6-2 下跌行情中的趋势线均线

上述五种是弱者体系特别重视的技术分析中的基础工具。

147

弱者体系

第三节 供求关系与量价分析

　　量价分析是一套基于市场运行的基本原理——供应和需求，来研读价格与交易量之间的关系，用于识别证券行情的技术分析方法，具有实用性。弱者体系认为，持仓的时候我们要跟踪基本面，也要观察行情。行情是什么？就是趋势与量价关系。通过量价分析，我们能够洞察市场中买卖双方的供求关系，探寻行情中的阻力位与支撑位，发现趋势逆转前的背离现象。我们也能观察到牛熊行情中，大众投资者在消息诱导或情绪支配下出现的抢购高潮和恐慌抛售等群体行为。此外，我们也能察觉到主导资金如何利用大众投资者的恐惧和贪婪来完成吸筹或派发的过程。量价关系的背后，不仅是交易双方意愿的博弈，也是双方力量的较量。

　　俗话说，见微知著。弄清量价关系对于掌握微观层面价格变动的原理，以及理解价值及价值驱动价格变化的规律是有帮助的。不懂量价关系原理，会是价值投资者的一项"弱"。

一、量价分析中的三个信息

1. 供求关系

　　在量价分析中，首先能观察到的信息就是当下行情中的供求关系。量价分析的一个重要作用就是通过价格和成交量的细节变化，来识别重要市场时点（如出现新信息）的供求关系，从而在供求关系上去预测和佐证自己对行情和趋势判断。

　　供求关系是价格涨跌的基本原因，任何一个市场的价格波

第六章 弱者体系与技术分析

动都来自供求关系的变化。市场的一个最基本的原理就是供求的不平衡产生趋势,当需求大于供应时,价格在博弈下产生上涨趋势;反之,当供应大于需求时,价格处于下降趋势;当供求平衡时,价格在一个交易区间内波动,没有明显的趋势。所以,趋势是价格所遵循的一种秩序,而秩序的核心就是供求关系。

(1) 供求关系如何看。一般在阳线和上涨趋势中以需求为核心来评估量价,因为这时是需求在主导行情;同理,在阴线或下跌趋势中要以供应为核心来评估量价关系。

如果成交量放大,表明此时供求两旺,参与买卖者众多,投资者交易情绪高;如果成交量萎缩,说明供求低迷,投资者情绪不高。如果在成交量放大的背景下,上涨(或下跌)没有取得很大进展(指价格振幅小,在对数坐标系中表现为K线图实体包含影线的长短),这用市场交易的本质解释就是供应(或需求)已经开始增加。如果在成交量萎缩的背景下,K线的振幅很大,那么说明这里有供应或需求的真空,是买方消极还是卖方惜售,这要放在具体的行情趋势中去分析。

具体拆解来看,上涨趋势是一种秩序,它背后的原因是供不应求。如果走势出现停止甚至出现逆转,供求关系会提前发生变化。当供应增加,不再需要不断抬高价格来满足需求时,价格就会停止上涨。当购买者众多(高成交量),但上涨乏力(K线振幅小或上影线长)时,这就说明供应已经开始增加。如果成交量也萎缩,说明需求也在下降。但如果是在成交量萎缩的同时出现了阳线振幅的扩大,那我们可以理解为卖方在阶段性惜售,出现了供给真空。

同理,供大于求是下降趋势产生和秩序维持的原因。当需

149

求增加时，价格就会停止下跌。当卖出者众多（高成交量），但下跌乏力（K线振幅小或下影线长）时，这就说明需求已经开始增加。如果当成交量也萎缩时，说明供应也在下降。如果是在成交量萎缩的同时出现了阴线振幅的扩大，那我们可以理解为买方消极，出现了需求真空。

（2）从供求角度看顶与底。我们可以从供求关系的角度去观察一段趋势行情中顶部和底部形成的过程，顶部的开始是在上涨趋势中从需求大于供应到供应突然开始放大的过程，顶部的确立基本伴随成交量放大，供应明显超过需求的现象。底部的开始则是从下跌趋势中供应远大于需求到供求相对平衡的过程，底部的形成是需求持续保持力度而供应不断减少的过程，底部的确立是需求开始超过供应的开始。

（3）供求关系是趋势的领先指标。例如，在一段上升趋势的顶峰，派发初期的供求变化通常会揭示供应开始超过需求，预示着潜在的风险。然而在这一阶段，价格趋势往往仍表现为上升态势，这可能会误导人们认为价格将继续攀升，趋势将持续。这也是许多普通投资者容易在市场高点被套牢的原因，因此从量价关系中解读供求关系显得至关重要。

当供应（或需求）在特定的阻力（或支撑）位上增加时，反映了人们行为心理的正常现象。然而，如果在没有明显阻力或支撑的价位上，供求关系和价格波动突然发生变化，那么我们就应该警惕可能已经出现但尚未被广泛传播的信息。量价关系会告诉你市场参与者对信息的解读和真实态度。例如，在一段逻辑清晰且趋势良好的上涨行情中，通常不会出现无缘无故的恐慌情绪。也就是说，如果一段稳定上涨的行情突然因为一则消息导致出现了放量下跌，我们首先要认识到这是大众的解

第六章
弱者体系与技术分析

读,而且市场中总有人比我们更接近信息源、更了解实情情况。

假设你持有国内一家化工业公司的股票。突然,一则新闻报道了国外一家化工集团的工厂发生了爆炸事故。尽管你无法立即从报道中得知爆炸的具体损害程度,以及事故是否发生在生产与你持股公司同类产品的厂区,但此时的量价关系可以辅助你的分析,并提高判断的准确性。如果此时无论是投资交流平台,还是非官方消息渠道都在推测,国外发生爆炸的工厂生产的产品与你持股公司形成竞争关系,并且该产品即将面临价格上涨。然而,你观察到该股票的量价关系并未支持这一推测,那么你应该保持警惕:相较于各种传言,量价关系更能揭示市场参与者对信息的真实反应和态度。

2. 阻力位与支撑位

从量价分析中,能测度阻力或支撑的点位和有效性。我在讲阻力位与支撑位的章节说过,密集成交区往往是有效的阻力或支撑。真正起到阻力位与支撑位作用的是成交量,因为成交量能够真实反映投资者的信心大小。阻力位就是在某个价位,买方不愿意按照卖方的出价交易;在这个价位,卖单大量流入,供应大于需求。支撑位就是在某个价位,卖方不愿意降价出售。或者买单大量流入消纳了卖单,需求大于供应。

那么,如何用量价关系来判断阻力位或支撑位的有效性?如果价格触及阻力位或回落到支撑位,测试的K线必须是短K线,如果短K线配合低的成交量,这表明需求或供应的枯竭,但也存在在阻力位或支撑位出现放量的现象。阻力位是大量卖单的等候区,主要是观察供应是否有增强。如果价格在反弹触及阻力位时是阴线,并伴随大的或递增的成交量,这是供应扩大的现象,这是阻力位有效的表现。同理,价格如果在支撑位出现反弹,是很好的下跌停止行为。如果此处的 K 线是阳线,且伴随振幅小、成交量高,那么说明该支撑位上的需求非常强劲,买单对卖单进行了充分的吸收,这是个有效的支撑位。

从量价关系上看,吸筹或恐慌抛售的低点一般会形成一个有效支撑位,因为它们把市场上大部分的供应都吸收了。派发和抢购高潮的高点一般会形成一个有效的阻力位,因为它们把市场上大部分的需求都消耗掉了。判断阻力位或支撑位的有效性,是一个"供求测试"的过程。下跌底部的二次测试点,一般是在恐慌抛售后低点形成的支撑位。如果我们期待一段趋势底部的形成,那么对二次测试的要求是没有更多的供应出现,如果测试到还有大量的供应,那么这就不会是底部。如果 K 线和成交量都非常小,这说明供应压力不足,供应不足是价格上涨的基础,说明底部确立。

同理,上涨顶部的二次测试,一般是在抢购高潮后高点形成的阻力位,如果二次测试中发现没有更多的需求持续,甚至发现大量供应出现(特征是呈短 K 和成交量放大),这说明已经出现派发现象,趋势顶很可能已经在形成。当然如果能有效突破这个阻力位,量价关系上显示出需求仍旧在主导趋势,那么上涨趋势一般还会继续。

3. 顺势与背离

除非突发非常大的利好或利空,几乎所有趋势的衰竭和逆转都是先从量价的背离开始的。正常情况下,量价应该顺势而行。高的成交量会形成大的价格振幅,小的成交量会形成小的价格振幅。也即成交量的放大应该伴随着 K 线实体(收盘价与开盘价间的价差)的扩大,反之亦然。除此之外,就是量

第六章
弱者体系与技术分析

价上的一种背离现象。例如，一根长实体阳线（影线短），同时成交量高于平均水平，属于量价的顺势而为。一根伴随较低成交量的短实体阳线，这种情况也属于顺势而为。

如果量价顺势，那么一般认为价格秩序得到确认，趋势会继续维持。如果量价背离，那么这就是存在潜在变化的一个信号，预示着即将到来的趋势衰竭甚至逆转。这是我们在使用量价分析时所要关注的重点，下面介绍五类典型的量价背离现象。

(1) 放量滞涨。在上涨的K线走势中，如果放大的成交量对应着较短的K线实体，包括有长长的上影线的K线，这叫放量滞涨。这种量价背离代表着供应的大量出现，在新的买方进入市场的同时，原先的多头也正在了结头寸，获利离场。这是供求形势上的变化，也是对上升秩序内部的破坏，因此价格无法持续上行。

(2) 放量止跌。在下跌的K线走势中，如果放大的成交量对应着较短的K线实体，包括有长长的下影线的K线，这叫放量止跌。这种量价背离代表着需求的大量出现，虽然是供给在主导，但大量的供给并没有造成价格出现大跌，其中的原因是需求在扩大，预示着后续下跌趋势有可能减缓甚至逆转。上涨中的放量滞涨和下跌中的放量止跌同时也是一种"停止行为"。

(3) 缩量大涨。还有一类量价背离是缩小的成交量对应着较长的K线实体。在上涨的K线走势中，如果萎缩的成交量对应着较长的K线实体，这叫缩量大涨。这代表着供应量的真空，有可能是受到极大的利好刺激导致卖方惜售造成的。不过，因为价格攀升的中间过程没有足够的换手，这种行情的

弱者体系

稳定性也会较差。同时，由于买方似乎也不够积极（如果需求旺盛，价格应在强烈需求推动下继续上涨，并伴随着成交量的放大以满足需求，除非出现涨停板等交易限制），因此也可能是交易不活跃的表现。某些交易者可能故意挂出高价买单，以测试其他买家的购买意愿或激发市场的积极情绪。但由于这些交易者实际上并不打算买入，因此成交量保持在较低水平。

（4）**缩量大跌**。在下跌的K线走势中，如果缩小的成交量对应着较长的K线实体，这叫缩量大跌。这有可能代表着需求的真空，有可能是受到突然的非常大利空消息刺激导致买方非常谨慎造成的。如果是在交易不活跃的场景下，缩量大跌也可能是某些交易者的测试行为，他们故意挂低卖价，用以测试其他卖家的意愿或引起恐慌。但由于卖出并不是这些交易者的真实意图，所以成交量非常低。

（5）**整体背离**。上面所讲的是单根K线量价背离的四种形态。然而，在实际行情分析中，一组K线图及其对应的成交量所构成的量价关系分析更为重要。当价格形态与成交量形态出现背离走势时，我们对趋势可能逆转的判断将更为可靠。例如，在一个稳定的上升趋势中，价格上升通常伴随着成交量的放大，而在价格回调整理时，成交量则相应萎缩，这种现象体现了量价关系的顺势形态。相反，若价格与成交量出现背离，这往往预示着趋势可能将发生逆转（见图6-3）。

通过比较收盘价和成交量在同一时间跨度内的均线，我们可以识别出整体背离现象。此外，我们还可以借助一个名为能量潮（OBV）的技术指标来观察这种背离现象。OBV指标具备简洁、易得、统计学意义明确以及与量价关系原理相符的特点。

图 6-3　量价的整体背离

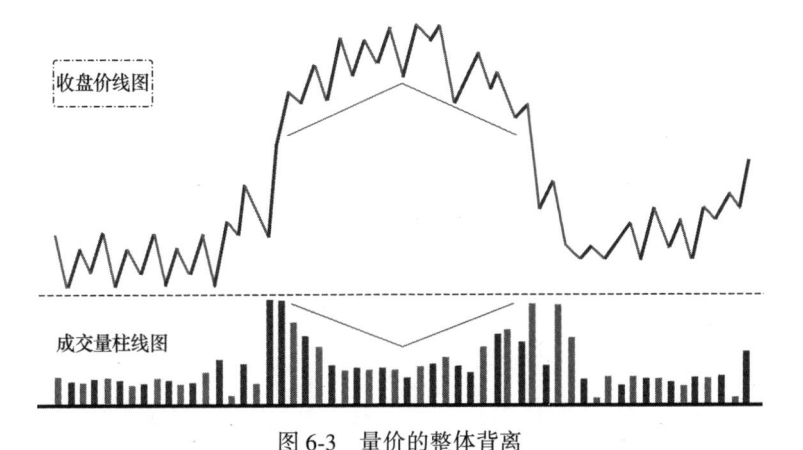

二、量价经典概念解读

如果我们从价值的视角降低一个维度去看量价，那么驱动价格波动的直接因素并不是价值本身，而是这种通过买卖获取差价的商人行为。从量价的维度看市场，局部上也确实存在一定主导资金的操纵行为。不过与其是说局部的价格变动会被操纵，倒不如说被操纵的是大众投资者在贪婪与恐惧方面的情绪。

有关贪婪与恐惧方面的"识弱"，正是弱者体系的重要组成部分，所以我们需要对量价关系中涉及的一些经典形态和概念有所掌握。它们分别为：低位吸筹、抢购高潮、高位派发、恐慌抛售、供求测试、停止行为，如图 6-4 所示。

这些经典形态是由量价关系中的阻力位与支撑位、供求关系和行为心理所形成的，所以对于这些形态的解读和概念的理解，投资者要注意理解其本质，不要按图索骥。

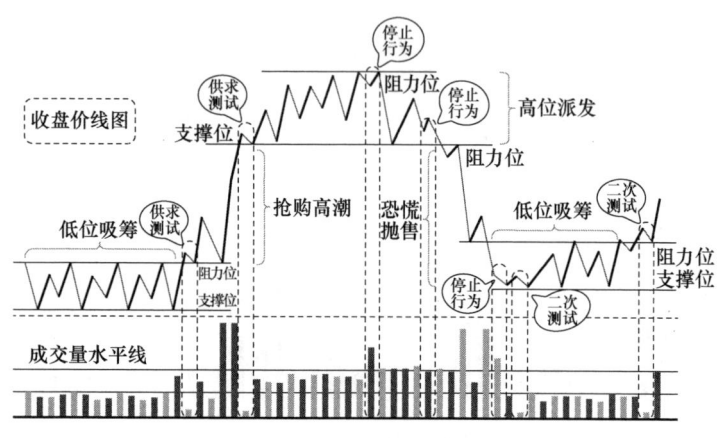

图 6-4 量价的经典形态和概念

三、如何正确进行量价分析

对于量价关系的典型形态及其深层含义，我们无须死记硬背，更不应生搬硬套，关键在于深入理解量价关系的核心要义。在进行量价分析时，我们应当依据量价关系背后的供求本质、阻力位与支撑位的原理、顺势与背离的内涵来做辅助判断，并灵活运用。另外，结合重要事件和信息发布的节点去进行量价分析非常重要。

1. 局部与整体

在进行量价分析时，我们不仅要是从一根 K 线图自身的量价关系去观察问题，还要从一组 K 线图共同组成的量价关系进行分析。

首先，着眼于一根 K 线图，随后分析与之相邻的 K 线图，最后分析整个图表。每根 K 线图形成后，通过成交量分析就可确认其是顺势还是背离。其次，与先前的 K 线图进行对比分析，寻找小级别趋势和期间的顺势与背离。最后分析整个图表，了解价格行为在任何一个长期趋势中的位置。例如，此时是处于一段长期趋势的底部还是顶部，有无出现抢购高潮或恐慌抛售等信号"显著"的量价行为？此时的量价关系与整体趋势的支撑位和阻力位、趋势线的关系是什么？要注意，同一量价图形，放在涨跌不同的趋势和位置中可能有截然不同的意义。所以量价分析，要放在所考察的一段行情趋势背景下去分析。

2. 如何判断成交量的大小

成交量的大小是相对的，放量和缩量也是相对于近期成交量的平均值而言的，我们可以选取一个合理时间范围内的成交量均线作为参考基准。例如，可以选取与观察行情趋势的均线相同期数的时间跨度。此外，也可以考虑使用 5 日、10 日均线等，因为成交量的放大或萎缩是通过比较得出的，因此选取过长周期的均线并不具有实际意义。

3. 上涨和下跌趋势中的成交量区别

要注意，在同一段时期，上涨和下跌趋势中的成交量大小整体有所不同。通常情况下，大众投资者倾向于在价格上涨时积极参与，而在价格下跌时，由于情绪低落，参与度相对较低。因此，下跌趋势中的成交量往往低于上涨趋势。因此，上涨与下跌趋势中的成交量不宜直接对比。通常，上涨和下跌趋势中的成交量是放大还是萎缩，应基于各自趋势内的相对变化进行评估。

4. 多重时间跨度下的量价分析

我们应在多重时间跨度（如日 K 线、周 K 线、月 K 线等）下综合进行量价分析，这样可以更容易从中看出趋势转变的征

弱者体系

兆。这就像水波涟漪一样，从小的行情中传导到大的趋势上。任何在长期时间跨度上可能出现的趋势变化，都会更早地在短期时间跨度的量价走势中显现。

设想我们在日K线图中识别出一个可能预示趋势转变的整体背离信号。当这个信号在周K线图中呈现时，它可能表现为一个停止行为，或是一个成功的供求测试。在月K线图的观察中，如果这个量价背离出现在大级别趋势的低位，它可能标志着吸筹行为的结束，并预示着上涨行情的启动。相反，如果背离出现在大级别趋势的高位，它可能意味着派发阶段处于尾声，暗示着下跌行情的临近。

换个角度说，当我们从周K线图中观察到一个停止行为时，可以结合日K线图来审视这个停止行为的量价细节，它可能构成一个整体背离，从而确认了周K线图中的停止行为。反之，如果这个停止行为仅是由日K上某一天的突发消息引起的剧烈波动造成的，并且该消息在当日收盘后被澄清，那么周K线图上的停止行为就显得不那么确定了。

如图6-5所示，在一周的交易中，通过日K线图我们可以观察到连续三天的上涨，但在接下来的三天，价格又回落至第一天的起始水平。若将这一走势置于周线图中审视，我们可以看到一个明显的⊥形停止行为。若趋势线显示当前处于上升趋势的相对高位，那么周K线图上的量价关系将为我们提供更清晰的视角。如果在周K线图级别上成交量仍然呈现放大状态，那么这种停止行为的信号就变得十分强烈，表明这段上升趋势很可能会发生逆转。

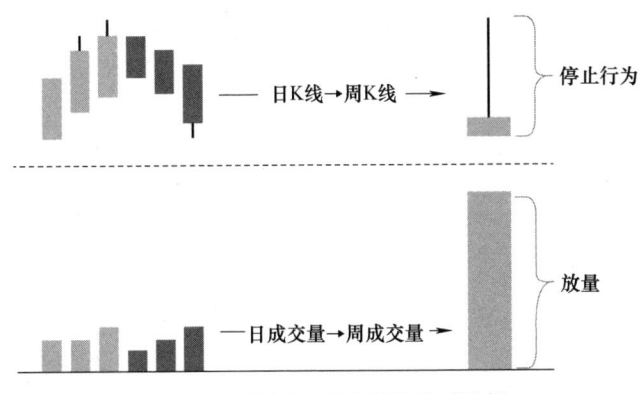

图 6-5　不同时间跨度量价关系示例

四、筹码分布

筹码分布是指流通股票持仓成本分布，展示的是不同价位上投资者的持股数量。筹码分布展示的也是量价关系，所以放在本节中进行阐述。它也是弱者体系所依赖的量价分析工具，这个技术指标同样满足：简洁、易得、统计原理符合量价关系原理，并符合行为心理学原理。筹码分布呈现三种典型形态，分别是：低位密集、低位锁定和高位密集。

如图 6-6 所示，某股在 2021 年 8 月 2 日股价创出新高之后，筹码分布显示是低位锁定，主导资金并没有派发。股价在之后经历回调后又涨了回去。

到了 2021 年 11 月 22 日，虽然股价再次顽强地攀爬到前期高位，但筹码分布已由低位锁定形态转变为高位密集形态（见图 6-7），这说明底部的主导资金和长线资金基本已经通过换手获利出局，而在股价高位新进的筹码大多是经验不足的大众投资者或趋势投机者。这其实就是一个典型的高位派发行情。同时，此时的筹码大都是获利筹码，从处置效应上讲又有很强的获利兑现心态，这部分筹码是非常不稳定的，如果出现下跌行情就需要极为警惕。

图 6-6　低位锁定示意图

图 6-7　高位密集示意图

第四节　技术指标的分类和应用

技术指标繁多，但其设计分类却相对简洁明了，本节旨在介绍技术指标设计的分类方法以及被弱者体系采信的典型指标。本书并非旨在成为一本技术分析和指标研究的专著，然而通过分类介绍，可以帮助投资者更深入地理解各种技术指标的设计原理和特征。此外，本节对典型指标的列举，主要是为了在后续章节中阐述股市周期和逆向投资策略时使用。

一、摆动指标

1. 摆动指标的特点

摆动指标是对一系列具有摆动特性的技术指标的统称。所谓摆动特性，是指指标值通常随着市场价格的变动在两个极限值（通常是0~100或-100~100）之间来回摆动，呈现出明显的周期特征。摆动指标在确认主要趋势当中的回调点，以及判断主要趋势的终结是非常有效的，这有利于我们在市场底部或泡沫顶部，因群体情绪脱离价值基准太远的区域去判断市场和个股走势，这也是弱者体系研究它们的出发点。

摆动指标的局限性在于两个极值位置摆动不足。在任何时刻，当摆动指标进入超买或超卖的极端区域（如0或100），如果跟踪的价格趋势继续向极端发展，尽管此时价格趋势依然强劲，摆动指标却可能在极端区域进行平滑移动，无法完全反映价格趋势的特性，此时需警惕将其误读为背离信号。为解决这一问题，建议将摆动指标与价格的移动平均线相结

弱者体系

合使用。

2. 善弱温度计的介绍

本节介绍的善弱温度计，是弱者体系采信的一个重要的市场和个股周期分析工具（见图 6-8）。同时，它本身就是一个摆动指标。摆动指标的设计原理源于趋势衰竭理论，而其本身的摆动走势又与市场周期特性所契合，这使得其很适合被开发为周期分析工具。

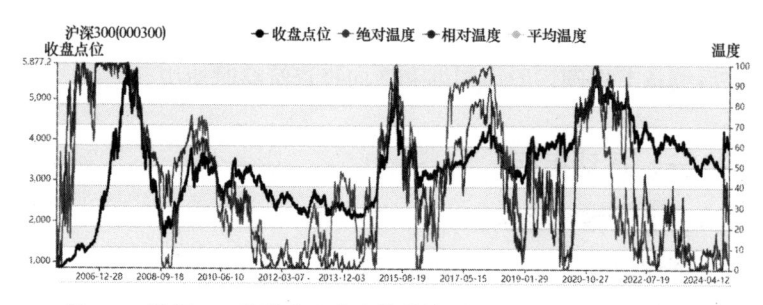

图 6-8　沪深 300 指数和温度走势曲线图 1（2005.9 至 2024.11）

温度统计背后的原理，是市场周期框架和均值回归思维。虽然市场有定价基准，但会在宏观周期、货币周期、行业周期、市场情绪等的影响下，不断发生高估和低估，来回摆动，即大家常说的股市钟摆效应。

下面介绍善弱温度计中关于相对温度、绝对温度、平均温度的定义和经济学含义。

（1）相对温度。 相对温度在本质上是一种股市相对估值方法，其原理是指数或个股的市净率（P/B）在一定统计周期内的百分位。为什么用市净率？因为对于某个指数或某个行业背后的公司群，市净率代表着市场针对其整体或行业盈利能力的定价。例如，如果某个资产的盈利能力与无风险利率（或加风险溢价后）相同，那么市场对其的合理定价就应该为1倍P/B。

（2）绝对温度。相对温度的计算只考虑了某一指数背后的公司资产的历史定价和相对估值。绝对温度的计算考虑了无风险利率、资产盈利能力、度量时间这些"绝对估值法"下的定价因子，绝对温度是立足于资产绝对估值法的计算而言的，即在相对温度的基础上，考虑了一定时间维度下，资产盈利能力和无风险利率的变化对资产定价的影响。这里采用的定价方式是ROE-P/B估值法，关于这个估值公式的原理和计算，我们将在第八章进行阐述。

（3）平均温度。平均温度是相对温度和绝对温度的算术平均值。我们在做市场周期判断时，可以分别用相对温度和绝对温度来进行分析，然后再将两者给出的信息加以整合形成最终的判断。在我们在进行市场周期量化度量时，可以简单地将平均温度作为最终值，因为它已包含了相对温度和绝对温度的信息。经过长期观察发现，相对温度和绝对温度对指数后续走势的概率影响，大致是等权重的。

3. 温度的经济学含义

市场是一个复杂的系统，我们所谓的预测一定是概率性的。复杂与概率相伴相生，是有别于牛顿力学下的确定性判断思维的，所以温度也是一种概率思维下的统计数值。

（1）温度是一种概率语言，代表着投资的胜率。例如，如果当前指数点位的温度是20℃，代表后续指数上升的概率是80%，下跌的概率是20%。同样，如果指数的温度是80℃，代表后续指数上升的概率是20%，下跌的概率是80%。

弱者体系

（2）温度计曲线的主要用途旨在通过科学的统计方法来测量股市的周期和个股的估值。关于这一点，本书会在第七章中进行详细讨论。

（3）上面提到过，摆动指标的局限性是在极端位置摆动不足，所以善弱温度计要结合大盘或个股的移动平均线来判断趋势的逆转，如 60 日或 120 日指数移动平均线。

二、动能指标

动能衡量的是价格上涨或下跌的速度，发出价格趋势可能走强或走弱的信号。相比趋势线、均线这类技术分析工具在预测走势变化时具有滞后性，动能指标往往可以在趋势转折之前预警潜在强势或弱势。在价格到达最高点之前，上升动能就已经明显放缓；在价格触及最低点之前，下跌的动能也会提前减小。这就是动能原理。尽管价格的走势并不总是如理想中那样，但动能领先于价格的原理是成立的。这也是动能原理类技术指标设计的初衷。

这里所说的动能通常是指价格动能，动能通常领先于价格，尤其是在市场处于顶部区域时，所以我们可以根据一些长期动能指标与价格走势的背离来判断市场头部或趋势逆转。常见的动能指标有变动速率指标（ROC）、威廉指标（WR）和相对强弱指标（RSI）。

如图 6-9 所示，沪深 300 指数在 2021 年的上涨行情中，股价进入 2 月后的 21 个交易日里继续走出新高，但此段时间里，价格动能指标 ROC 和 RSI 却都走出一顶比一顶低的背离形态。这说明股价虽然在持续上涨，但是其上涨的动能却越来越弱，未来有见顶下跌的可能。

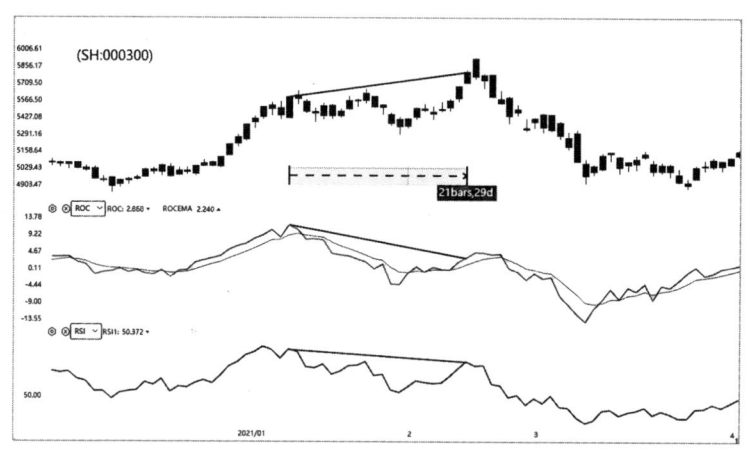

图 6-9　动能指标的顶背离示意图

投资者在观察到价格动能背离后，即使股价还在继续上涨，甚至创出新高，也要及时转变牛市思维，为将来的退出做好预案和准备。

三、相对强度

相对强度通常是将两种证券的价格相除或者相减来进行对比，并将结果绘制成一条连续的曲线，它可用于两种资产之间的比较或者更好地理解市场之间的关系。例如，我们可以对比两只股票的相对强度，以便在两者之中选优；或者对比个股与其所属板块的相对强度，以找出板块或概念中的龙头股；或者对比两个行业板块的相对强度，由此发现板块轮动的迹象。

有时候行业板块间的相对强度能体现出市场结构。例如，科技板块的强势往往体现出市场信心高涨或流动性充足；必需消费品板块、高息固收板块的强势通常体现出市场信心不足和风险态度保守。如果我们发现科技板块与必需消费品板块的相

弱者体系

对强度指标的比率下降,那么预示着市场的一个看跌因素。对于相对强度的对比,最简单也最直观的方法是利用行情软件中的行情图"叠加"功能,可以直接在价格走势图中进行对比(见图6-10)。

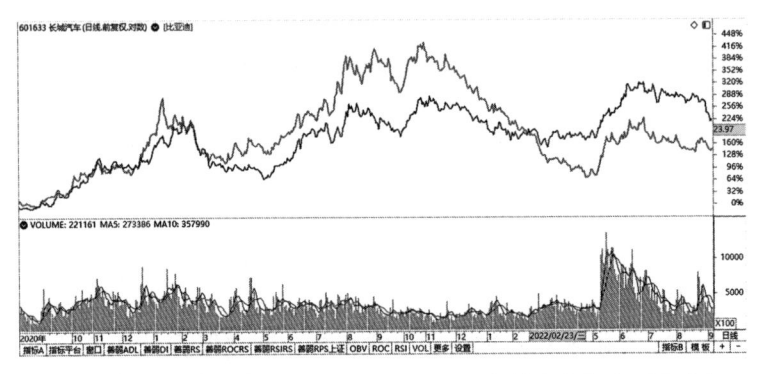

图6-10 相对强度叠加图(2020.8至2022.9长城汽车与比亚迪对比)

相对强度最重要和最常见的应用是将单只股票和其所归属的大盘指数进行比较,并与其自身的价格走势进行对比,从顺势或背离的信号中去预判自身趋势的延续或逆转的可能性。

很多典型相对强度指标的设计都是以此原理来设计的,弱者体系采信的相对强度指标包括相对强度(Relative Strength,RS,见图6-11)、变动速率相对强度(ROC Relative Strength,ROCRS,见图6-12)、相对强弱强度(RSI Relative Strength,RSIRS,见图6-13)、威廉相对强度(WR Relative Strength,WRRS,见图6-14)和股价相对强度(Relative Price Strength,RPS,见图6-15)。

第六章
弱者体系与技术分析

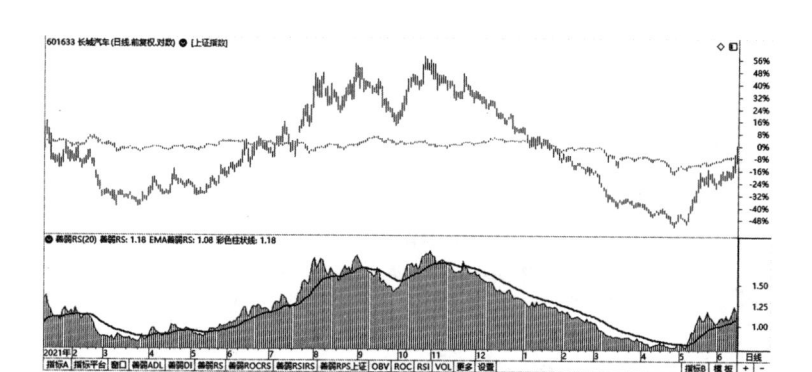

图 6-11 相对强度（2021.1 至 2022.6 长城汽车与上证指数对比）

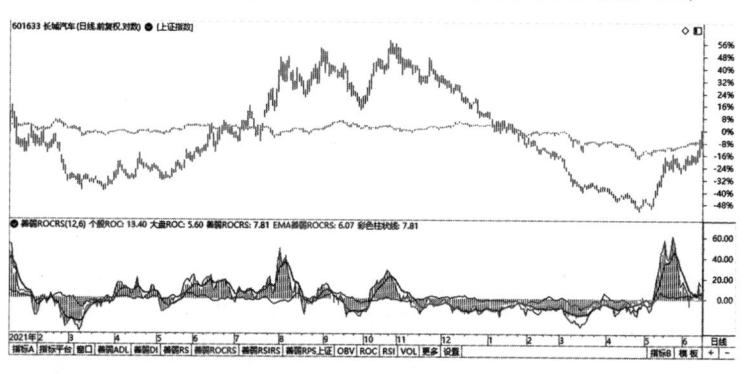

图 6-12 变动速率相对强度（2021.1 至 2022.6 长城汽车与上证指数对比）

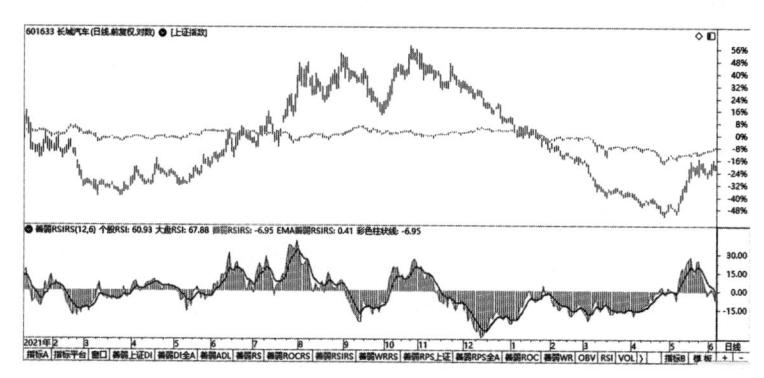

图 6-13 相对强弱强度（2021.1 至 2022.6 长城汽车与上证指数对比）

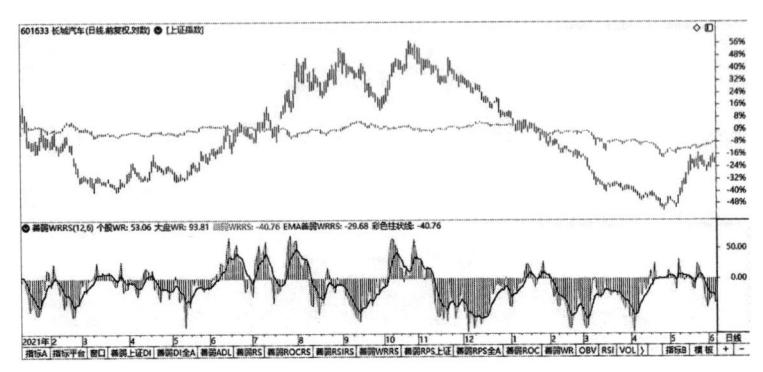

图 6-14　威廉相对强度（2021.1 至 2022.6 长城汽车与上证指数对比）

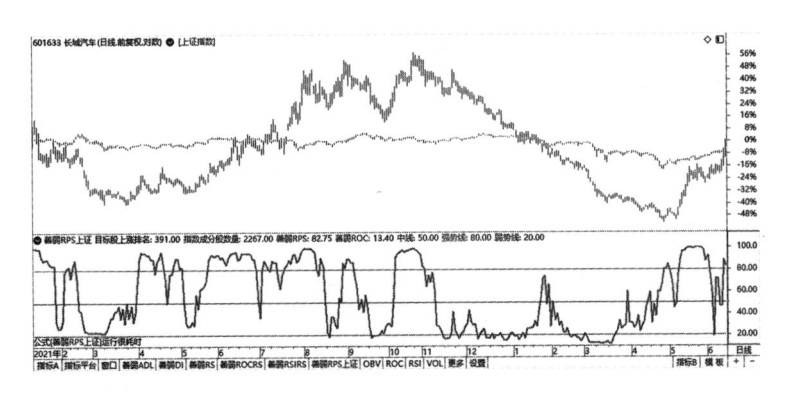

图 6-15　股价相对强度（2021.1 至 2022.6 长城汽车与上证指数对比）

四、广度指标

广度指标用来衡量绝大多数股票参与某一市场走势的程度，其设计原理为测度市场趋势中组成成分的参与程度和范围。当市场广度指标与市场指数同步上涨或下跌时，可以确认指数的趋势是得到了广泛的市场参与，而非由少数股票推动。

市场广度指标通常会与市场的主要指数（如上证指数、沪深 300 指数等）进行比较，以此来判断市场整体的健康状

第六章
弱者体系与技术分析

况。市场广度指标可以帮助投资者了解市场的内部强度,如果大多数股票都在上涨,那么市场广度指标会上升,表明市场处于强势状态;反之,如果大多数股票都在下跌,则市场广度指标会下降,表明市场处于弱势状态。市场广度指标能够为我们提供市场趋势转变的早期信号,当指数点位还在上涨,但市场广度已经开始下降时,这可能预示着市场上涨动力减弱,趋势可能即将发生反转。

符合市场广度原理的指标有很多,如扩散指标(DI)和腾落线(ADL)等。例如,在市场顶部,大盘指数与腾落线的背离几乎总是以大盘下跌而告终。不过,我们必须要等到大盘指数出现某种形式的趋势逆转信号,才能得出大盘指数也会下跌的结论。

腾落线与市场同时触底或跟随大盘触底的情况十分常见。当腾落线拒绝确认指数创出的新低时,会发出不同寻常的正面信号,但我们也要等到大盘指数本身对趋势逆转予以确认。腾落线与对应的大盘指数出现背离的时间越长、程度越深,所预示的大盘跌势就越强劲。当腾落线突破其下行趋势,同时大盘指数本身也实现向上突破时,这通常发出的是重要的反弹信号。

如图 6-16 所示,沪深 300 指数在 2020 年 12 月到 2021 年 1 月期间开启了一波上涨浪潮,同时腾落线与指数趋势顺势而行。但在短暂回调(竖直虚线标识处)后的重新上涨过程中,腾落线与价格趋势明显地走出了背离趋势。这也说明此次的上涨,指数成分的参与程度和基础已大不如前。从后面的行情看,此处走出了一个双肩顶形态。此后,进入 2 月后,指数又经历了一波大涨并创出了新高,但此时腾落线的形态并没有明显跟随指数走势,同时其徘徊在中线 50 附近(表示上涨的成

弱者体系

分股票占比刚刚过半），而且腾落线高度明显低于前序的顶部，说明此轮行情非常缺乏基础。从后续行情来看，沪深300指数也确实很快转向了下跌走势。

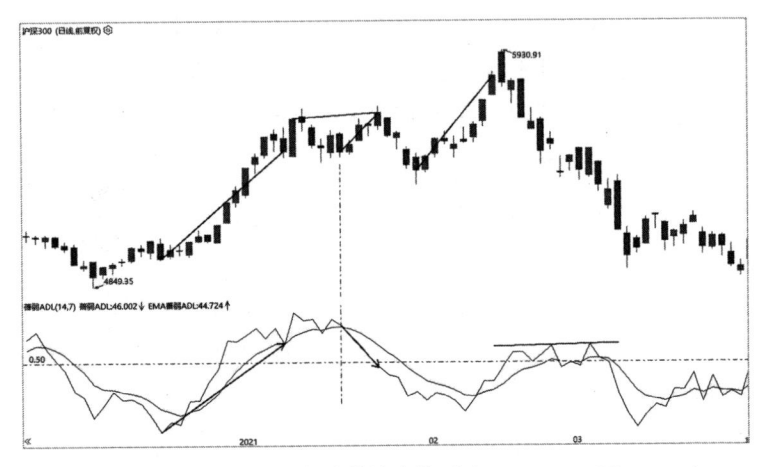

图6-16 沪深300指数与腾落线走势对比（2020.12至2021.4）

周期位置及拐点的识别　第七章

多数价值投资者的投资策略主要集中在选股上，而忽视了选时的重要性。这是因为选时更具挑战性，它要求投资者具备丰富的周期分析经验和对周期原理的深刻洞察，同时还需要掌握观察周期的方法。橡树资本的霍华德·马克斯曾指出："投资成功的三大关键要素是选时、选股和配置，其中选时位居首位。"这里提及的选时，指的就是对周期的认识和运用。

经验丰富的投资者都明白，周期是投资过程中最为关键的因素。尽管每个人都在谈论周期，但真正能讲清楚的人却寥寥无几。周期涉及众多领域和角度，其复杂性使得许多人认为周期是无法判断的。这恰恰是许多价值投资者的短板，也即投资中的"弱"，所以周期是弱者体系研习的重要内容。

人类能计算的是潮汐的周期，而非每朵浪花的大小。股市涨跌几度潮，懂周期者得财富！要掌握周期，投资者需要做到以下几点：认识周期规律、理解周期原理、判断周期位置、感知周期进程、预测周期趋势、做好周期应对。只有这样，投资者才能在投资道路上走得更远。

弱者体系

第一节 周期的三大规律

一、周期体现了辩证法的回归性

周期就像小球钟摆和潮汐一样，表现出辩证法下的回归性，这种回归具有必然性。大涨之后必然会有大跌，大跌之后也必然会有大涨。在上涨过程中积累着下跌能量，最终会导致价格下跌；在下跌过程中孕育的上涨力量，最终会推动价格上升。

周期钟摆有向中心修正的自然倾向，也有在极端位置反转的内在能量。周期运动并非主要受外部因素驱动，而是源自其内在辩证存在的反向因素。这正是回归性原理所阐述的核心内容。

二、周期会重演但不会押韵

周期围绕中心点在两极端间波动，不会长时间停留于任一极端或中心点。例如，股价波动很少在"公允价值"附近停留，这表现为噪声定价的影响通常超过价值定价。周期往往从一个极端摆向另一个极端，就像牛市后必有熊市，泡沫后必有崩溃一样。

周期不会押韵意味着它每次摆动的时机、持续时间、力量、速度、幅度和原因都是独特的。复盘上一次周期的逻辑和特点，并不能有效地指导下一次行为。探秘周期规律时，我们应避免刻舟求剑，要真正把握周期，需跳出传统思维，从更高维度去理解。

三、周期在中心处混沌，在极值处单一

市场在中心处稳定但难以预测，在极值处单一却最不稳定，预示着反转。例如，股市在周期均值时观点多样，无明确主题；在周期极值时容易形成广泛共识，但预示着市场即将发生反转。正如冯柳所言："当市场被一个观点所主宰，大部分人都从一个角度考虑问题的时候，市场就丧失了其多样性。当市场是多元构成的时候，它是不可测的，而当其主要矛盾减少到足以被认知的时候，它就变得容易判断和确定，这个时候它就不是一个稳定状态了。在它很容易被判断的状态下要去思考逆向的可能性，因为这往往是不可持续的。"

逆向思维是预判周期拐点的关键，这体现了辩证法和矛盾论。矛盾存在时，虽局部博弈，但整体稳定；矛盾消失时，虽局部稳定，但可能孕育着整体逆转。

第二节 情绪钟摆和风险态度钟摆

市场周期特征虽然主要体现为价格摆动，但伴随价格波动的还有情绪钟摆和风险态度钟摆。情绪和风险态度会像价格周期一样，从一个极端摆向另一个极端，呈现周期性变化。

一、情绪钟摆

在金融市场中，投资者情绪的波动表现为一种周期模式，即情绪钟摆。这种波动主要体现在投资者的心理和情绪上，就

像一个钟摆一样,他们的心理状态在乐观与悲观、兴奋与绝望之间摇摆;他们对于信息的解读也会从完全看好到完全看坏,从信任到怀疑,很少在平衡位置长时间停留。这种从一个极端到另一个极端的情绪摆动,是投资领域最确定的特征之一。

情绪钟摆对资产价格的涨跌有着巨大的影响。当市场情绪过于乐观时,可能会导致资产价格过高和泡沫的形成;反之,当市场情绪过于悲观时,资产价格可能会被低估。当情绪钟摆摆动到乐观的极端时,市场中大多事件被视为利好,负面变化往往被忽略,投资者倾向于从积极的角度解读每一条信息。任何负面的观点,都可能被市场参与者找到理由反驳,甚至可能遭到嘲笑。随着资产价格的持续上涨,投资者群体变得更加兴奋,这种情绪和认知的极端表现就是"一致性预期",甚至有人会喊出"这次不一样"的口号。

二、风险态度钟摆

投资者对风险的态度也可以形象地比作一个钟摆,它会在两个极端之间来回摆动。一端是高度容忍风险,此时投资者情绪兴奋热烈,市场氛围充满信任,对信息的解读倾向于乐观;另一端则是极度规避风险,投资者变得小心谨慎,市场充满怀疑,对信息的解读倾向于悲观。这种态度的转变不仅反映了投资者个人的心理状态,也是市场整体情绪的体现。

在牛市期间,投资者的风险承受能力提高,他们更倾向于购买高风险资产。市场形势良好,价格高涨时,投资者的贪婪情绪被激发,他们急于买入,将风险抛诸脑后。在这种状态下,他们为了追求利润愿意承担更高的风险,从而为市场泡沫的形成提供了土壤。在熊市期间,情况则完全相反。投资者的风险承受能力下降，市场陷入混乱。资产价格低迷时，他们完全失去了承担风险的意愿，表现出过度的规避行为，甚至恐惧。此时，投资者对风险极度厌恶，即使价格已经充分反映了悲观情绪，估值已经非常低了，他们也不敢买入。这种过度的风险规避行为导致投资机会被忽视或错过。

从对未来充满期待到只关注眼前的实惠，从风险尝试到风险规避，从抢购高潮到恐慌抛售，证券价格的剧烈波动实际上是由投资者的共识和群体行为驱动的。而推动群体行为的，正是情绪钟摆和风险态度钟摆。因此，在分析市场周期时，我们不能忽视投资者的情绪和风险态度。

第三节　识别周期的重要性

一、股市的相关性使得识别周期至关重要

贪婪和恐惧比价值更能影响股票价格。以 A 股上证指数为例，自 2007 年 10 月的高点 6124.04 点后，该纪录至今未被打破。即使 2015 年 6 月的次高点 5178.19 点，也已 10 年未被触及。投资者若在 2015 年股市高点进入市场，可能面临长期亏损。即使在 2016 年 1 月市场低点 2600 点左右买入并持有，考虑到 2024 年末上证指数约在 3000 点附近震荡，这 10 年间的年化收益率也非常低。

尽管有人认为市场波动不影响个股表现，但这种看法并不全面。首先，构成市场指数的每个成分股都有投资者交易，认为自己能选中穿越牛熊的个股，可能是过度自信。其次，个股

与市场高度相关,独立于市场行情的回报并不现实。投资个股意味着回报受整体市场环境的影响,这凸显了准确判断股市周期的重要性。

识别股市周期,避开熊市,并在牛市时在场,对于投资回报至关重要,因为股票的丰厚回报主要集中在牛市阶段,而损失则主要发生在熊市期间。历史已经证明,投资者若能至少持有股票5年,并且能够识别出期间的周期性泡沫与熊市,便能享受到财富的实质增长。现实中,尽管投资者无法完全规避熊市,但长期来看,周期择时仍然非常重要。

二、识别周期对应对风险至关重要

投资者的风险态度在尝试风险和规避风险之间摆动。牛市时,投资者可能因为贪婪而高价买入证券,熊市时则可能因为恐惧而低价卖出。实际上,决定我们风险态度变化的不是我们的意志和个性,而是股市周期本身。投资者群体的态度与股市周期相互作用,形成了周期性行为模式。

股市周期影响投资的胜率和风险。在周期底部,投资的胜率高而风险低。这时,投资者应积极购买风险资产,提升组合的进攻性;在周期顶部,投资的胜率低而风险高。这时应增强投资组合的防御性,甚至卖出,退出市场。多数投资者的资金有限,若不按股市周期适时调整投资仓位,不仅会面临资本损失,还可能陷入资金被动的局面,从而丧失机动性,错失其他投资良机。

在电影《商海通牒》中,大型金融投行老总约翰·图德在2008年金融海啸前夜对他的一位风险管理新人说:"你想不想知道,为什么我能坐在这个位置(公司高层)?为什么我能赚到大钱？只有一个原因。我每天的工作就是推测未来一周、一个月甚至一年里音乐的旋律，仅此而已，再无其他。今夜站在此处，我恐怕没有听到任何声音，只有一片死寂。"

这里的"音乐旋律"指的就是市场周期，"一片死寂"则暗示来到了周期逆转的临界点。他迅速向团队提出了应对风险的策略："Be first!"（先发制人），率先出售手中的证券！

识别市场周期，感知市场情绪，提前做好布局，果断采取行动，这是我们应对投资风险的关键。

第四节　股市周期六阶段模型

股市周期往往遵循特定的模式，大致可以划分为牛市（价格普遍上涨的阶段）和熊市（价格普遍下跌的阶段）。为了更精确地把握股市周期的脉络，弱者体系将一个完整的股市周期进一步细分为六个阶段：希望期（牛市第一阶段）、增长期（牛市第二阶段）、兴奋期（牛市第三阶段）、背离期（熊市第一阶段）、亏损期（熊市第二阶段）以及绝望期（熊市第三阶段）。

尽管本书提出了这种市场周期划分方法，但其核心理念并非独创。实际上，将牛市和熊市各自细分为三个阶段的观点已经被投资者广为接受。许多投资界的领军人物，包括逆向投资的奠基人约翰·邓普顿，对市场周期的理解也持有类似的看法。邓普顿曾经指出："牛市在绝望中诞生，在怀疑中成长，在乐观中加速，在兴奋中结束。"这与股市周期的六个阶段——亏损和绝望期、希望期、增长期、兴奋和背离期——不谋而合。

本质上，弱者体系的股市周期六阶段模型，是依据股价回报、市场收益率（市盈率的倒数）、企业盈利、宏观特征、市场广度、情绪钟摆、风险态度钟摆以及量价关系这八个关键指标的特征来划分的。

一、希望期

希望期是牛市第一阶段，通常具有短暂的持续性。该阶段的主要特征表现为经济尚未完全复苏，企业盈利状况欠佳，然而均呈现出边际改善的迹象。股市因预期向好而出现价格上涨的走势。

（1）这是周期中股价的主要上涨期，未来趋势也看涨。投资者实际上是在为预期的企业盈利恢复和增长期提前布局，推动股价上涨的主要动力是投资者的预期。

（2）当前阶段标志着市场从估值低谷开始反弹。尽管如此，由于企业盈利尚未实现根本性好转，市场收益率随着价格上涨呈现出从高点逐渐下滑或持续下降的走势。

（3）从盈利能力看，企业当前盈利状况不佳，但趋势向好。工资、利率、原材料成本和通胀率的下降，降低了企业运营开支，盈利能力得到提升。这增强了企业对未来发展和投资的信心。

（4）希望期往往从宏观经济数据不佳时开始。尽管如此，当经济数据变化率（宏观指标的二阶导数）开始向好时，希望便会出现。因此，最佳买入股票时机通常是在经济低迷，但显示出边际改善迹象时。

（5）在希望期，即熊市向牛市转化的初期，大多数投资者仍视市场为熊市,但少数有洞察力的人已察觉到部分企业基本面的改善。牛市本质上是宏观市场现象,但其萌生于周期领先行业在企业微观层面的改善。企业财务数据的滞后性意味着改善可能更早地体现在借贷便利、订单增加和企业家信心提升等方面。投资者往往难以察觉这些微观层面的早期信号,但市场广度分析工具可以提前捕捉。因此,市场广度指标可能与下跌的宽基指数出现正背离。

(6) 投资者情绪普遍悲观,市场缺乏乐观共识。

(7) 投资者的风险态度普遍偏向消极,行为上表现为风险规避。

(8) 市场量价关系显示,需求超过供给。

概括希望期的特征为:股价显著上涨,呈现上升趋势;市场收益率处于高位,但呈现下降态势;企业盈利状况不佳,但已有改善迹象;宏观经济数据低迷,但已出现边际改善;市场广度可能呈现正背离,广度方向向好;投资者情绪普遍悲观,但逐步转向乐观;风险偏好起初消极,然而随着股价的攀升向积极方向转变;量价上需求大于供给,交易量呈现上升趋势。

二、增长期

增长期是牛市的第二阶段,企业盈利显著增长,希望期的预期得到实现,通常持续时间较长。此阶段股市平均投资回报率可能低于企业盈利增长率。

(1) 该阶段股价通常平稳上涨。由于该阶段初期投资者已从前一阶段通过股价上涨获益,并且企业盈利预期尚未兑现,于是投资者通常持观望态度,对长期增长保持谨慎。

(2) 在这一阶段,企业盈利增长率可能超过平均投资回报率，表现为市场收益率高并呈上升趋势。

（3）从盈利角度看，企业目前展现出强劲的增长势头，多数人注意到企业基本面有所改善。

（4）企业盈利增长带动资本支出需求上升，借贷意愿增强，宏观经济呈现繁荣，并呈上升趋势。

（5）市场广度指标与宽基指数同步上升。

（6）投资者变得更加自信，乐观情绪上升，后期转向群体兴奋。

（7）投资者的风险态度随股价上涨和宏观繁荣而变得积极，并可能趋向贪婪。

（8）市场中，需求超过供给，可能出现抢购高潮这类量价现象。

概括增长期的特征为：股价持续攀升，呈现上升趋势；市场收益率较高，可能呈现上升趋势；企业盈利显著增长，并保持上升势头；宏观经济数据繁荣，趋势向好；市场广度扩大，呈现上升趋势；投资者情绪乐观，趋向兴奋；风险态度积极，趋向贪婪。量价上需求大于供给，量价齐升。

三、兴奋期

兴奋期对应于牛市的第三阶段，其显著特征是整个市场普遍上涨，投资者的情绪兴奋，风险态度极度贪婪。

（1）股价通常会再次大涨，超过企业盈利增速。兴奋期会吸引更多担心错过机会的投资者跑步入场，股价屡创新高。随着高回报可持续性受到市场考验，市场波动性开始增加。

（2）随着股价再次强劲上涨，市场收益率降低，并呈现下降趋势。

（3）资产价格的上涨和财富效应带动需求增长，企业盈利能力继续增长甚至创出新高。投资者对基本面情况满意，多数人预期企业和经济将持续景气。

（4）宏观指标显示经济极度繁荣，各产业部门欣欣向荣。

（5）市场广度可能达到极位，表现为超买状态，但广度钝化并不意味着背离。

（6）投资者情绪兴奋，志得意满，兴奋期是市场共识可能不断强化为一致性预期的过程。媒体大肆报道利好，一夜暴富的故事到处流行。股市参与者风险态度贪婪，到处追索发财机会。投资者风险态度贪婪，对风险容忍度极高，即便看到风险也通常视为无害。

（7）金融产业链对股市和股民开放杠杆，证券发行和融资投资变得简单，违约事件很少发生。多数投资者相信高风险能带来高收益，市场有效假说广为流传。股价出现轻微下跌时，投资者会视为买入良机，持有股票者感到自豪。那些最初远离市场的人，看到周围人赚钱后也开始跟风入场。

（8）投资机会供不应求，量价关系显示需求超过供给，可能引发高位派发。

概括兴奋期的特征为：股价显著大涨，走势强劲；市场收益率低，且持续下降；企业盈利增长，趋势良好；宏观经济数据繁荣，呈上升趋势；广度呈现超买，趋势呈现钝化；投资者情绪群体兴奋，且持续高涨；风险态度贪婪，容忍度持续升高。量价上需求大于供给，但卖压趋势上升。

四、背离期

背离期是熊市第一阶段的开始，标志着牛熊转换。尽管股市看似繁荣，但风险和背离现象已悄然出现。不过，大多投资者仍被牛市的幻觉所迷惑。

（1）部分周期性领先行业的股票价格开始下跌，而一些后期强势板块仍在上涨，导致市场整体呈现上涨停滞或出现震荡下跌的走势。

（2）市场收益率在背离期仍处低位，部分板块盈利不及预期，导致收益率呈下降趋势。

（3）企业盈利达到峰值，但周期性领先行业的盈利表现可能不及预期。即便重点企业业绩强劲，股价也可能因盈利滞涨的预期而出现意外下跌。

（4）宏观经济指标保持繁荣，但已显现出边际下滑的趋势。

（5）市场广度与指数常出现负背离。市场筑顶时，利率敏感股先跌，而周期末期板块强势，仍推动大盘创新高，但市场广度会与大盘呈现出负背离。

（6）投资者情绪总体乐观，但出现分歧。早期板块投资者情绪下滑，而末期板块投资者感到满意。若市场对利好反应迟钝，可能是情绪背离的迹象。

（7）尽管风险态度保持积极，但群体风险承受能力已不如兴奋期。

（8）量价关系显示供给超过需求，大概率会出现高位派发、放量滞涨等现象。

概括背离期的特征为：股价滞涨，走势下跌；市场收益率低位，并持续下降；企业盈利滞涨，并有恶化迹象；宏观经济数据繁荣，但边际下滑；市场广度与大盘呈负背离，方向向下；投资者情绪乐观，但开始分化；风险态度积极，但趋向保守；量价上需求小于供给，而且卖压持续增加。

五、亏损期

亏损期对应熊市的第二阶段，是市场从顶峰下跌的主要阶段，也是熊市的前半段，投资者在此期间普遍遭受重大损失。

（1）亏损期间市场相关性提升，股票价格普遍出现下跌，且持续时间较长。

（2）市场收益率处于低位，一些周期股、绩差股的业绩恶化得更快，造成收益率趋势下降。

（3）在企业盈利方面，许多人开始注意到某些行业或公司的基本面出现恶化迹象。需要注意的是，企业盈利的恶化通常在股票价格下跌后才显现，并在股价触底后持续至绝望期和希望期。

（4）宏观经济环境已由繁荣转为低迷，多数宏观指标低于枯荣线并持续下降。

（5）在亏损期，市场广度指标一般低于中线，通常与宽基指数同步下降。

（6）投资者普遍情绪悲观，但未陷入绝望。对于下跌，一些人对快速反弹仍存有幻想。

（7）多数投资者已开始遭受损失，整体风险态度消极，但未达恐惧极端。

（8）量价显示需求远低于供给，易出现放量大跌和价格剧烈波动。

概括亏损期的特征为：股价大跌，走势向下；市场收益率低，且继续下降；企业盈利下降，并不断恶化；宏观低迷，呈下降趋势；市场广度低于中线，方向向下；投资者情绪悲观，趋向绝望；风险态度消极，临近恐惧；量价上需求小于供给，易出现放量大跌或恐慌抛售。

六、绝望期

绝望期是熊市的第三阶段，股价普遍下跌，投资者情绪绝望，风险态度极端恐惧。

（1）股价在初期可能会出现大幅下跌，后期在底部震荡。价格屡创新低，投资者亏损加剧。

（2）股票价格跌破内在价值，投资者对未来担忧，导致风险溢价要求提高，引发估值下降，市场收益率高且呈上升趋势。

（3）企业盈利普遍不佳，且未见改善迹象。

（4）宏观经济低迷，坏账和债券违约增多，经济趋势下行。

（5）市场广度一般触底并钝化，不再随指数下跌。注意，钝化不应视为与指数走势背离。

（6）投资者情绪群体绝望，预期恶化。对新消息倾向负面解读，怀疑一切利好。媒体关注市场绝望情绪，倾向报道负面消息，包括投资破产甚至自杀等极端事件。

（7）投资者从抄底热情转为规避风险，群体风险态度极端恐惧。信贷市场对股市和融资关闭，融资变得困难。

（8）量价关系上需求远低于供给，导致许多人因损失厌恶和幻想破灭而集中放弃筹码，出现恐慌抛售现象，后期主要表现为缩量滞跌。

概括绝望期的特征为：股价下跌，后期走势滞跌；市场收益率高，且趋势向上；企业盈利恶化，趋势向下；宏观经济数

第七章
周期位置及拐点的识别

据低迷,且趋势向下;市场广度超卖,触底钝化;投资者情绪绝望,但后期好转;风险态度极端恐惧,容忍度极低;量价上需求小于供给,后期出现缩量滞跌。

第五节 股市周期六阶段模型的应用

若将股市周期六个阶段中各项观察指标的特征与趋势进行汇总并绘制成图,并将特征"清单化",即可得到图7-1。

增长期
股价上涨 ++
收益率高 ++
盈利大增 ++
宏观繁荣 ++
广度上升 ++
情绪乐观 ++
风险态度积极 ++
需求>供给 ++

兴奋期
股价大涨 ++ 广度超买 ++
收益率低 +− 情绪兴奋 ++
盈利增长 ++ 风险态度贪婪 ++
宏观繁荣 ++ 需求>供给 +−

背离期
股价滞涨 +−
收益率低 −−
盈利滞涨 +−
宏观繁荣 +−
广度负背离 +−
情绪乐观 +−
风险态度积极 +−
需求<供给 +−

股市周期六阶段模型

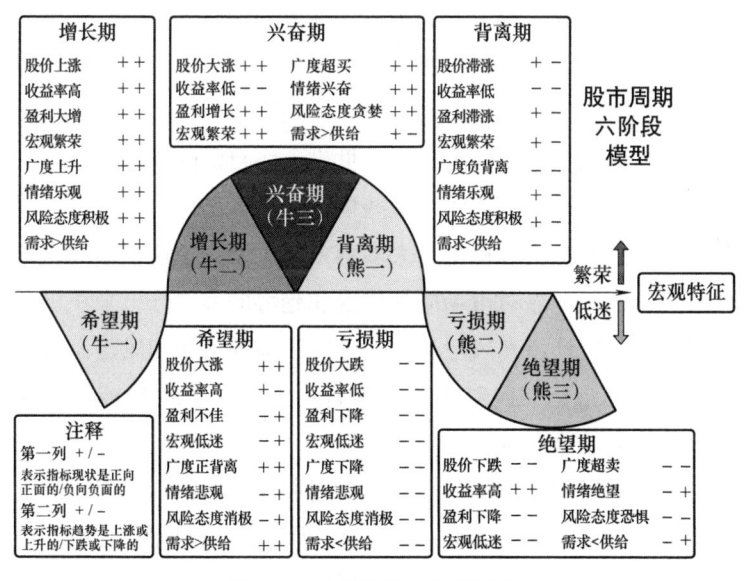

兴奋期(牛三)
增长期(牛二)
背离期(熊一)
希望期(牛一)
亏损期(熊二)
绝望期(熊三)

繁荣 / 低迷 — 宏观特征

希望期
股价大涨 ++
收益率高 +−
盈利不佳 −+
宏观低迷 −+
广度正背离 ++
情绪悲观 −+
风险态度消极 −+
需求>供给 ++

亏损期
股价大跌 −−
收益率低 −−
盈利下降 −−
宏观低迷 −−
广度下降 −−
情绪悲观 −−
风险态度消极 −−
需求<供给 −−

绝望期
股价下跌 −− 广度超卖 −−
收益率高 ++ 情绪绝望 −−
盈利下降 −− 风险态度恐惧 −−
宏观低迷 −− 需求<供给 −−

注释
第一列 +/−
表示指标现状是正向正面的/负向负面的
第二列 +/−
表示指标趋势是上涨或上升的/下跌或下降的

图7-1 股市周期六阶段模型

我们该如何应用这一模型呢?从方法论上建议反向操作。投资者可依据这些可验证和识别的指标信号来判断股市当前所处的周期位置和方向,以达到"识别周期位置、感知周期进

弱者体系

程、预测周期趋势"的目标。

值得注意的是，所有模式都是基于人类的理解和应用目的而归纳出来的。因此，在应用上述模型进行周期阶段和趋势分析时，我们应持续关注前文中总结的周期规律，如周期会重演但不会押韵。每个周期都有其独特性，如通货膨胀可能在不同阶段表现出动态变化，经济增长的动因也可能截然不同。随着时间的推移，某个周期可能受到特定因素的主导，即使并非所有指标都与我们总结的典型规律相吻合，这也不应成为我们对当前周期阶段和未来趋势判断的困扰。在实际操作中，我们应追求模糊的正确，避免过分拘泥于细节而刻舟求剑。

此外，作为善弱者，我们应当意识到，影响自身情绪和风险态度的主要因素并非个人特质，而是股市周期本身。投资者常常将自己的情绪误认为是客观世界，将自己的风险感知等同于市场的实际风险，进而将这些情绪和风险态度错误地融入投资决策中。在投资过程中，大多数人都难以避免这种倾向。因此，我们需要依靠对市场周期位置和趋势的客观分析来积极调整自己的投资情绪和风险态度。市场当前的情绪和风险态度是我们关注的指标，但对于我们而言，关键在于"提前调整自己的情绪和风险态度"。

尽管本书下一节的核心内容为周期拐点的识别，但预测的精确性可能并不总是能够达到预期。因此，我们在投资中不应该依赖于精确预测，而是应依据周期位置及其趋势，预先采取相适应的策略，从而使自己处于有利地位。具体而言，我们应预先觉醒投资情绪，设定预期目标，调整风险态度，并制订周密的投资计划，同时对投资组合进行适时调整。

第六节　温度计与周期拐点识别

本节将展示一种更侧重于图形和技术分析的方法，它相较于股市周期六阶段模型，为我们提供了更直观和便捷的途径来观察周期位置，并能识别周期拐点。

一、周期拐点识别过程中的陷阱

在识别周期拐点时，过于超前的预测和行动几乎等同于犯错。例如，准确把握股市顶峰的时机至关重要，如果我们在牛市中未能充分利用溢价效应获得超额回报，那么在随后的熊市中可能会损失惨重；同样，选择熊市退出的时机也极为关键，与全面对抗熊市相比，因预测失误而过早或过晚抛售股票的后果可能同样严重。

一些投资者可能相信，通过宏观经济指标、企业盈利能力和估值现状可以预测股市周期的拐点。然而，股市实际上是经济的"晴雨表"，股价本身预示着经济变化和企业未来的盈利能力，而非相反。此外，股价的形成是由投资者预期所驱动的，股价的波动也会先于商业实际和企业估值而变化。因此，试图通过宏观经济表现或企业估值来预测市场周期的拐点和趋势，实际上是一种颠倒因果的做法。

股市的峰值和谷底往往难以通过经验来辨识，这在很大程度上是因为投资者普遍怀疑市场达到顶峰的时刻往往是最不可能达到顶峰的时机。然而，一旦市场真正达到顶峰，高点处常常伴随着各种利好消息，乐观情绪的过度扩散会误导市场参与者，使他们期待市场前景变得更加光明。大多数人会因为出现的下跌反弹而选择在较低价位进一步加仓。这些反弹出现在极度乐观的氛围中，同时也导致许多原本看空或已经卖出的投资者转而看多。同样，并非所有熊市都会以股价的持续强劲反弹而告终。市场波动性在熊市接近尾声时往往会上升，股价会在强劲反弹后又迅速逆转下跌，这种情况并不罕见。而且在熊市最终触底之前，这种情况可能会反复出现多次。

这正是众多投资者在面临周期性拐点时感到困惑的原因。尽管每一轮牛市与熊市在形态和表现上存在相似之处，但触发这些周期的因素往往大相径庭。实际上，一些涉及经济学原理、因果关系乃至相关性的指标，在过去一两个股市周期中可能扮演了领先指标的角色，但这并不意味着它们在未来还能保持有效。

鉴于周期拐点成因的复杂性以及受投资者情绪的严重干扰，周期拐点的识别必须依赖融合了心理学和统计学的技术分析。接下来，本节将介绍善弱温度计在周期位置及拐点识别中的应用。

二、认识善弱温度计

善弱温度计的设计初衷，是利用科学的统计手段来测量股市的周期性波动。其目的在于准确判断指数（或个股）所处的周期位置，并预测其未来的走势。

相对温度、绝对温度、平均温度的经济学含义已在第六章中进行了阐述。简而言之，相对温度反映的是股市在时间维度上的相对估值，绝对温度则是包含了盈利能力与贴现率的绝对估值，平均温度则是相对温度与绝对温度的算术平均值，它提

第七章
周期位置及拐点的识别

供了一个对市场估值的综合定价视角。

实际上，估值是衡量市场情绪的最佳指标。通过对情绪的观察，我们可以洞察股市周期的动态。正是依托于这一原理，我们能够利用善弱温度计来衡量股市周期的位置和进程。总体来说，温度曲线能够反映具有市场代表性的大盘指数的周期位置，并据此判断股市周期的位置、趋势以及潜在的拐点。

三、善弱温度计在投资中的应用价值

温度计作为一种摆动指标，在接近 0℃ 的超卖区域时，表明股市可能正处于熊市的底部；当温度接近 100℃ 的超买区域时，则可能预示股市正处于牛市的顶峰。通过温度曲线，我们可以清晰且直观地识别出股市周期的具体位置。

接下来，我们将通过分析沪深 300 指数（SH：000300）的温度走势曲线图，探究指数走势与温度之间的关联性，以此来验证温度计对大盘指数周期位置和进程判断的预测效果。如图 7-2 所示，我们的统计分析时间为 2005 年 9 月至 2024 年 11 月，在时间跨度上超过了 19 年，期间涵盖了五轮完整的股市牛熊周期。

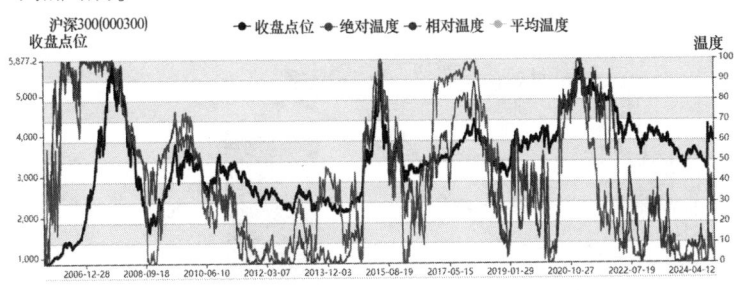

图 7-2 沪深 300 指数和温度走势曲线图 2（2005.9 至 2024.11）

弱者体系

　　如图 7-3 所示，2005 年 10 月，沪深 300 指数的相对温度与绝对温度均降至 0℃冰点，随后，该指数启动了一轮波澜壮阔的牛市行情。

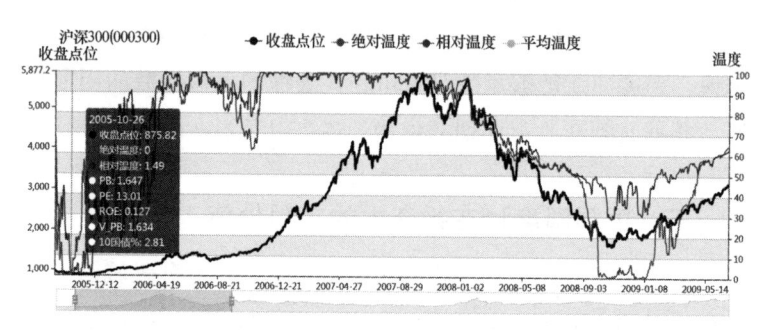

图 7-3　2005—2009 年沪深 300 指数和温度走势曲线图 1

　　沪深 300 指数随后在 2007 年 10 月达到该周期的顶峰，相对温度和绝对温度均达到了 100℃的沸点。此后，市场迅速转入熊市下跌周期。然而从图 7-4 中我们可以观察到，温度曲线实际上早在 2006 年 11 月就已经触及沸点，进入超买状态并开始钝化，尽管此时指数仍在主要的上升趋势中。因此，善弱温度计能够有效指示周期的位置和进程，但是作为摆动指标，在

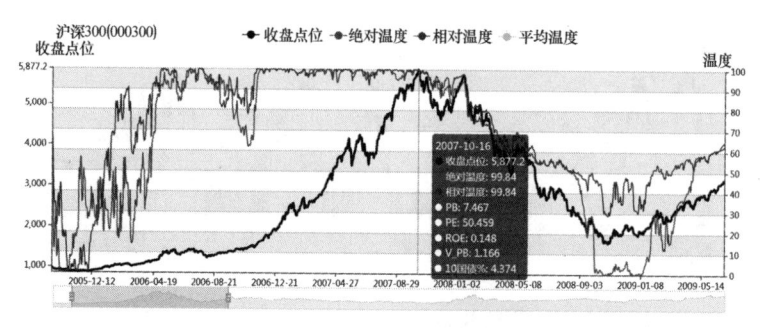

图 7-4　2005—2009 年沪深 300 指数和温度走势曲线图 2

第七章
周期位置及拐点的识别

两个极端值附近钝化后，它不能单独用来判断市场趋势的背离。相反，它需要与价格曲线的趋势或均线突破相结合，以提供更全面的市场分析。

2008年，指数从峰值（5877点）跌至谷底（1658点），最大跌幅达到了约70%。截至2008年10月，绝对温度再次降至0℃冰点。第一轮持续了四年的完整股市周期（熊市—牛市—熊市）宣告结束。如图7-5所示，我们观察到绝对温度先于相对温度触底，意味着绝对估值相较于相对估值更低，这反映出指数的基本面——指数资产的整体盈利能力并没有过度恶化，这也为能够迅速启动下一轮新的牛市周期（而非在底部长期震荡）创造了条件。

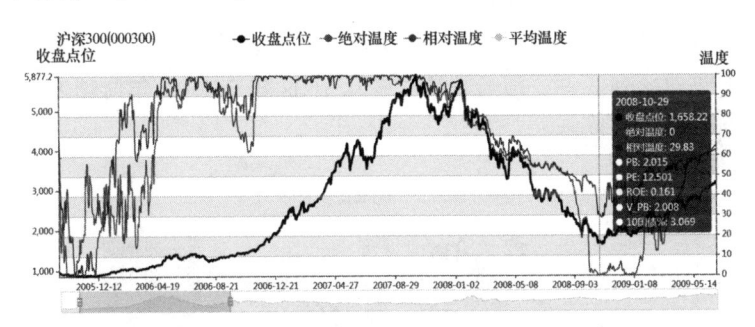

图7-5 2005—2009年沪深300指数和温度走势曲线图3

在2008年10月，绝对温度再次降至0℃冰点后便迎来了快速的反弹。如图7-6所示，到了2009年8月，指数回升至新的高点，然而相对温度和绝对温度稳定在70℃左右。在经历了一轮小牛市之后，指数再次开始下滑。尽管温度未达到沸点，但70℃的高温依然为我们提供了关于风险态度调整的宝贵指导。

弱者体系

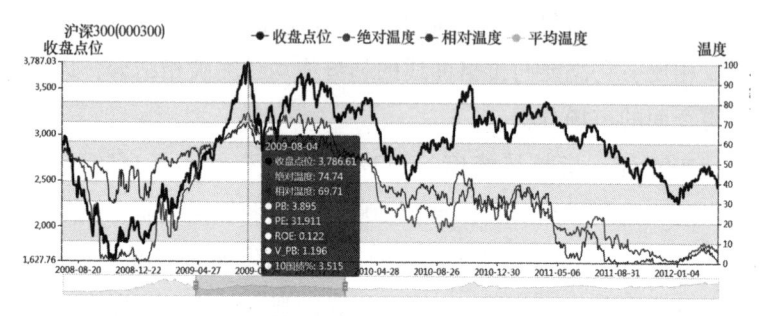

图 7-6　2008—2012 年沪深 300 指数和温度走势曲线图 1

自 2009 年 8 月起，沪深 300 指数在经历了当年的小牛市之后，便步入了持续的下跌通道。我们观察图 7-7 可以发现，绝对温度起初的下降速度超过了相对温度，这表明指数的跌幅超过了基本面的衰退。直至 2012 年 1 月，相对温度与绝对温度双双达到低点，预示着第二轮从 2008 年至 2012 年持续四年的股市周期结束。

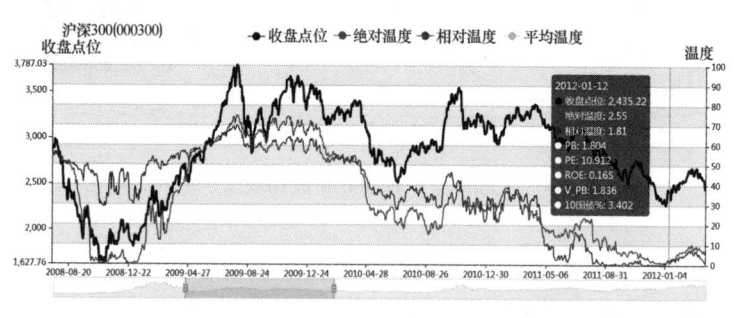

图 7-7　2008—2012 年沪深 300 指数和温度走势曲线图 2

在 2012 年 1 月的市场低点之后，股市并未如以往那样迅速进入新一轮的牛市周期。从 2012 年 1 月至 2014 年 11 月，近三年的时段内，市场持续处于熊市状态，这无疑成了投资者

第七章
周期位置及拐点的识别

最为艰难的时期。我们观察图 7-8 的细节可以发现,在这一时期(框线部分),尽管指数呈现盘整和震荡的态势,但绝对温度却经历了几次显著的上升,这反映出沪深 300 指数背后的资产基本面正在不断恶化。这或许解释了在此漫长时间,股市为何始终深陷熊市而难以自拔的原因。这种情况一直持续到 2014 年 11 月,当绝对温度再次达到低点,指数背后的资产基本面开始恢复时,市场才出现了转机。

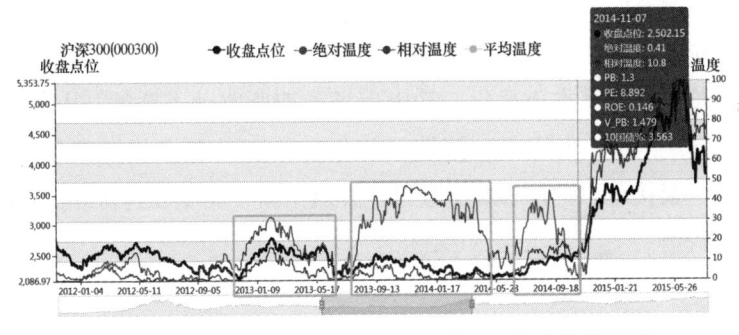

图 7-8 2012—2015 年沪深 300 指数和温度走势曲线图

如图 7-9 所示,自 2014 年 8 月起,绝对温度脱离指数呈现急剧下降趋势,这表明在宏观经济政策的刺激下,指数背后

图 7-9 2014—2016 年沪深 300 指数和温度走势曲线图 1

弱者体系

的资产基本面迅速得到改善。与此同时，绝对温度在2014年11月达到0℃的冰点，相对温度也降至10℃附近，之后市场迎来了一轮强劲的牛市。到了2015年6月，相对温度和绝对温度双双飙升至100℃的高温区域，这一信号极为显著，此时应密切关注市场风险，并开始依据指数趋势采取防御性策略。紧接着，指数便开始了快速的下跌。

如图7-10所示，在2016年1月的熊市低点，绝对温度重新降至0℃，而相对温度则在20℃左右波动，这表明指数背后的资产基本面改善速度超过了指数的下跌速度，并充分说明了股价是先于基本面恶化，是由市场预期所驱动下跌的。由此，从2012年至2016年，持续了四年的第三轮股市周期宣告结束。紧接着，沪深300指数迅速开启了新一轮温和且持续的上涨行情。

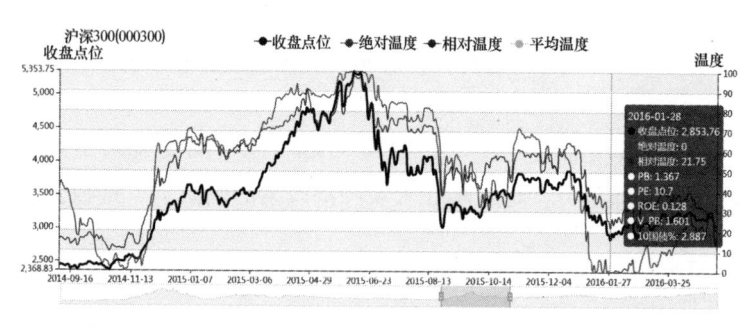

图7-10　2014—2016年沪深300指数和温度走势曲线图2

如图7-11所示，在2018年1月的小牛市顶峰，尽管指数价格（4389点）未能触及上一轮高点（5317点），但相对温度与绝对温度均再次达到高位，其中绝对温度更是逼近100℃的沸点，这表明市场已进入一个新的周期顶点。绝对温度高于

第七章
周期位置及拐点的识别

相对温度，这反映出指数背后的资产基本面增长速度不及指数价格的上升速度。

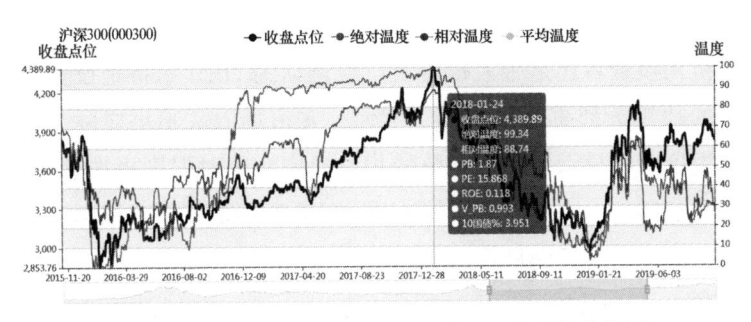

图 7-11　2015—2019 年沪深 300 指数和温度走势曲线图 1

在 2018 年 1 月至 2019 年 1 月的市场下跌期间，相对温度的降幅略大于绝对温度的降幅，这表明指数背后的资产基本面正在经历较为迅速的恶化。如图 7-12 所示，至 2019 年 1 月，相对温度与绝对温度均接近冰点，标志着股市周期的第四轮摆动已经完成。

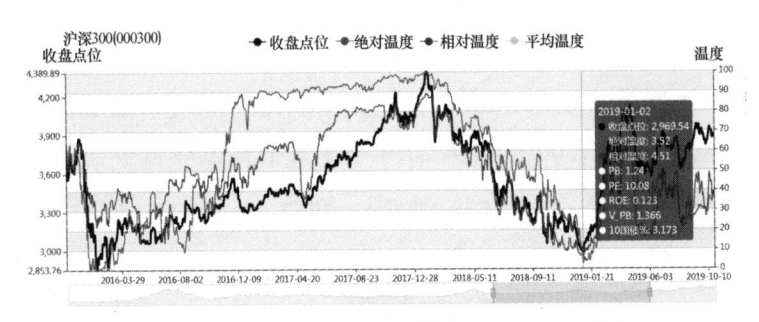

图 7-12　2015—2019 年沪深 300 指数和温度走势曲线图 2

如图 7-13 所示，自 2019 年 1 月起，沪深 300 指数便陷入了长期的震荡格局。直至 2020 年 2 月，全球新冠疫情的爆发

195

弱者体系

对市场产生了深远影响,指数因此急剧下跌。到了 2020 年 3 月,无论是相对温度还是绝对温度,都再次双双降至 0℃冰点附近。在这一时刻,商业活动停滞不前,市场陷入恐慌。无论是机构投资者还是个人投资者,普遍认为 2020 年将是投资领域的"黑天鹅事件"之年。然而,在市场混乱不堪之际,市场温度曲线显示,各大指数的相对温度和绝对温度再次触底,市场经历了一次大破大立的洗礼。结合积极的货币政策刺激措施,温度曲线反而显示出 2020 年可能是资本市场迎来丰收的一年。

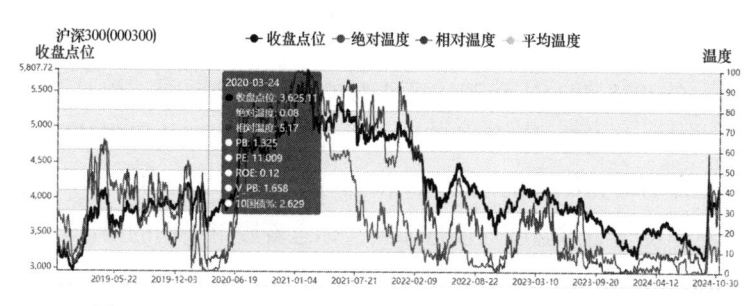

图 7-13　2019—2024 年沪深 300 指数和温度走势曲线图 1

如图 7-14 所示,2021 年 2 月,相对温度和绝对温度均接近沸点。沪深 300 指数从 2020 年 3 月的最低收盘价(3530

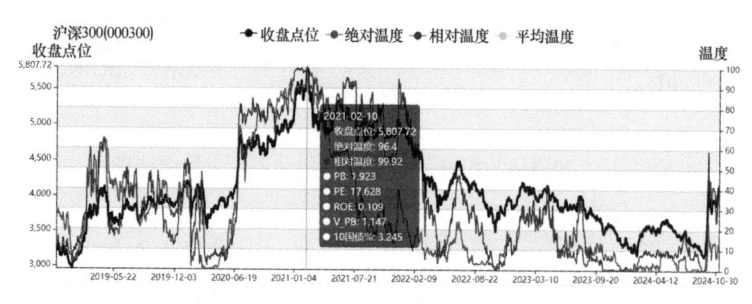

图 7-14　2019—2024 年沪深 300 指数和温度走势曲线图 2

第七章
周期位置及拐点的识别

点）飙升至 2021 年 2 月的最高收盘价（5807 点），涨幅达到 64.5%。这一波牛市生动地展示了，商业现状和市场情绪并非准确反映牛熊周期趋势和拐点的良好指标。

如图 7-15 所示，第五轮周期自 2021 年 2 月指数触及峰值后，便开启了一段漫长的下跌趋势。相对温度在 2022 年 10 月至 2023 年 10 月期间多次触及冰点，指数总是在经历小幅度的反弹后便继续下行，直至 2024 年 9 月 13 日，在国家推出一系列强有力的市场刺激政策预期的推动下，指数才出现了强劲的反弹。

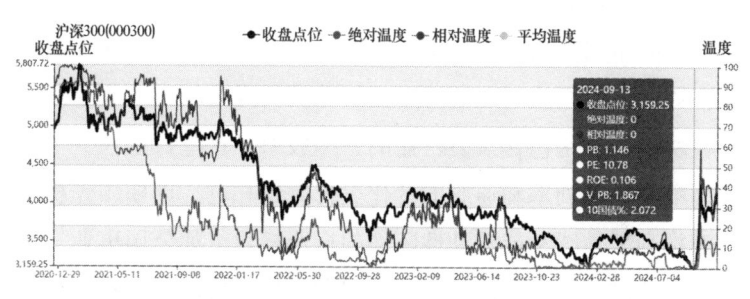

图 7-15　2019—2024 年沪深 300 指数和温度走势曲线图 3

经过上述分析，我们可以清晰地认识到，善弱温度计在确定周期位置、感知周期进程以及预测周期趋势方面展现出了坚实的逻辑基础和显著的成效。然而，由于该工具在周期的极端位置反应钝化，所以它并不总是能精确地识别大盘指数的周期拐点。那么，如何优化这一工具呢？其实方法相当直接，我们只需将指数的长期趋势线或特定的移动平均线（如 120 日均线）的突破情况纳入考量，与温度计曲线一起进行综合分析，便能极大地提升对股市周期拐点识别的准确性。

弱者体系

第七节 拐点识别的其他方法

一、板块相对强度与拐点识别

在许多牛市行情中，开始往往由某一主导板块的崛起触发，并最终由其衰退而宣告终结。若当前的股市周期内存在一个明确的主导板块，该板块往往会率先于其他板块或行业指数触及顶峰，从而在市场中展现出其引领趋势的显著地位。

在股市周期的峰位阶段，我们还能观察到一个显著的现象：周期领先板块与周期落后板块之间的强度较量。这里所说的板块，指的是包含众多行业的一类股票，这些行业在一个商业周期中，因利率和通胀的变化表现大致相近。周期领先板块一般指利率敏感型或流动性驱动的行业板块，如公用事业、金融、房地产等行业组成的板块；周期落后板块一般指具有防御性的，收益驱动型的行业板块，如汽车及零部件、化工、能源、矿产类行业的板块。但需要牢记的一点是，由于每个行业都有一定时期内的特定基本面因素，所以并不是所有的行业都能够完全明确地划分到领先或落后板块中，也不是所有统计的规律在每个股市周期中都表现一致。

如图 7-16 所示，随着股市周期逐渐接近顶峰，周期领先板块往往会率先达到峰值并开始回调，这往往会形成股市的第一个相对顶点。然而，在这个阶段，周期落后板块仍处于其上升趋势的尾声，而其他板块则有可能在盘整或反弹，这些力量推动着大盘指数触及新的高点。随后，在投资者乐观情绪的驱

第七章
周期位置及拐点的识别

动下,多数股票在下跌中出现反弹,而一些周期落后板块的股票开始触顶,从而促成大盘指数形成可能的次高点。经历这一系列的相对强度演绎后,市场才会正式步入熊市,进入亏损期那种持续、全面的下跌行情。在上述原理下,股市峰位经常形成头肩顶或双肩顶的形态。同理,在股市谷底时,在周期拐点发生的前夕,周期领先板块的相对强度指标通常呈现出上升的趋势。与此同时,一些周期落后板块的相对强度指标则呈现出下降的趋势。

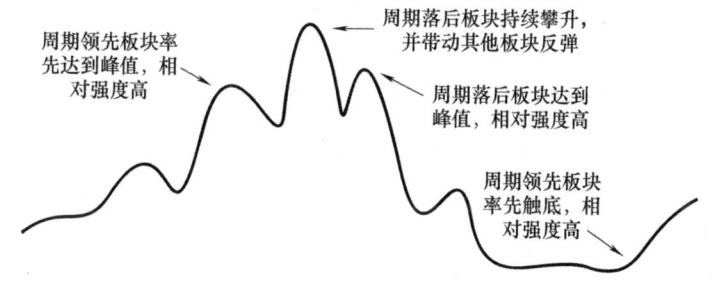

图 7-16 周期中的板块轮动

基于上述对股市高峰与低谷演变的理论,我们能够借助对周期性主导板块或领先板块相对强度的观察来识别股市周期在高峰与低谷的拐点。

二、市场广度与拐点识别

市场广度指标能够揭示股市趋势转变的早期迹象。当大盘指数仍在攀升,而市场广度却已开始下滑时,这种现象被称为负背离。它预示市场上涨的势能可能正在减弱,趋势有可能即将发生转变;反之,若未出现这种现象,则股市达到峰位的可能性较小。在熊市的底部阶段,通常广度指标会因为市场的持

弱者体系

续下滑而钝化，若广度指标在大盘指数创出新低时拒绝跟随，这是正背离现象，通常是一个积极信号，预示着下跌股票的数量正在减少。在这种情况下，周期随后迎来拐点的可能性将大大增加。

综上所述，大盘指数与广度指标的背离通常预示着潜在的市场拐点的出现。然而，只有当大盘指数出现清晰的趋势反转信号时，我们才能得出市场即将反转的确切结论。

三、市场动能与拐点识别

动能指标能够量化价格变动的速率，并在价格趋势形成之前，提前反映股市的强势或弱势。这正是我们利用动能指标来辨识市场周期拐点的理论基础。动能通常领先于价格变动，尤其在市场接近峰位时。在某些情况下，通过分析长期动能指标，我们可以识别股市的峰值拐点。需要注意的是，这里应当使用长期动能指标，因为短期动能指标有很大的噪声。在运用动能原理来辨识股市拐点的过程中，存在多种有效的动能指标，如变动速率指标（ROC）和相对强弱指标（RSI）等。

如图7-17所示，沪深300指数在2020年3月开启新的一轮上涨行情后，在7月初发生了两周的"抢购高潮"行情，随后进入了第二段上涨趋势，并一直持续到在2021年2月10日触顶，收盘点位到达本轮周期的峰位。在2020年7月到次年2月的这段上涨行情中，尽管指数趋势良好，不断创出新高，但我们能清晰地观察到，在此段时间里，价格动能ROC曲线走出一顶比一顶低的背离形态。这说明指数虽然还在上涨，但势能却越来越弱，预示着指数未来有见顶下跌的可能。

第七章
周期位置及拐点的识别

与此同时，广度曲线 ADL 与价格趋势也明显地走出了背离形态。ADL 随着指数的上涨却下跌到中线 50（代表上涨的成分股票占比为一半）以下，并最终徘徊在中线附近。这也说明在指数的第二段上涨行情，成分股的参与程度和基础已大不如前，反映出此段行情的基础非常薄弱。

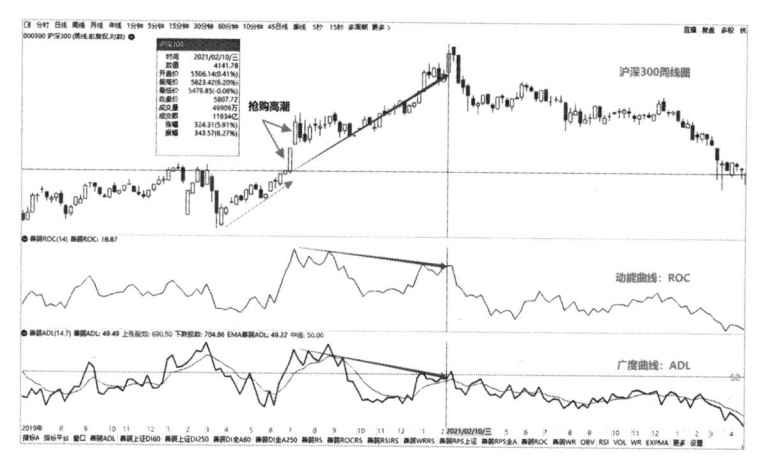

图 7-17　沪深 300 指数周线图（2019.6 至 2022.4）

从后续行情来看，沪深 300 指数也确实很快转向了下行通道，进入了熊市周期。市场动能曲线和广度曲线的背离为识别此次市场峰位的拐点提供了有效的预警。

四、量价背离与拐点识别

除非出现重大利好或利空消息，市场趋势的衰竭与反转通常始于量价背离的征兆。依据这一理论，我们能够通过观察市场中量价背离现象来辨识潜在的周期拐点。

例如，在一段持续的上升趋势中，股市应当呈现出价格上

弱者体系

升时成交量普遍放大，而价格回落时成交量相应萎缩的顺势行为。在一段持续的下跌趋势中，情况依然，价格下跌时成交量应保持稳定，而反弹时成交量则应萎缩。然而，当整体量价出现背离时，往往预示着拐点的来临。这里所指的整体量价背离现象，特指市场整体的成交量与价格走势之间出现的不协调状况。

如图 7-18 所示，沪深 300 指数在 2018 年初期经历了一段持续的下跌行情，能量潮（OBV）曲线亦随之下降。然而，进入 7 月，尽管指数持续走低，但能量潮曲线却呈现出上升趋势，这呈现了整体的量价背离现象。这反映出市场需求的强劲，并揭示了自下跌趋势开始以来供求关系的持续变化。随后，沪深 300 指数开始出现强劲反弹，能量潮曲线也以相同的斜率上升，重新回到了与指数顺势的状态。这一过程完美地实现了对指数拐点的识别。

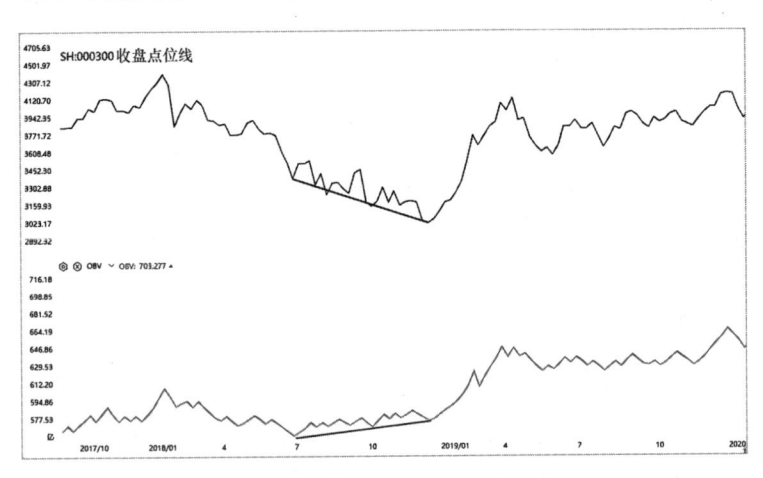

图 7-18　能量潮与价格走势的底背离

五、短期利率倒置曲线与拐点识别

通过将短期利率的倒置曲线（即 1/利率）与大盘指数的价格走势进行叠加对比，我们可以将其作为股市周期的领先指标。通常情况下，在指数临近峰位时，短期利率会呈现出上升的态势。同样，在指数底部形成之前，短期利率往往率先达到顶点。

当然，利率对股价的影响并不直接。即便利率上升，指数也可能经历短期上涨。然而，利率的变动至关重要。影响指数短期波动的并非利率水平本身，而是利率水平的变动率（ROC）。因此，作为识别股市拐点的一种方法，我们也可以将经过平滑处理的短期利率 ROC 与经过相同处理的大盘指数进行叠加比较。通过这种方式，我们可以观察到利率 ROC 的升幅何时超过指数升幅，反之亦然。这种方法往往能提供及时的拐点信号。

总体而言，当利率的动能超过大盘指数的动能时，采取谨慎态度是明智的；相反，当利率的动能低于股价的动能时，则可以继续保持当前的风险偏好。

为何利率的波动会对股市产生影响？

（1）考虑到大多数企业依赖借贷来维持日常运营，利率的降低会降低其借贷成本，这直接影响到企业的利润水平。此外，较低的借贷成本还可能激发企业增加贷款以扩大业务规模或进行投资，从而提升企业未来的盈利潜力，这可能会促进股价的上涨。相反，利率的上升会增加企业的借贷成本，可能会抑制企业的扩张计划，导致股价下跌。

（2）利率的变动还与债券和股票之间的竞争关系息息相

关。当利率上升时，通常会导致债券价格下跌，因为新发行的债券可提供更高的收益率。随着债券收益率的提升，它们相对于股票而言变得更具吸引力，这可能会促使资金从股市转移到债市，进而导致股价下跌。相反，当利率下降时，债券的吸引力减弱，资金可能流向股市，从而推高股价。

（3）投资者的预期在其中扮演着至关重要的角色。中央银行调整利率的目的通常是为了遏制经济过热或促进经济增长。例如，当中央银行降低利率时，投资者可能会预期经济将得到提振，这通常会促使他们增加对股票的投资。相反，利率的提升可能会被市场预期为经济增长未来将会放缓，导致投资者减少其股票持有量。

（4）利率的变动同样会对消费者的购买力产生影响。利率的调整会改变消费者的借贷成本，进而影响其消费支出。当利率下降时，信用卡、住房贷款和汽车贷款的成本可能会降低，这有助于刺激消费，增加企业的收入和利润，并可能推动股价上扬。相反，利率的上升可能会抑制消费，对股价产生不利影响。

最终，利率作为折现率的关键组成部分，将对股票估值产生显著影响。利率的波动直接作用于股市的估值水平。具体而言，若利率下降，折现率相应降低，这将提升企业未来现金流的现值，有可能引发股价的上涨。相反，若利率上升，折现率随之提高，这可能会减少企业未来现金流的现值，进而导致股价的下跌。

中国的短期利率指标主要包括：短期国债的利率、商业票据的利率、上海银行间同业拆放利率（Shibor）、贷款市场报价利率（LPR）、常备借贷便利（SLF）、央行政策利率等。这些短期利率指标在中国金融市场中扮演着至关重要的角色，它们共同揭示了市场资金的供求状况，并对金融市场的稳定和经济发展产生深远影响。同时，这些利率指标也为投资者提供了判断股市周期和拐点的重要信号。

六、拐点识别的原则

在前文中，我们已经探讨了六种识别市场周期拐点的工具，它们包括：善弱温度计、板块相对强度、市场广度分析、市场动能分析、量价背离以及短期利率倒置曲线。这些工具各自依据不同的经济学和统计学原理，从多个角度和层面帮助我们识别周期的拐点。这也正是我们在技术分析章节中，提出技术指标分类的一个重要原因。

我们之所以详尽地列举这些工具，是为了凸显在识别周期拐点时进行综合分析的重要性。我们不能仅依据单一指标或单一视角就断言市场拐点的出现，必须综合考虑各种趋势逆转的信号，并进行相互验证和比较。只有通过综合分析，我们才能谨慎地确认市场的拐点和未来趋势。

此外，周期分析的方法论还包括逆向思维的应用。正如众多投资大师所强调的，在他人贪婪时保持恐惧，在他人恐惧时展现贪婪。但请记住，逆向思维并不仅仅是一句简单的口号，它需要科学的思维训练作为支撑。关于逆向思维的深入探讨，我们将在第九章中展开讨论。

第八章 超额收益的猎场

第一节 聪明的狩猎者

在自然界中，聪明的狩猎者总是选择那些猎物丰富的草原作为觅食之地，而不是去那些遍布天敌、充满危险的环境去冒险。投资活动恰似一场狩猎，只有在猎物（潜在收益）丰富而天敌（风险因素）稀少的领域，成功的概率才会更高。一些自诩为强者的投资者在股市中越勤奋却越亏损，这往往源于他们未能恰当选择猎场。

一、价值效应和动量效应

在市场中，究竟何处隐藏着超额收益的机遇？这是弱者体系必须深入研究并给出答案的问题。目前，学术界和投资界普遍认为，市场中存在超额收益的猎场主要有两个，它们都是由于预期偏差导致的错误定价所引发的。这两个猎场分别是价值效应和动量效应（见图8-1）。

（1）价值效应，指的是以较低价格买入那些从基本面分析来看被低估的证券。价值效应带来的超额收益源于市场对不利消息的过度反应，这种反应是由于市场预期的偏差所导致的。

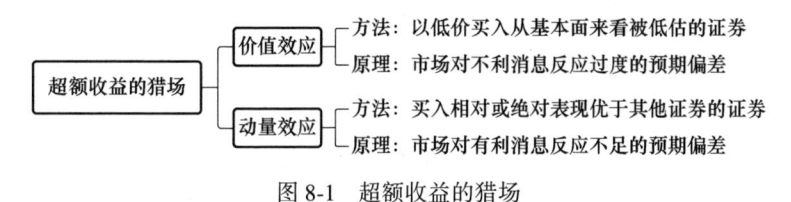

```
超额收益的猎场 ┬ 价值效应 ┬ 方法：以低价买入从基本面来看被低估的证券
              │         └ 原理：市场对不利消息反应过度的预期偏差
              └ 动量效应 ┬ 方法：买入相对或绝对表现优于其他证券的证券
                        └ 原理：市场对有利消息反应不足的预期偏差
```

图 8-1　超额收益的猎场

（2）动量效应，指的是买入那些价格表现相对或绝对优于其他证券的证券。动量效应产生的超额收益则源自市场对利好消息的反应不足，这种不足同样归因于市场预期的偏差。

价值效应与动量效应均展现出在风险调整后的收益方面具有较高的潜力。学术界通过在不同市场、不同资产类别以及不同时间段的数据分析，已经证实了这一点。

二、造成价值效应和动量效应的关键因素

投资者有限的注意力和行为偏差是价值效应和动量效应产生的关键因素。

人类大脑的认知资源有限，投资者的注意力受限，市场对新信息的反应是逐步展开的。这种现象导致投资者在初期对证券基本面信息的反应不足，随后又可能出现延迟的过度反应。面对正面或负面消息，市场最初反应迟钝，许多行情在价格上涨过程中，才逐渐有更多投资者将怀疑转变为认同，从漠不关心转为密切关注。这种现象催生了动量效应。而当利好或利空消息经过一段时间的传播和发酵后，投资者群体往往倾向于过度反应，对利空消息的反应尤为明显，从而产生了价值效应。

弱者体系

投资者的行为偏差同样也是造成价值效应和动量效应的原因。例如，锚定效应与确认偏误会引发认知惯性，进一步加剧投资者群体的注意力局限。此外，在羊群效应（从众心理）的影响下，多数投资者倾向于遵循正向反馈机制，导致他们在股价下跌时盲目抛售，在股价上涨时盲目买入。这些行为可能导致投资者对基本面不佳的证券出现过度反应，从而使得其价格远低于内在价值，形成价值效应。随后，他们又可能对基本面改善的信号反应迟钝，导致动量效应的产生。一旦价格趋势确立，投资者往往会反应过激，直至价格超出其内在价值，进一步强化了动量效应。

处置效应这一行为偏差也能够有效阐释超额收益现象。例如，在处置效应的作用下，投资者往往过早地出售盈利的资产，导致资产价格无法及时充分地体现利好信息的影响。同样，在面对不利消息时，投资者通常不愿意立即出售，这使得价格不会迅速地回归到其应有的内在价值（即反向动量）。这两种行为均会延缓价格发现的过程，使得价格调整至其内在价值的过程变得缓慢，从而产生动量效应。对于亏损股，处置效应的最终表现通常是，在迫不得已或彻底失望之际，投资者倾向于一次性抛售多只亏损股票，甚至清空账户中所有亏损股票。这又导致价格过度反应，偏离其内在价值，从而形成了价值效应。

综上所述，在投资市场中，几乎所有的盈利策略，无论是主观的还是量化的，无论是机构的还是个人的，其长期成功的根本逻辑都在于价值效应和动量效应。不同投资策略所展现的不同风格和多样性，仅仅是"术"的层面的调整和细化。反之，如果一个人的投资策略建立的逻辑与这两个超额收益效应相悖，那么可以预见，其很难取得长期的成功。

不要在偶然的盈利或亏损中去总结投资理念，也不要在数据挖掘的基础上建立投资理念。投资理念要建立在丰美的猎场上。

第二节　猎场一：价值效应

一、认识价值投资

价值投资策略是指挑选并投资于那些市场价格低于内在价值的股票，这种内在价值通常是基于对公司基本面的深入分析得出的。通过这种方式，投资者能够获得安全边际，并期望最终实现投资收益。内在价值指的是公司或资产的真实或合理的价值评估，投资者往往借助多种财务比率（如市盈率、市净率、现金流折现等）来评估这一价值。安全边际则反映了市场价格与内在价值之间的差距，价值投资者致力于寻找那些具有显著安全边际的投资机会，以便在市场波动或判断失误的情况下，依然能够保持盈利或至少减少损失。基本面分析包括对公司资产、股息、盈利或现金流等财务指标的细致审查，以及对商业模式、行业状况、竞争环境、管理层素质的评估，从而判断公司的实际价值和增长潜力。

价值投资的理念最初由本杰明·格雷厄姆提出，并由沃伦·巴菲特等投资大师进一步发展和普及。一些投资理念提出，"价值投资"中的"价值"二字其实是多余的。毕竟，若非有价值，谁会愿意投资呢？人们所投资的对象，自然都具备一定的价值,只是对价值的诠释各有千秋。有人声称:"所有能带来盈利的投资都可归类为价值投资。"这样的论断得到了一些投资大师的认同,比如查理·芒格曾说:"所有聪明的投资都是价值投资。"然而,也有人将价值投资的定义限定得非常严格,认为它仅指投资那些能长期增长、稳定盈利的优质蓝筹股,并且主张不随市场周期和波动而选择时机,长期坚持持有。同样,这样的观点也有大师的言论作为支撑:"如果你不打算持有某只股票十年,那么连十分钟也不要考虑。"这句名言出自沃伦·巴菲特之口。

在国内,甚至出现了一种现象,人人都自称为"价值投资者",但彼此之间却缺乏共识。这让我想起了电视剧《潜伏》中的那个经典问题:"两根金条放在一起,你能告诉我,哪根高尚,哪根卑鄙?"对于价值投资这一概念的理解,无论是过于宽泛还是过于局限,都是不妥当的,且都未触及其本质。弱者体系对于这一概念的观点是:所谓"价值投资",本质上是指正确运用了"价值效应"的投资策略和方法论。

二、逆向的价值

正如前文所述,价值效应源于市场对不利消息反应过度所导致的预期偏差。这种预期偏差通常源自投资者有限的注意力和行为偏差等"弱"点。通过利用市场对不利消息的过度反应来实现超额收益的策略,本质上融合了逆向思维和逆向投资的实践。

逆向思维是指价值投资者倾向于采取与市场主流意见相反的立场,在市场低迷或公司面临短期困境时寻找投资机会。他们坚信,市场的过度反应或对某些信息的忽视会导致价格与内在价值发生偏差,从而创造出买入的良机。逆向投资行为则表现为价值投资者愿意购入那些被市场忽略或排斥的股票或资产。让我们探究价值投资策略中六个主要的分类。

(1) 困境反转策略。困境反转策略属于价值投资范畴,专注于挖掘那些暂时陷入困境但具备复苏潜力的公司进行投资。困境反转策略的精髓在于,市场对公司的短期困境反应可能过于激烈,导致股价被低估,从而为投资者提供了捕捉价值被低估股票的良机。

(2) 套利策略。套利策略是金融市场中普遍采用的一种投资方法,其目的在于通过捕捉不同市场或不同时间点的价格差异来实现无风险或低风险的盈利。套利策略的核心在于识别并利用市场的非效率性,即市场价格未能充分反映所有相关信息的情形。

(3) 烟蒂股策略。烟蒂股策略的核心在于挖掘那些估值极低的股票,并期待其价值得到市场的重新评估。在寻找低估值股票时,并不深入研究个股;投资组合高度分散,单一股票的持仓比例一般不超过5%;不进行市场时机的选择,而是依赖于大数定律和正向期望值,被动地等待市场发现其内在价值。

(4) 主动整合管理型策略。主动整合管理型策略涉及主动参与公司的管理过程,通过推动管理层的更迭、并购重组、资产清算等手段,以实现投资回报。

(5) 稳定增长复利策略。稳定增长复利策略专注于投资那些行业稳定、具有竞争优势、增长稳健、现金流充沛且分红慷慨的白马股。通过长期持有这些股票,借助复利效应,逐步实现资产的增值。

(6) 成长股投资策略。成长股投资策略致力于挖掘那些预期将经历迅猛增长的公司股票。这些公司往往在市场扩张、新产品的推出或服务的创新、市场份额的提升以及运营效率的优化方面展现出巨大的潜力。投资者通过这些公司业绩的飞速提升或市场对其高增长预期的高估值来获取投资回报。

观察可知，（1）到（4）的价值投资策略在不同程度上都依赖于逆向思维，这一点相当明显。即便是主动整合管理型策略，通常也是在公司面临财务困境或其他挑战时，由战略投资者介入，通过资源整合和财务重组来促进公司业绩的复苏。例如，巴菲特在所罗门兄弟公司遭遇财务危机时投资其优先股，以及在金融危机期间投资高盛集团，这些投资案例均属于此类。

（5）和（6）的价值投资策略看似与逆向思维无关，实际上却并非如此。以稳定增长复利策略为例，由于市场定价的高效性，这类白马股通常面临较高的定价溢价。因此，投资者往往需要在股市周期的熊市阶段，或在市场流动性危机导致白马股价格大幅下跌时介入，以期获得超额收益。至于成长股策略，投资者必须在早期发现市场尚未察觉的利好因素和潜力，否则只能依赖运气。冯柳曾提出类似观点，"对利好因素的不充分挖掘，本质上也是一种逆向"。

综上所述，价值投资者通常需要采取与市场主流观点相反的立场，在市场低迷或公司面临短期困境时寻找投资机会，通过价值效应，利用市场过度反应或忽视某些信息导致的价格偏离内在价值，从而创造出买入机会。这种逆向思维使他们在市场低迷时能够识别出被低估的投资机会，进而实现超额收益。

那么如何洞悉市场中的过度反应现象？如何在价值的维度

第八章
超额收益的猎场

上挖掘系统性预期偏差？这要求我们科学地应用逆向思维，并掌握一套切实可行的逆向投资策略。关于这些内容，我们将在第九章中进行深入探讨。在第九章中，我们还将引入一个核心概念：逆向因子。需要特别指出的是，价值效应之所以能够发挥作用，并非仅仅因为投资者购入了低价股票，其根本原因在于市场对价格的系统性预期偏差趋向于均值回归。基本面的低估确实增加了这种偏差出现的概率，而这种偏差正是逆向因子的体现。反之，若市场不存在系统性预期偏差，仅是估值比率较低，那么这可能演变为投资者所称的价值陷阱。价值陷阱指的是那些看似价格低廉，实则可能持续贬值的股票。投资者一旦购入这些股票，不仅可能无法实现预期收益，还可能面临损失。价值陷阱的成因多样，包括公司基本面的恶化、行业衰退、财务造假以及宏观经济环境的波动等因素。

第三节 估值的科学和艺术

在探讨价值效应与价值投资时，我们不可避免地会涉及安全边际、过度反应以及预期偏差等概念。为了准确衡量这些现象，一个关键的对比指标——内在价值，显得尤为重要。

内在价值的评估通常涉及对企业的财务报表、盈利能力和增长潜力、行业地位、竞争环境、商业模式、管理团队的能力等多个方面的深入分析。它们共同强调了一个核心的量化工具——估值。对内在价值的估值方法多样，包括但不限于自由现金流折现（DFCF）分析、市盈率（P/E）比较、市净率（P/B）比较等。接下来，本节将对几种关键的估值理念和方法进行详细阐释。

一、自由现金流折现模型

提及估值，首先无法回避的便是自由现金流折现模型。自由现金流折现法通过对企业未来自由现金流的预测，并将其折算为当前价值，从而评估企业的内在价值。其计算流程如下。

（1）预测企业在未来特定年限（n）内的自由现金流。所谓自由现金流，指的是企业在扣除所有必要的运营成本和资本开支后，可供自由支配的现金。

（2）确定折现率，该比率体现了投资者对现金流所期望的回报率，一般由无风险利率与风险溢价两部分构成。

（3）计算折现现值：折现现值 = $\sum_{t=1}^{n} \dfrac{未来第 t 年的现金流}{(1+折现率)^t}$。

（4）计算永续价值：在预测期之后，假定企业将持续以一定的增长率产生自由现金流，这部分价值同样需要折算至当前价值。

（5）计算内在价值：内在价值=折现现值+永续价值。

二、切勿使用自由现金流折现去算估值

尽管众多投资理念将自由现金流折现模型视为金科玉律，但弱者体系认为，该模型并非是适用于投资估值的实用工具。它在理论计算上虽科学且精确，却缺乏实际操作性。一旦我们尝试亲自进行一次自由现金流折现的计算（我在初涉投资时，曾多次认真地进行过此类计算），以评估一家公司的价值，便会发现其可操作性极差。具体问题表现在以下两个方面。

（1）我们必须对未来数年的自由现金流进行预估。这些

第八章
超额收益的猎场

预估受到宏观经济、市场竞争、企业战略等多重因素的影响，因此存在显著的不确定性。相比之下，企业未来的财务报表利润相对更容易被预测。毕竟，报表利润可以通过会计手段进行调整，只要公司运营保持稳定，就存在一定的实现可能性。而且，财报调整的思路，如逐年稳定增长，符合大众预期。然而，自由现金流则不同，它更为"客观"，因此并不适合进行预测。对自由现金流的预测，实际上是投资者"过度自信"的一种体现。

（2）关于折现率的选择，这涉及无风险利率和风险溢价两个方面。

首先，无风险利率的选择本身就颇具争议。无风险利率通常指的是投资者能够获得的、没有任何违约风险的最低利率。无风险利率可以是国债利率、银行定期存款利率、货币市场基金利率、银行间同业拆借利率，或者是央行公开市场操作利率。那么，我们应该选择哪一种呢？即使我们采用最常用的国债利率作为无风险利率，那么是选择5年期、7年期还是10年期的国债利率作为基准呢？这无疑涉及很大的主观判断。

其次是风险溢价，它包括通货膨胀溢价、违约风险溢价、流动性风险溢价和市场风险溢价。折现率的计算公式为：无风险利率+通货膨胀溢价+违约风险溢价+流动性风险溢价+市场风险溢价。而这些因素中的每一项几乎都涉及人类无法胜任的预测或主观判断的问题，并且它们还在持续地动态变化。

鉴于上述两个涉及预测和高度主观性的参数，再加上折现公式本身的参数敏感性，参数的微小变化都可能导致估值结果的巨大差异。因此，使用这一方法对股票进行估值预测，实际上是一种自我欺骗，它并不会为我们的投资判断带来有实际价值的参考。正因为如此，当巴菲特和芒格讨论自由现金流折现估值时，芒格戏谑地说："我从未见过他（巴菲特）用计算器算过这个。"

三、自由现金流折现思维

弱者体系认为，鉴于自由现金流折现模型涉及大量预测和主观判断，它不应被视为一个估值工具。相反，该模型更像是一种对企业基本面进行评价的高度抽象准则，帮助我们理解如何审视企业及其内在价值。因此，它应被视为一种综合性的定性思维方法，用于企业价值或资产的评估，即自由现金流折现思维。它由两部分组成。

1. 自由现金流思维

自由现金流揭示了企业可用于偿还债务、派发股息、再投资等多方面用途的现金流量状况。

（1）这一数值及其背后的能力，深刻体现了企业的行业属性、商业模式以及市场竞争地位，是对企业基本面的高度概括。

（2）在评估项目或企业经营成效时，我们应着重考察其是否能真正实现现金流入和现金结余，而不仅仅是账面利润。例如，某些企业虽账面利润看似可观，但拥有高额的应收账款，若这些款项无法及时回收，对企业及其股东而言，可能并无实际价值。

（3）进一步延伸这一思路，我们可以探讨小股东在股份公司中的地位与权益。即便企业现金流充足，账面利润真实，若不实施股息分配，小股东依旧无法对其实际享有决策权和收益权。从股价估值的角度来看，分红被视为一种"免费的午餐"（意指经过合理的分红后通常会引发股价的填权效应），这也促使了更为谨慎的股利折现模型的产生，该模型依据企业历史上的稳定股息支付或股息率来对资产进行估值。

2. 折现思维

折现率揭示了资金的时间价值与风险水平。

（1）折现率建立在资金时间价值的理论基础之上，即当前的货币相较于未来同等金额具有更高的价值。这是因为立即获得的资金可以进行投资以赚取收益，或者避免因通货膨胀导致的购买力减退。因此，在评估未来的现金流或收益时，必须将它们"折现"至当前价值。这一过程也向我们表明，在定价中所包含的预期和未来展望，需要进行显著的折扣。一鸟在手远胜于二鸟在林。

（2）折现率映射出资产所需的风险补偿。高风险项目通常需要更高的折现率以补偿潜在的不确定性，通过一项资产的定价，我们还可以反推市场对其风险态度或所隐含的风险水平。

（3）折现率融合了无风险利率、通货膨胀溢价、违约风险溢价、流动性风险溢价以及市场风险溢价等多个层面，这进一步说明企业的内在价值不仅取决于其自身素质，还深受其所处的市场利率、通货膨胀状况、经济周期和宏观环境的影响。这提示我们在进行投资估值时，必须将估值置于周期位置和进程之中去修正，只有具备周期思维，才能有效应对。

四、"一眼看胖瘦"的估值思维

关于企业估值，巴菲特曾有精辟的见解。其核心观点是：判断一个人的体型是胖是瘦，无须借助体重秤，仅凭直观观察

弱者体系

便能得出结论。同样,对上市公司的估值也应如此直观明了。

巴菲特提出的"一眼看胖瘦"的估值思维,可能蕴含了双重含义。从定性分析的角度来看,其核心理念在于,在审视一家企业时,若能一眼辨识出其价值是否被低估,那么这通常意味着一个优质的投资机会。相反,若必须通过烦琐的计算和长时间的分析才能判定其价值,那么这样的投资机会往往不具备吸引力。从定量分析的角度来说,"一眼看胖瘦"是一种形象的比喻,意味着通过简单的估值指标快速评估一只股票的定价是否合理。接下来,我们将针对其定量分析层面,即估值方法进行深入探讨。

先举一个现实中的例子。

估值就像现实中找女朋友一样,观察其身材是否匀称,胖瘦是一个估量的重要维度,但并不是一个单一的维度。首先胖瘦这个判断,不是一个绝对的量表。美女不是越胖就越好(值钱),也不是越瘦越好。另外,正常人都是在当时的大的审美环境下(周期)去评估胖瘦,比如,唐朝以胖为美,那么彼时人们认为的"瘦"可能放现在还是一个胖子。而楚王好细腰,那个环境里说的"胖",可能反而是身材匀称的大美女。在胖瘦适中的前提下,选女友还要结合其他因素,如家庭背景、教育程度等去综合衡量。我们可以把这些理解为资产质量、成长前景等。

这个例子旨在启发大家理解何为估值。估值实际上是资产定价的普遍共识,越简单越好。那么,哪些估值指标是大家普遍有共识,用得最多又简单明了的呢?相信大家很快就能想到市盈率(P/E)和市净率(P/B)这两个指标。估值指标千千万,但如果你是投资老手,掌握这两个指标就已足够。

第八章
超额收益的猎场

市盈率是通过企业市值与收益的比值来进行价值评估的。市盈率的假设前提是企业的盈利能力能够体现其价值，并且未来的盈利前景将与当前保持一致。

市净率，即企业的市值与账面净资产之比。市净率作为估值指标的优势在于，账面净资产作为分子时比收益或者现金流更为稳定。尽管它未将资产的盈利潜力纳入考量，但在特定时期内，对于特定行业或某一商业模式的企业群体而言，市净率反映了市场对其资产盈利能力的评价。例如，当某行业的资产（如土地或设备）的盈利水平与无风险利率（或考虑风险溢价后）相当时，市场对其的合理估值应接近 1 倍 P/B。简而言之，市净率基于净资产代表公司价值的假设，并认为未来的盈利潜力与资产运用效率紧密相关。正是依据这一原理，善弱温度计采用市净率比率作为衡量相对温度的基准，以判断股市周期的位置和拐点。

相较于自由现金流折现估值法，市盈率和市净率估值法被称作相对估值法。我们之前探讨过，尽管自由现金流折现估值法遵循绝对估值的原则，但由于其参数需要大量预测和主观判断，实际上并不适合进行定量分析。这或许正是市场这一复杂系统的固有特性。资产定价本质上是通过比较不同资产，或是对同一资产在不同时间点的价值进行动态比较。因此，从这个角度审视估值的核心，我们发现相对概念已经足够，相对可能才是估值的真谛！

所谓估值的相对性，是指两个重要的理念。第一个是估值需要置于股市周期及进程的背景下进行评估才合理，第二个是估值需要在逆向思维下进行分析才安全。

首先，准确的估值并非简单的算术运算，在熊市中看似较高的估值，在牛市中可能被视为偏低；反之，在牛市中看似合理的估值，在熊市中可能显得过高。所以估值必须置于股市牛熊进程的背景下进行比较才合理。或许有人会质疑，这种估值方式是否过于主观？然而，对于那些拥有丰富投资经验和深厚市场理解的人来说，他们会认识到，在复杂的投资系统中，估值的艺术在于："运用之妙，存乎一心"。还有人可能坚持要设定一个具体的数值标准，如低于某个数值即视为低估，高于某个数值则视为高估。例如，将市盈率的倒数与选定的无风险利率进行比较，高于无风险利率则为低估，低于无风险利率则为高估。

但这种思路忽略了两个关键问题。若不能正确理解牛市与熊市中合理估值的相对变化，投资者在实际操作中可能会面临买不到或卖得太早的问题，从而产生巨大的机会成本。此外，这种思路还忽略了估值本身存在的不确定性，如市盈率中的每股收益往往受到人为调节的干扰。过分追求数值的精确性，而忽视了模糊的正确性，实际上可能对投资产生负面影响。

综上所述，进行估值时必须将其置于周期的背景与进程中，这要求我们拥有周期思维和识别股市周期的能力。关于这一点，本书在第七章中已有详尽阐述。

其次，还须考虑逆向思维在估值过程中的运用。并非估值越低，资产未来的增值和盈利潜力就必然更高。实际上，估值过低可能预示着企业未来的经营状况将每况愈下，从而增大陷入价值陷阱的风险，这可能仅仅是由于信息不对称导致我们暂时未能察觉风险。相反，那些当前拥有高市盈率或高市净率的企业，如果市场尚未充分认识到它们的巨大发展潜力，它们可能实际上被低估了。那么，如何解决这一问题呢？关键在于运

第八章
超额收益的猎场

用逆向思维来计算估值。从价值效应的原理来看，只有那些包含逆向因子（即预期偏差）的低估值才是真正的低估值。同时，那些带有逆向因子的高估值指标，也有可能是被低估的。

以市盈率为例，该指标分为三种类型：静态市盈率、滚动市盈率和动态市盈率。静态市盈率是通过将当前股价除以上一年度的每股收益来计算得出；滚动市盈率则是将当前股价除以最近四个季度每股收益的总和；而动态市盈率，亦称前瞻市盈率或预期市盈率，是基于本年度预测的全年每股收益来计算的。

静态市盈率反映了当前股价相对于历史每股收益的溢价水平。滚动市盈率则展示了股价与连续季度盈利变化之间的滚动溢价关系。由于两者均使用相同的当前股价作为分子，因此当滚动市盈率低于静态市盈率时，表明公司的盈利能力在逐季改善；反之，则意味着盈利能力有所下降。通过比较这两种市盈率，我们可以洞察公司盈利趋势的变化。

动态市盈率蕴含了预测元素，通常基于主要研究机构对当前年度每股收益预测的平均值进行计算。这一指标整合了市场的一致性预期以及对未来收益异动的观察，这种收益异动可用于逆向投资，我们将在第九章中深入解析这一概念。当动态市盈率高于滚动市盈率时，表明研究机构对本年度的盈利前景持相对悲观态度，将来就存在正面收益异动的可能；反之，若动态市盈率低于滚动市盈率，则反映出研究机构对本年度盈利前景的乐观预期，将来就存在负面收益异动的可能。这些因素都是弱者体系中关键的观察指标和应用工具。

如上所述，估值分析需借助逆向思维进行验证。关于逆向思维的更多细节分析，我们将在第九章中展开讨论。

五、ROE-P/B 估值法

在前文我们探讨了市盈率和市净率估值法及其应用原理，这些方法足以应对估值任务。然而，本节将深入介绍另一种估值模型：基于 ROE（净资产收益率）的市净率估值法。这一方法的引入基于两个主要理由。首先，市盈率比率中的每股收益仅能反映企业短期的经营成果，而 ROE 通过杜邦分析法，可以进一步分解为净利率、资产周转率和财务杠杆三个关键因素，从而更全面地揭示企业的商业潜能。从价值创造的角度来看，ROE 所体现的商业能力比短期的经营业绩更为稳定和根本。其次，ROE-P/B 估值法是构建善弱温度计中绝对温度曲线的关键，因此为了完善我们的讨论，有必要对其进行详细阐释。

ROE-P/B 估值法的表达式为：

$$P/B = \frac{(1+ROE)^t - 1}{(1+r)^t - 1}$$

式中，P/B 为企业的市净率；ROE 为企业的净资产收益率（假设 t 年内 ROE 是稳定的，或者取多年 ROE 的平均值）；r 为折现率或期望收益率；t 为估值观察时间或投资年限。

由公式可见，按照 ROE-P/B 估值法，在期望收益率不变的情况下，P/B 的合理估值随预估获利时间而变化。

试算：取期望收益率 r = 10%；投资时间 t（年）取不同值，计算值取四舍五入。从表 8-1 可见，企业 ROE（取相应年限 t 的 ROE 几何平均值为宜，前提是后续 ROE 有保持的理由）大于期望收益率越大，投资年限越长，P/B 合理值越大；如果企业 ROE 小于期望收益率，则投资年限越长，P/B 的合理值越小。

表 8-1 ROE-P/B 试算表

r = 10%		t = 3	t = 5	t = 10
ROE = 5%	P/B	0.48	0.45	0.39
ROE = 10%	P/B	1.00	1.00	1.00
ROE = 20%	P/B	2.20	2.44	3.26
ROE = 30%	P/B	3.62	4.44	8.02
ROE = 40%	P/B	5.27	7.17	17.52

假设我们预测某企业能够连续 5 年实现 20% 的净资产收益率，那么在 10% 的预期收益率下，其估值可定为 P/B = 2.44。此外，表 8-1 亦可从反面解读。例如，当预期收益率为 10%，对于一个预期持有期为 5 年的企业，若市场对其定价为 P/B = 4.44，这意味着市场预期该企业未来 5 年的净资产收益率需连续达到 30%。若其行业特性（如周期性行业）或竞争环境无法支撑如此乐观的预期，则表明该企业可能被市场高估了。

最后，我必须重申，运用 ROE-P/B 估值法在进行估值时，仍需将其置于市场周期的进程中考虑。因此，它更适合作为用于周期分析的绝对温度指标，而不是直接用于估值计算。

第四节 猎场二：动量效应

在股价经历了一段时间的上涨之后，其继续上涨的概率往往会超过下跌的概率。那些相较于其他股票涨幅更为显著的股票，有可能会持续保持这种领先势头，这便是所谓的动量效应。实际上，历史价格走势能够为未来的预期表现提供一定的预测信号。

一、绝对动量和相对动量

动量可细分为绝对动量和相对动量两大类。

(1) 绝对动量。绝对动量基于证券在时间序列上的收益率变化来计算，观察的是某资产相对于自身过去的表现，而不涉及与其他证券的比较。绝对动量主要反映资产自身历史趋势的变化，计算得出的是代表动能或收益率的数值。

(2) 相对动量。相对动量与相对强度的概念相似，它通过比较证券相对于其他证券的表现来计算。相对动量主要反映的是资产在比较中的相对位置，如其在百分位上的排名。简而言之，相对动量描述的是一个资产相对于其他资产的动态趋势。

在实际应用中，绝对动量策略相较于相对动量策略展现出更高的灵活性。首先，绝对动量策略能够适用于各类资产，而相对强度动量策略则仅限于至少两种资产之间的比较。例如，在构建投资组合时，若采用相对动量策略，投资者需不断从组合中移除表现不佳的资产，以纳入表现最佳的资产。而绝对动量策略则允许投资者持续持有资产，只要其动量能够达到预期目标即可。

相对动量策略在市场表现不佳时，可能会面临选择困难，即在表现相对较差的资产中挑选相对较好的，这被称为"矮子里拔将军"。相比之下，绝对动量策略的优势在于，一旦资产的收益率未能达到预期，如低于无风险收益率，或者其绝对动量值为负，投资者便可以将其剔除。这种策略的好处在于，它能够在熊市到来之前实现减仓，从而有效降低投资组合的下行风险。

二、优质动量的特性

如前所述，动量效应源自市场对利好消息反应不足的预期偏差。鉴于人类注意力的局限性，连续的细微变化相较于突兀的剧烈变动，往往受到的关注较少。因此，投资者对于持续而渐进的信息反应不足的现象更为突出，这也意味着在该情景下动量效应更为显著。

这与"温水煮青蛙"的现象颇为相似，青蛙对水温逐渐上升的反应，与投资者面对股价逐步变动时的反应极为相似。例如，当一只股票突然飙升（如青蛙突遇沸水），剧烈的价格变动会立即引起投资者的警觉，股价通常会迅速反映出其内在价值。然而，若一只股票在 6~12 个月的周期内逐渐攀升（类似水温逐渐升高），投资者往往不会那么敏锐地察觉到股价的走势及其背后的逻辑。这导致在这一上升周期内，股票的市场定价可能持续低于其内在价值。我们与青蛙一样，认知资源有限，只能优先处理那些最为关键、最引人注目或变化显著的信息；相反，对于环境或证券的细微变化，我们通常反应迟缓。

正是基于这一原理，价格波动平滑的股票往往展现出更佳的动量效应，而那些关注度低、交易量小的股票，动量效应也更为显著。因此，我们必须警惕两个关于动量效应的常见误解。

（1）动量并非"波动"。动量反映的是平稳且连续的趋势，而波动则关注的是"幅度"。例如，真实波动幅度均值（ATR）或贝塔（β）这些指标，它们计算的是波动的幅度，并且波动的方向是无序的。那些因突发利好消息或因资金炒作而在短期内价格出现剧烈波动的股票，通常被称为彩票型股票。尽管这些股票的价格在短期内涨幅巨大，但这种涨幅并不代表有优质的动量，反而可能是导致短期动量出现统计性反转效应的原因之一。例如，计算出的1月期动量高的股票在接下来的一个月容易出现反向动量效应，即上涨受阻甚至转为下跌。

然而，由于人性中的"弱"点，投资者往往偏爱这种能够一夜暴富的彩票型股票。这种现象被称为"彩票偏好"。彩票偏好有助于解释所谓的"低波动效应"。一些学术研究显示，低波动股票往往比高波动股票的表现更佳。这可能是因为投资者对那些最近出现极端上涨的股票过分追捧，导致其购买价格常常超过了股票的内在价值。

（2）动量并非"成长"。所谓成长股，是指那些基本面，尤其是盈利增长前景看好的股票（通常会享有较高的估值溢价）。动量则是指不论基本面指标如何，只要股票价格的绝对或相对表现优秀，即为动量高。动量关注的是价格变化本身，而非价格变化背后的基本面因素。

三、中期动量效应显著

无论是绝对动量还是相对动量，评估它们都需考虑历史回溯期的长短。依据回溯期的不同，动量可分为长期动量（3~5年）、中期动量（6~12个月）以及短期动量（1个月以内）三个类别。这种分类的原因在于，统计研究显示，长期动量与短期动量之间存在收益反转现象，即在特定回溯期内动量表现优异的股票，在之后的时期往往表现平平。对于大多数市场而言，最理想的动量回溯期介于 6~12 个月。此外，即便某些股票展现出较高的中期动量，这种优势也难以持久。因此，更明智的做法是挑选那些中期动量表现突出的股票，并持有 1~3 个月的时间（这或许能为动量类技术分析指标的期数选择提供一些启示）。

要深入理解这一现象，我们需追溯到动量效应的根源。投资者对企业的利好消息反应迟钝，而时间一长又反应过度时，中期动量效应便显现出来。然而，若采取买入并长期持有的策略，针对中期动量股的这种"持续"效应便不复存在。至于短期动量为何会出现反转效应，可能是因为短期内股价的波动在很大程度上是由市场噪声引起的，而非因真实的、持续的利好因素。在短期内，股价变动很难区分是真正的动量效应，还是仅仅是无序波动的一部分。关于这一点，通过下面的动量计算方法，我们将能更清晰地理解。

第五节　动量的计算和获取

如何评估一只股票的动量呢？依据前文对动量原理的阐释，部分读者或许已经察觉，一些技术分析中所用的动能指标，例如变动速率（ROC）和相对强弱（RSI），它们的构建原理与绝对动量相契合。而涉及相对强度的技术指标，如相对强度（RS）和股价相对强度（RPS），均与相对动量的定义相符。因此，动能类与相对强度类技术指标，本质上亦可视为动量分析指标。

为了更精确地追踪动量或将其应用于特定的投资策略,单纯依赖技术分析是不够的,因此我们还需掌握直接计算动量的方法。接下来,我将介绍两种普遍采用的动量计算方式。

一、总收益法

一种简便的动量计算方式是,评估股票在特定回溯期间(如过去12个月)的总收益,包括股息在内,这需要依赖复权数据。例如,要计算12个月的动量,首先应计算每个月的收益率,然后求得这12个月收益率的平均值。

以某股票为例,若回溯至第一个月的涨跌幅度为10%,则该月的月度收益率为1.1(即1+10%);若回溯至第二个月的涨跌幅度为-5%,则该月的月度收益率为0.95(即1-5%)。将该股票12个月的月度收益率相乘并减去1,即可得到该股票12个月累积的平均收益率,这代表了其12个月回溯期的绝对动量。

然而,在实际计算中,我们通常会排除最后一个月的月度收益。这是因为最后一个月的动量可能受到反转效应的影响(如游资炒作、突发新闻等导致股价短期出现剧烈波动)。因此,排除最后一个月的数据,实际上是在排除该月动量的权重。

如表8-2所示,排除了回溯期最近一个月的数据后,我们发现该股票的12月期绝对动量值为:M=0.36。当M值大于0时,意味着该股票的绝对动量为正值;相反,若M值小于0,则表明该股票的绝对动量为负值。

第八章
超额收益的猎场

表 8-2 用总收益法计算绝对动量

回溯期间	月度涨跌幅	月度收益率	动量
回溯第 12 月	20%	1.2	M_{12}
回溯第 11 月	16%	1.16	M_{11}
回溯第 10 月	−8%	0.92	M_{10}
回溯第 9 月	10%	1.1	M_9
回溯第 8 月	5%	1.05	M_8
回溯第 7 月	4%	1.04	M_7
回溯第 6 月	−2%	0.98	M_6
回溯第 5 月	−4%	0.96	M_5
回溯第 4 月	1%	1.01	M_4
回溯第 3 月	−2%	0.98	M_3
回溯第 2 月	−5%	0.95	M_2
~~回溯第 1 月~~	~~10%~~	~~1.1~~	~~M_1~~
动量 = ($M_{12} \times M_{11} \cdots \times M_2$) − 1 = (1.2×1.16×0.92×1.1× 1.05×1.04×0.98×0.96×1.01×0.98×0.95) − 1			0.36

二、指数回归法

采用指数回归法来计算动量,实际上是对股价历史走势进行线性拟合分析,进而通过拟合直线的斜率反映股票的动量情况,如图 8-2 所示。

其计算方法是:首先,我们必须搜集目标股票在回溯期间内各个时间序列上的股价数据。接着,我们计算这些价格的自然对数 ln(P)。其次,计算股价对数序列的回归斜率,然后再将算得的回归斜率换算为年化收益率。再次,我们将计算线性回归的判定系数 R。判定系数作为一种统计工具,用于衡量价格序列与回归线之间的拟合程度。在最终步骤中,我们将年化收益率与判定系数相乘，这样我们就得到了一个绝对动量值。

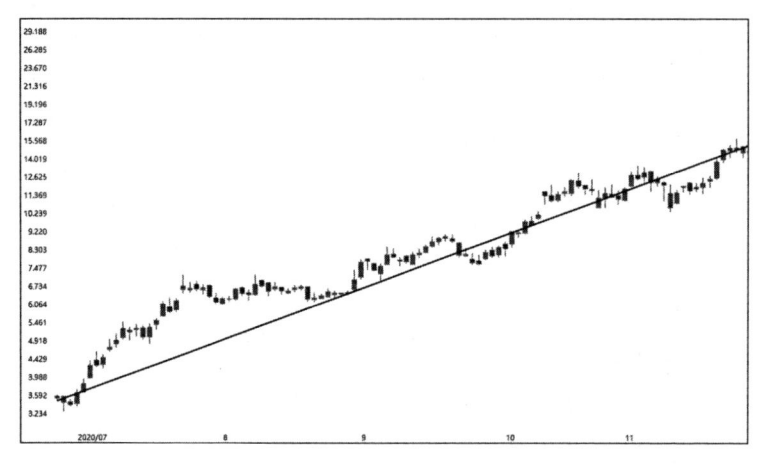

图 8-2　股价的指数线性回归线

此外，若将一组股票在相同回溯期间内的绝对动量值进行排序，并计算它们在排序中的百分位，我们便能得出这些股票的相对动量值。

第六节　超额收益持久之谜

当我们掌握了价值效应与动量效应这两个能够带来超额收益的原理时，便仿佛找到了投资领域的金矿。然而，作为市场中的参与者，我们还需深入思考：既然超额收益的来源已不再是秘密，为何众多投资者，尤其是那些资源更为丰富的专业投资机构，并未广泛利用这些超额收益效应，甚至将其"卷到极致",导致效应最终消失呢?这一现象背后可能有两大原因:一是逆人性带来的挑战,二是代客理财的相对风险。

一、价值效应和动量效应都是逆人性的

在市场中利用价值效应和动量效应来获取超额收益都是逆人性的。价值效应的本质是逆向的,需要逆向思维和逆向投资。首先,大部分人没有经过科学的思维训练,其实并不真正具备这种能力。其次,逆向投资常在市场低迷时买入,繁荣时卖出,这与大众的从众心理相悖。因此,投资者在执行逆向投资时会面临巨大的心理挑战,缺乏社会认同感,甚至可能遭受质疑和嘲笑。在实际操作中,市场噪声众多,如果投资者缺乏逆向投资的知识和经验,在资金压力和损失厌恶的影响下,以及在贪婪与恐惧情绪的驱使下,很难坚持逆向投资策略。

动量效应虽然能带来超额收益,但统计数据显示,它往往是一种收益期望值为正,但胜率较低的策略。正期望值意味着盈利交易带来的收益远超过亏损交易的损失,从而实现总体盈利。然而,动量策略通常伴随着较低的胜率,意味着在多次交易中,亏损的次数可能多于盈利的次数。例如,胜率可能仅为40%,即在10次交易中,平均有6次是亏损的。由于胜率不高,投资者在交易过程中可能会遭遇连续亏损。这种连续的失败不仅会导致资金损失,引起较大的回撤,还会给投资者带来心理上的焦虑和压力,这可能会影响投资者的生活质量和投资信心,从而过早放弃该策略。总体来说,动量策略的成功通常基于统计学和概率论,对于缺乏概率思维的投资者而言,坚持这一策略是困难的。

二、价值效应和动量效应有相对风险

相对风险是相对于绝对风险而言的。绝对风险反映的是投资可能遭受的损失大小的绝对表现，如期间的波动性、最大回撤等指标，而不涉及与其他投资或市场表现的对比。相对风险则关注投资相对于某一基准或市场整体的风险表现。它评估的是投资组合的波动性和潜在损失与参照物（如市场指数）的波动性和损失之间的对比。在被动投资策略中，相对风险可被视作跟踪误差，即投资组合的回报与基准回报之间的偏差。

对于个人投资者而言，绝对风险才是其所面临的真正挑战。然而，对于那些代客理财的专业投资机构，它们更倾向于关注相对风险。因为在群体效应的影响下，投资者将资金托付给专业机构后，在评价管理人表现时，通常会参考其相对于基准指数的短期业绩。这种做法既符合人性，又合乎情理。毕竟，如果一个基金经理的短期业绩不佳，投资者又怎会相信他长期能取得成功呢？作为基金经理，如果你投资的是广为人知的蓝筹股而出现亏损，可能不会受到太多的责难；但如果你选择的是某些非主流的冷门价值股且亏损，则可能会引起投资者对你选股能力的严重怀疑。

然而，像逆向投资、动量投资这类策略，在收益特性上往往与被动基准指数有显著偏离。如果这种不佳的相对表现持续一段时间，基金经理可能会面临被解雇的风险，而投资机构也可能失去投资者的信任。这对于基金经理和投资机构而言，都是巨大的职业风险。资产管理人能够清晰地看到这种风险，为了规避不利后果，他们往往避免采用远离市场热点的投资策略，因为这可能会让他们显得不够精明。由于实施积极的价值或动量策略需要承担较高的波动性风险，并且职业风险极高，许多专业机构对这类策略敬而远之。

综上所述，在运用价值效应或动量效应以求获得持续的超额收益时，投资者必须经历一段充满挑战的投资过程。这一过程将带来心理上的痛苦和怀疑，投资者需要依靠对市场偏差的洞察和对自身弱点的克服来应对。为了长期成功，善弱者必须能够洞察到投资者群体因有限注意力和行为偏差而产生的市场机会，同时也要能够识别那专业投资机构无法或不愿参与的投资机会。

第七节　善用价值效应和动量效应

一、应用上的挑战

在金融市场上，基于动量效应原理构建的投资策略颇为普遍。例如，众多机构投资者所采纳的 CTA 策略、主观量化策略以及指数增强策略，其核心盈利机制均基于动量效应的原理。尽管如此，动量因子本身具有较低的胜率，单纯依据动量指标，选择相对或绝对动量较高的资产进行投资，并不能确保长期收益的正向增长。通常，动量效应会随着时间的流逝而减弱，因此需要频繁地进行调仓和仓位再平衡。一个成功的动量策略极度依赖于投资标的的广泛性和多样性。同时，必须配合严格的仓位管理和止损机制，才能确保策略的成功。此外，对于机构投资者和量化基金来说，纯粹的动量策略仍然不断遭遇同质化、相对风险以及资金规模限制等重大挑战。对于个人投资者而言，上述要求在实际操作中极为困难。这不仅是因为个人的精力有限，而且高频交易会显著增加交易成本。然而，这并不意味着我们不能从动量效应中汲取智慧，并将其应用于价值投资。

价值效应是一种适用于所有个人和机构投资者设计投资策略的方法。由于价值效应本质上具有逆向性，因此需要采取逆向思维和逆向投资的策略。这部分内容我们将在第九章中详细探讨。然而，基于价值效应的策略同样面临着一些挑战。

（1）在持有期间可能会遇到波动性较大的问题。

（2）由于其逆向性，可能会在趋势反转之前过早介入，导致资金效率损失，从而产生巨大的机会成本。甚至还可能因出现判断失误，导致深陷亏损的困境。

二、价值与动量负相关

研究显示，价值型股票与动量型股票之间存在明显的负相关关系。这一现象不仅在相同类型的资产中观察到，跨资产类别也同样适用。基于这一发现，我们将价值型股票和动量型股票以一定比例纳入投资组合，可以在降低波动性的同时提升整体收益。此外，这种策略有助于避免市场风格转变时，仅持有价值型股票或仅持有动量型股票的投资者面临长期表现不佳的风险。

三、动量辅助

价值投资也能够从动量中获益。多项研究指出，在价值型股票中挑选那些展现出正向动量的股票，能够增强投资回报。选择那些近期展现出正向动量的价值型股票，这可能表明市场

第八章
超额收益的猎场

对这些股票的看法正在改善，或者它们的基本面正在发生积极变化。

此外，投资者还可以通过计算和监控市场主要板块及热点行业的动量表现，来加深对市场热点和逻辑的理解。观察到个股或板块动量的变动，有助于调动我们有限的注意力，促使我们及时探究市场逻辑，积极寻找投资机会。在这一点上，我们同样可以借助一些符合动量原理的技术指标，如动能指标和相对强度指标，来辅助我们的投资决策。这两种技术分析指标，本质上也是动量分析的体现，从而进一步说明了价值投资与技术分析并非相互排斥，而应相互促进。

或许，动量与价值投资就如同一枚硬币的两面。动量效应之所以有效，是因为投资者对超预期盈余的反应往往不够充分，而这种现象往往源于投资者注意力的局限性。动量本质上反映了基本面的动向，这启示我们，在投资过程中应积极利用这种由大众投资者的"弱"点带来的超额利润空间。例如，对于困境反转、强周期股这类的价值投资，一方面结合周期、通过逆向思维和估值建立价值投资逻辑；另一方面结合动量进行买卖择时，降低时间和机会成本。

对于正在研究和观察的价值投资标的，动量分析不仅可以帮助我们避免陷入价值陷阱，还能在适当的时候挑选出那些股价即将反弹并趋向其内在价值的股票。通过持续监测动量指标，我们可以掌握最佳的介入时机，适时进行投资，从而减少持仓时间成本和错配风险。

以集装箱海运业务为主业的中远海控（SH.601919）为例，其股价自2016年周期性高峰下跌之后，便持续处于被低估的状态。如图8-3所示，自2016年5月至2020年7月的四

弱者体系

年多时间里，该股一直在底部震荡，没有持续的、明显的大行情。面对强周期股，如果投资者仅仅根据估值便宜就过早买入，那么就会付出巨大的时间成本。不仅如此，大部分投资者在这么漫长的时间下很难坚持到最后，往往会在几次小的震荡行情下以微利或亏损而出局。

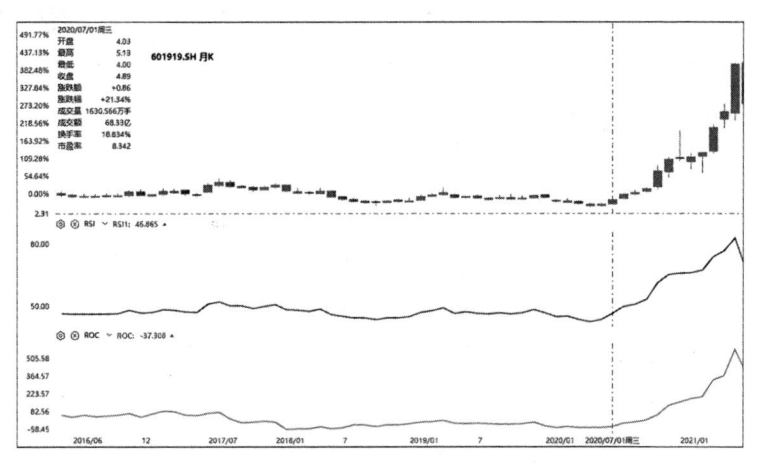

图 8-3　动量监测图

然而，自 2020 年 7 月起，该股迎来了一轮壮观的上涨行情。这一行情的出现正值新冠疫情暴发初期，期间众多商业活动受限，对外贸易的前景也显得尤为悲观。即便对于那些长期关注并研究该股的投资者而言，若缺乏对其动量的持续监测，也很容易错过这一波大涨行情。本例并非意在表明，仅凭对动量的监测就能确保把握住此类重大投资机遇。但可以肯定的是，对动量的监测能够有效调动我们有限的注意力。

此外，对动量的监测还有助于识别潜在风险。根据动量的变化，投资者可以更加积极地调整对企业基本面和商业逻辑的

第八章
超额收益的猎场

认知。例如,如果投资者持有的股票动量突然发生逆转,这可能是一个警示信号,提示投资者需密切关注其最新的基本面情况,审视自己的分析是否存在疏漏,并重新审视投资决策。

不管是投资者正在持仓的股票,还是纳入观察的标的,对其进行持续的动量监测都是非常有裨益的。

第九章　逆向思维与逆向投资

第一节　从概念到实践的鸿沟

一、认识逆向投资

谈到逆向投资，我敢断言，市场中自诩理解这一概念的人众多，然而真正能够付诸实践的却寥寥无几。许多人对逆向投资的碎片化理念耳熟能详，但真正懂得如何科学、系统地进行逆向投资的人却屈指可数。许多人仅仅接受了逆向投资的表层概念，但并未真正掌握其运用的方法论。然而，只有当我们系统性地研习了弱者体系，才能具备进行逆向投资的前提。

逆向思维是一种对广为流传、习以为常，甚至已有一定共识的事物或观点进行反向思考的思维模式。逆向思维的起源可追溯至中国哲学中的辩证思维，即"道"，"反者道之动"，它鼓励我们从对立面出发，对事物或观点进行逆向推演，从相反的角度进行探索，以揭示那些被忽视的细节，进而挖掘和发现新的见解与结论。逆向思维与常规思维形成鲜明对比，后者往往依照习惯或按主流方式来思考和解决问题，而逆向思维则能够摆脱这些限制，在面对常规或主流思考路径难以解决的问题时，显示出其独特的有效性。

逆向投资是一种运用逆向思维，并结合特定的方法论，与主流投资理念形成鲜明对比的策略。一般而言，投资者偏好那些在市场上广受好评和追捧的优质股票。然而，逆向投资者往往在市场行情低迷、大众情绪普遍悲观，或在特定行业或企业经营遇到困难时，寻找那些被低估或忽视的股票。他们会在股票价格低于其内资价值时进行买入，在市场情绪回暖、价值得到重新评估，甚至在大众普遍变得热衷于投机，导致价格显著上涨时选择卖出，以此实现投资收益。逆向投资巧妙地利用市场的非理性行为和周期性波动来获取超额收益。

二、逆向投资的核心特征

逆向投资的核心特征包括以下五个方面。

（1）充分运用股市周期、企业经营周期或困境，在周期低点进行布局，在周期高点兑现收益。

（2）在市场恐慌或行业低迷时买入，在市场过热或行业繁荣时卖出。

（3）强调逆向思维和独立判断，避免盲目跟随市场情绪和公众观点。

（4）寻找被市场忽略或低估的资产。

（5）抓住市场过度反应所提供的买入机遇和卖出时机。

三、掌握逆向投资

我们必须认识到，理解一个理念和策略，与掌握该策略进行投资之间存在着巨大的鸿沟。现在，请大家试着思考以下

弱者体系

问题。

（1）我们试图充分利用市场周期，但市场周期真的可以被准确测量吗？为何我们认为自己能洞察市场的顶底，而其他人却无法做到？

（2）在市场恐慌时，是什么让我们保持冷静，不随波逐流；在市场亢奋时，又是什么让我们保持理性，不盲目跟风？

（3）逆向投资要求不随波逐流，不盲从市场情绪和公众观点。但既然市场和大众当时的普遍状态是如此，我们又凭什么自信能独立思考，在当时保持清醒的头脑？

（4）股票之所以能以低价买入，原因只有一个：其他人都在抛售。而人们抛售股票的主要原因是因为他们看到了潜在的甚至已经显现的风险。常言道，买的没有卖的精，你为何敢于买入这种充满风险的"劣质"股票？在这种时候，逆向投资要求我们与大众共识背道而驰，我们如何确定自己的理解相对于大众是正确的还是错误的？正确的可能性大还是错误的可能性更大？我们的自信源自何处？是否有坚实的基础？

（5）市场的过度反应，本质上是群体行为的综合表现，代表着市场中的共识。我们凭什么在那时能够独善其身，而不是成为其中的一员？当市场因恐慌而开始抛售时，逆向投资要求我们大胆买入。但问题在于，当众多资源更丰富、更聪明的人纷纷逃离时，股市带来的巨大心理压力扑面而来，我们为何自信自己能够抵御？还有买卖时机的问题：即便判断出了未来可能的市场逆转，但这个时间周期可能很长，这可能导致我们在底部买入过早或在高点卖出过晚。时机选择不当和判断错误的效果一样，在股市中同样会导致重大损失，那么我们认为自己如何能够正确把握时机，而其他人却做不到呢？

第九章
逆向思维与逆向投资

除此之外，关于逆向思维与逆向投资，我们还需深入探讨以下几个问题。

（1）人们常说"人往高处走，水往低处流"。在生活的各个领域，我们往往追求前往前景最佳的地区生活，选择那些前景光明的行业工作。在投资领域，我们通常偏好那些优质的行业和股票，同时对"劣质"的行业和股票持有排斥态度。然而，逆向投资却要求我们逆流而上，到公众情绪最为悲观甚至恐惧的领域去挖掘机遇，以尽可能低廉的价格买入看上去问题重重的股票。这些做法往往是逆人性的，那么逆向投资是否适合每个人？若要长期坚持，又需要满足哪些条件呢？

（2）有些人将逆向投资误解为必须与市场主流观点背道而驰，和市场中的大多数人唱反调，无论是在思维上还是投资行为上，总是刻意与大众共识相反。这种刻意追求逆向，甚至为了逆向而逆向的可笑做法，显然是错误的。如果大众共识总是错误的，仅仅因为与大众持相反立场就能确保盈利，那么长期来看，这个由大众共同参与的市场早就应该崩溃了，这难道不是自相矛盾的推理吗？

（3）逆向投资要求投资者在泡沫出现时期保持警惕，避免被过度乐观的情绪所左右。但这如何能够做到？诚然，有人或许会主张，我将始终维持保守的投资态度，从一开始就排除并远离所有高价和可能含有泡沫的股票。然而，这种做法很可能限制你在投资中实现超额回报的机会。在识别泡沫、利用泡沫的同时保持清醒，这需要一种微妙的平衡。它既是对认识论的考验，又是对方法论的挑战。

综上所述，逆向思维和逆向投资并非如许多人所想象的那般容易掌握。但如果你又陷入另一个认知的误区，认为逆向投

弱者体系

资仅适用于那些天赋异禀、凤毛麟角的投资者，那么你便陷入了神秘主义的迷思。

探讨如何培养逆向思维，探寻逆向投资的具体方法论，正是弱者体系接下来将深入解析的议题。

弱者体系主张在思维上进行升维，在投资操作上实现降维。例如，逆向思维体现了一种升维的思考模式，仿佛站在高处俯瞰周期的全貌和进程；逆向投资则需要降维的方法论来实施。在投资事件的发展、价格的波动以及买卖的时机上，都倾向于在周期钟摆的两个极端，即非混沌状态下进行。

逆向投资包含两个主要方面。

（1）掌握逆向思维的构成与应用，识别市场中的逆向因子。

（2）运用逆向投资的策略框架来捕捉超额收益。这涉及一系列方法论的选择，包括但不限于股票选择、资金配置、时机把握等。

第二节　逆向思维的构成要素

我们将从弱者体系的角度出发，对逆向思维进行一个全面的定义：逆向思维是对人类认知限制的识别，是对投资者行为偏差的观察和利用，是对群体噪声和共识的深入洞察，是对市场周期和回归性原理的深刻理解，是对概率思维的正确运用，是对情绪管理和自控力的积极贯彻，是对辩证法和证伪思维的科学实践。换言之，要想培养逆向思维的能力，就需要运用我们之前讨论的弱者体系中关于善弱的认知和方法论。

第九章
逆向思维与逆向投资

一、逆向思维是对认知限制的识别

对投资者认知限制的研究,包括有限注意力、记忆和直觉缺陷,部分解释了为何大多数投资者在市场泡沫或谷底时缺乏逆向思维能力。

例如,投资者每天都会接触到海量的信息。我们如今能够通过投资软件、聊天工具、媒体平台等多种渠道获得源源不断的信息和数据,常常面临信息过载的困境。在处理这些信息时,由于确认偏误,我们往往对信息进行过滤,并带有偏见。从一开始,大多数投资者便将有限的注意力集中在自己持有的少数股票上,忽略了几乎所有其他未关注的信息,并预先形成了自己的信念和立场。在这种情况下,即使观察到投机热潮,投资者也倾向于将证据解读为符合自己期望的样子,从而不经意间成了"群体"中的一员,并参与到了投机热潮之中。最终,他们的想法和行为与市场中的群体趋同,失去了逆向思维的能力。

在面对市场这种充满不确定性的环境时,投资者往往在行情大幅波动的紧张情景下,更倾向于依赖记忆和直觉来做出决策。客观事件在情景重构和峰终定律的影响下被扭曲,而直觉作为一种情绪反应,其速度远超理性,它在不为人知的情况下影响着所有投资者的判断。因此,本应通过逆向思维谨慎分析的事件本质,常常被因记忆和直觉缺陷引发的易得性启发或替代偏差所取代。

二、逆向思维是对行为偏差的观察和利用

逆向思维虽然表面上看起来简单,但实际操作却颇具挑战

弱者体系

性，这主要是因为它涉及行为偏差和市场噪声的问题。投资者常常会陷入习惯性的偏差判断，而许多人甚至没有意识到这些偏差陷阱的存在。在市场中，投资者往往反复犯错，直到他们的判断与市场结果严重不符。众多典型案例揭示了行为偏差如何持续地诱使投资者在市场崩溃前买入那些看似炙手可热的股票，以及为何他们持续持有高亏损风险的仓位，并与市场趋势对抗。这些因素解释了为何能成功运用逆向思维的人寥寥无几，运用逆向思维的投资者必须不断观察市场中其他人的心理和行为偏差，以及由此产生的市场噪声。这正是弱者体系专注于研究行为偏差与噪声的原因，因为它们是掌握逆向思维的关键基础。

实际上，大多数缺乏系统性善弱训练的投资者很难规避行为偏差的种种陷阱，也难以抵御市场噪声的干扰。逆向思维要求投资者时刻警惕，避免受到损失厌恶、过度自信、锚定效应等行为偏差的影响。

损失厌恶心理可能会抑制逆向思维的发展。我们已经认识到，损失所带来的痛苦是盈利带来的快乐的两倍。在这种心理作用下，投资者往往倾向于购买那些处于上升趋势的股票，即那些在买入当天或未来短期内预期会上涨的热门股。而逆向思维则鼓励投资者关注那些被负面情绪所笼罩，通常处于下跌通道中的股票。在买入这些股票的当天或未来一段时间内，股价往往大概率会下跌，导致浮亏，这种行为自然会触发损失厌恶。如果缺乏对损失厌恶这一"弱点"的认识以及克服它的方法论，大多数人将难以克服这一心理障碍，从而无法长期坚持逆向思维。

此外，在逆向投资中，由于投资者往往选择冷门股，随着

第九章
逆向思维与逆向投资

时间的推移和股票数量的增加，总会出现一些不利事件，导致公司或行业的前景发生戏剧性的恶化。在这种情况下，迅速抛售以减轻负担是减少损失的直接方法。然而，在处置效应的影响下，投资者往往因为"不肯割亏"的心理而丧失行动力，这反而会放大他们投资组合的风险。

过度自信同样会成为逆向思维的障碍。那些过度自信的个体往往过分依赖和信任自己的知识、经验和思维方式，坚信自己已经洞悉问题的核心和找到了正确的解决办法，因而不再愿意进行更深入的思考和探索。这种心态导致他们在面对问题时，难以跳出既有的思维模式，缺少从对立面审视问题的意愿和动力，从而妨碍了逆向思维的形成。

锚定效应同样会对投资者对逆向思维的准确理解和运用产生影响。逆向思维要求个体在思考过程中能够灵活地转变思维路径，从传统的思维模式切换至相对立的思维模式。然而，锚定效应往往会使人们的思维在某种程度上被束缚于最初的锚点，难以实现思维路径的灵活转变。当个体尝试运用逆向思维来分析问题时，他们可能会受到锚定信息的干扰，不自觉地回到以锚点为基准的常规思维模式，进而妨碍了逆向思维的顺畅实施。

以一家科技股公司为例，其股价近期一直稳定在每股60元，市盈率达到100倍的水平。然而，某日突然传出创始人遭遇车祸的新闻，股价在接下来的两天内暴跌20%，降至每股48元。随后，创始人公开露面，向媒体透露自己仅受轻微擦伤，身体并无大碍。一位投资者迅速在48元的价位买入，认为这是逆向投资的良机。但股价并未止跌，反而继续出现大幅下跌。实际上，即便跌至48元，该科技公司的股价依然被高估。投资者之所以认为 48 元是抄底的好时机，是因为他错误地将一段时间内的震荡价格视为合理价格，这正是所谓的锚定效应陷阱。事实上，车祸发生后，包括机构投资者和消息灵通人士在内的市场参与者很快就得知这是一起轻微事故。股价的大幅下跌，实际上是由于公司产品被客户发现存在严重设计缺陷，加之公司产品线单一，估值过高，机构和主力投资者利用车祸的掩护进行了抛售。

三、逆向思维是对群体噪声和共识的深入洞察

金融市场中的群体共识，有时候对我们来说是一种强有力的噪声。逆向思维要求投资者必须具备独立思考的能力，能够在大多数人不看好的情况下，洞察潜在的投资价值。在大多数人看好时，识别潜在的风险。这需要投资者能够辨识市场中群体的非理性共识，并在恰当的时机进行投资。但必须注意，逆向思维的运用并非简单地反其道而行之，盲目坚持与群体相反的意见是对逆向思维的误用。因此，如何科学地评估群体共识的正确性，是弱者体系必须深入探讨的问题。

（1）我们必须认识到人类天生具有群体性特征和共识，这体现在普遍存在的从众心理和情感的传染性上。人类对群体意见极为敏感，情绪的传染效应极为强烈。一般情况下，群体的狂热会导致个人狂热，群体的恐惧会引起个人恐惧。

（2）人类明显受到权威效应的影响，并且对社会认同极为重视。

这向我们揭示了两个重要的观点。

（1）我们不应盲目自信，认为自己不会受到群体共识的影响，从而陷入群体的狂热或恐惧之中。逆向思维需要借助科

第九章
逆向思维与逆向投资

学的方法论来应对群体共识对自己的影响。

（2）对于群体共识，我们不应一概而论地排斥，因为大多数时候它们是正确的，而应运用科学的判断来评估共识的正确性。

那么，如何判断哪些群体共识是正确的，哪些又是非理性的呢？让我们直接给出结论。

（1）通常情况下，在股市周期的两个极端阶段，群体共识往往是错误的。

（2）要看群体共识的形成环境和背景是否遵循了决策卫生的原则，从而有效避免了噪声干扰。

（3）当群体共识演变为群体极化，并伴随着一致性预期出现时，通常是非理性的显现，也是市场转折点即将来临的信号。

关于（1）和（2）这两点，我们已经在之前的章节中进行了深入的讨论。接下来，我们将对市场中的一致性预期进行详细分析。

在金融市场中，一致性预期指的是大多数市场参与者对于特定经济指标、市场趋势、行业发展、公司业绩以及股票价格动向等未来情况所形成的集中、鲜明且一致的预测或观点，并且这种共识往往会对相反的信息和观点产生压制或忽视。

一致性预期在某种程度上可能会引导市场向自我实现的预期方向发展。但需注意，在股市中，一致性预期的自我实现并非是指基本面事件的实际发生，而是股票价格向预期方向的自我实现。由于所有参与者采取同步行动（如集体买入或集中抛售），这可能导致市场反应过度，从而引发市场泡沫或价格动荡。

同时，一致性预期意味着市场参与者的资金流向和买卖行为趋于一致，并接近完成。此时，市场中潜在的买卖力量非常有限，推动价格涨跌持续的力量也相应减少。这表明，如果实际结果与预期相符，市场将缺乏进一步推动原有趋势的资金动力。然而，如果实际结果与一致预期有显著偏差，通常会引起市场价格大幅向反向调整。在一致性预期之后，市场趋势往往会发生逆转。

因此，逆向思维所言"大多数人总是错的"，并非指人们在股市日常的普遍判断和想法是错误的，而是指在股市周期的极端阶段，尤其是当群体一致性预期形成之后，此时的群体共识往往不准确。

逆向思维鼓励我们在市场表现出一致性预期时，便应启动逆向思维，寻找证伪性的证据。我们必须保持警惕，甚至要"草木皆兵"，对任何潜在风险保持敏感。

那么该如何观察一致性预期呢？显而易见，市场一致性预期的形成往往伴随着对辩证思维和证伪思维的忽视。例如，基本看不到负面的新闻报道，对立的观点也难以引起市场的关注和兴趣。在投资交流平台、投资交流群、卖方研报上观察一致性预期是一个极佳的途径。例如，在大多数情况下，非金融媒体不会对金融市场或个股发表评论，一旦这些媒体大量报道某一市场或个股消息，我们必须高度关注。这表明信息的传播已进入最后阶段，而各环节上的参与者即将完成他们的投资行为。

四、逆向思维是对周期和回归性原理的深刻理解

股市泡沫的顶峰通常出现在股市周期的顶端，而恐慌的终

第九章
逆向思维与逆向投资

结往往位于股市周期的底部。周期的位置及其进程方向对于逆向投资的重要性是显而易见的。弱者体系认为，在市场趋势中，群体的共识往往是正确的。但在周期的两个极端，群体共识往往是错误的。这貌似是一句"正确的废话"，但大家细想，一旦你能判断周期的两端，这句话立时就变成了一颗硕大的金子。所以，逆向思维要融入周期思维中去运用。

从整个股市周期循环的角度看，荒谬的股价总会被整体的合理行为所修正，但过程往往经过剧烈地演绎和调整来实现。如果想在投资中平稳地滚雪球，识别周期是不可回避的话题。有效市场假说认为，泡沫是难以预测的。尤其是前美联储主席格林斯潘的著名论断："在泡沫形成之前，很难准确地识别出泡沫，只有在泡沫破裂后，我们才能确认其存在。"这一观点得到了许多人的认同。然而我认为，这种不可知论忽视了对市场周期本质的理解。

没有周期概念和周期工具，试图进行逆向投资是不现实的。例如，在周期的顶部，你比大众稍稍保守一些并不是真正的逆向，依然面临着巨大的风险。同时，在周期向上的进程中，如果你还保留着在周期底部的保守思维，那么很可能面临踏空风险。在周期的底部，你需要比大众更加乐观大胆一些才能买到足够的仓位，所以逆向思维不是简单的乐观主义。在周期顶部，你要比大众更加清醒和敏感才能及时远离风险，所以逆向思维也不是简单的保守主义。同时在周期下行的进程中，你以为的抄底往往抄在半山腰上，之后的损失一样惨重。所以逆向投资不是抄底，逆向思维更不是在下跌趋势和大众卖出洪流中简单逆向而行。

综上所述，逆向思维的运用必须结合周期的视角。在进行

弱者体系

逆向投资时，我们应将估值、选股、买卖时机等关键要素置于周期的位置和进程中进行考量。借助第七章所提供的理念与工具，我们能够大致判断周期的位置和进程方向，这就足够我们将其应用在逆向思维中。

五、逆向思维是对概率思维的正确运用

在积极的方面，概率思维能够协助投资者在贪婪或恐惧情绪的影响下，对市场趋势及其逆转保持清醒的认识。然而，在消极的方面，概率谬误可能会干扰逆向思维的有效运用。

对于那些伴随着强烈情感诱惑的"一夜暴富"预期，投资者往往被"可能性"所吸引，而非其实际概率。正如买彩票中500万元的概率极低，但它依然对彩民具有巨大的吸引力。对可能性的渴望使得人们对概率的敏感度降低，当投资者对某只股票的未来抱有强烈情感时，他们有时愿意支付远超其价值50倍甚至100倍的价格，将极小的概率寄托于巨大的欲望之上，这正是股价在泡沫时期飙升的主要原因。只有具备概率敏感性，才能真正触发逆向思维。

基率谬误导致许多投资者在投机狂潮中失去理智，缺乏逆向思维。众多被激励去追求下一个腾讯、下一个特斯拉、下一个宁德时代的人们，往往忽视了这些耀眼企业的巨大成功，不仅得益于当时行业和政策所特有的有利环境，而且它们只是众多同行中极少数脱颖而出的企业。同时，那些被成长热情所裹挟的投资者也未深思，历史上每一次科技泡沫破灭时，大多数科技股都暴跌九成，许多甚至走向了破产清算。像腾讯、特斯拉、宁德时代这样的"成功案例"仅是可能性的体现，真正决定你投资收获的是该行业中企业成功的基率，它代表了一项

第九章
逆向思维与逆向投资

投资最可能的收益或亏损，以及一个投资组合的长期回报。

理解回归谬误对于培养逆向思维至关重要，这有助于投资者避免被个股或市场在短暂脱离历史趋势的近期表现所误导。当投资者沉浸在特定趋势中，专注于短期市场动态时，他们往往忽视了回归性，从而无法清晰地识别长期趋势。对于投资者而言，普通股的长期收益率是必须铭记在心的关键数据。然而，历史反复证明，在每个牛熊周期中，受贪婪和恐惧驱动的人们常常将市场的暂时偏离视为新常态——并高呼那句耳熟能详的口号："这次不一样！"

以小数谬误为例。许多投资者倾向于基于有限的样本建立信念或策略，却未意识到这些样本很可能是随机性的结果。例如，众多研究表明，在一段时间内表现最佳的基金往往在随后的时间段表现不佳，但大多数投资者仍然会追随潮流，抢购那些在上一年度表现出色的基金，这与逆向思维的原则背道而驰。

六、逆向思维是对情绪管理和自控力的积极贯彻

逆向思维要求我们突破认知局限和行为偏差的"弱"，并避免被群体情绪所感染或左右。在这一过程中，我们可能会遭遇外界质疑、权威影响以及群体认同压力。为了有效地运用逆向思维，我们必须展现出强大的自控力，保持冷静和坚定，不受外界干扰，坚持独立思考和判断。

在逆向思维中，辩证思维和证伪思维的运用往往要求我们深入探究问题的核心及其多种可能性。这要求我们必须具备一定的耐心和专注力，以便能够长时间持续地进行思考。自控力有助于我们维持这种专注和耐心，不断深入挖掘问题中的深层信息，从而更全面、深入地应用逆向思维。

弱者体系

第三节　逆向思维与辩证思维

许多人在投资时往往缺乏辩证思维。然而，我们要培养逆向思维，必须对辩证法有所认识，理解到事物总是具有正反两面的共存性。在古代，这被称为"道"。那为何运用逆向思维需要强调辩证思维呢？

一、辩证地看

逆向思维鼓励我们在投资时采取辩证的视角。辩证地分析问题意味着，无论我们看到的是正面还是反面，预期的是积极还是消极，我们始终要明白，这两面是相互依存、共同存在的。在分析和评估问题时，我们必须意识到，事物总是具有正反两面性的。市场的上升趋势中隐藏着下跌的可能，乐观情绪中潜伏着悲观的种子，经济繁荣中孕育着衰退的迹象。这些对立面如同硬币的两面，正是辩证法的体现，辩证思维也是逆向思维的构成要素之一。

"反者道之动"意味着市场中对立的两面是相互依存、互为因果的关系。市场的正确性并非意味着其事实和方向是单一不变的，而是指在特定阶段，它向投资者展示的可能是单一的表象。因此，在上涨的趋势中，一定要有下跌的思考；在乐观的判断中，一定要有悲观的洞见。只有同时了解了事物共存的两个面，才能真正地看清当前显现的一个面。我们必须首先承认市场的正确性，然后才能揭示其潜在的不正确性。这里的不正确性指的是市场或公司可能发生的反转逻辑，它是逆向思维

第九章

逆向思维与逆向投资

的出发点。

缺乏辩证思维，投资者就会在股价上涨时只看到积极的一面，从而在贪婪情绪的驱使下，无意中成为推高泡沫的力量；同样，在股价下跌时，若只关注消极的一面，又可能在恐惧情绪的裹挟下，加入恐慌抛售的行列。这种现象在市场上屡见不鲜：当股价持续攀升，买家纷纷跟风买入，不断累积风险；而当股价下跌或出现"低价待售"时，却鲜有买家愿意出手。

二、投资中的辩证法

辩证法主要包括以下三个基本原理。

（1）对立统一。事物内部存在着相互对立的两个方面，它们在斗争中相互依存、相互转化。

（2）量变到质变。事物的发展变化是通过数量的积累达到一定阶段后引起质的飞跃，如复利效应。

（3）否定之否定。事物的发展是一个螺旋上升的过程，通过不断的自我否定达到更高的发展阶段，这类似于投资成长的过程。

在成功的投资策略中，辩证法的智慧无处不在。例如，逆向投资在执行时需"顺势而为"，即要在投资操作上积极地识别行情趋势并顺应趋势。这看似自相矛盾，实则体现了辩证法的精髓。关于这一点的详细分析，我们将在本章第六节进行深入探讨。

以盈利与亏损为例，在投资领域它们构成了对立统一的关系。许多长期有效的策略，如日内交易、CTA趋势跟踪策略等，其核心特征是低胜率伴随高赔率，但总体上保持盈利的正

弱者体系

期望。换言之，这些策略的盈利基础建立在一系列更频繁的小额亏损之上。若投资者无法接受这些小额亏损，那么长期稳定盈利将难以实现。

例如，对于大多数日内长线交易策略而言，投资者往往依赖于少数高收益的交易来实现整体的盈利目标。这些策略统计上常常低于40%的胜率，即在大约六成的交易日里，日内长线交易策略可能都会遭遇亏损。在等待那些能够带来较大利润的机会过程中，他们必须准备好承受更多次的小额亏损。亏损的交易次数往往多于盈利的交易。投资者需要依靠少数但收益丰厚的交易单来抵消那些频繁但亏损较小的交易单，以此来实现最终的利润。

在市场中，无法承受亏损，便无法实现盈利，这正是辩证法的体现，却与人的本性相悖。虽然这个道理容易理解，但对于大多数投资者来说，在获得连续盈利之前，保持冷静并忍受一连串的亏损交易并非易事。投资者在经历一系列亏损后，往往会感到沮丧和怀疑。在趋利避害的本能的驱使下，投资者常常会偏离既定策略，试图通过主观操作来规避那些看似会导致亏损的交易机会。然而，任何试图主观避免小额亏损的行为，同样可能会错失获取高额回报的机会，这种做法无异于因小失大。

采用低胜率高赔率策略时，收益曲线虽然在长期总体呈现上升趋势，但短期的波动却往往令人难以捉摸。连续的亏损会使得收益曲线短期持续下滑，然而一旦出现盈利较大的交易，收益曲线便能迅速反弹。随后，它又会重新步入下降轨道，静待下一次盈利机会的来临。这种类似过山车的收益波动模式，在很大程度上会影响投资者的情绪，让人感到不

第九章
逆向思维与逆向投资

适。在心理层面，投资者是否能够保持冷静，坦然接受这种盈亏的起伏波动，是决定其是否能成功运用这些策略的关键因素。

以著名的"海龟交易法则"为例。对许多投资者而言，海龟系统的退出策略是投资策略中最难以忍受的部分。投资者需要等待市场从高点创下10日或20日新低后才能退出，这通常意味着要眼睁睁地看着20%、40%，甚至100%的丰厚利润迅速消失。当频繁遭遇这种回撤后，大多数投资者会感到强烈的冲动，想要提前退出，一旦屈服于这种冲动，就会在试图规避小亏损的过程中错失把握真正大趋势的机会，从而无法实现长期的成功。

这正是辩证法的精髓所在！只有那些能够忍受利润蒸发，坦然面对收益回撤的投资者，才能最终获得真正的成功。投资者必须精通辩证思维，并且需要极强的纪律性和自控力。

逆向思维不仅适用于逆向投资策略，它同样能够为套利和成长股投资提供帮助。正如冯柳所言："有时不那么充分的上涨也可能是另一种负面思考。"以一个例子来说明，即便你投资的是一个处于高度景气行业的高成长股，你也应当持续关注市场定价中是否存在逆向因子，这关乎股价是否具备进一步上涨的潜力和空间。如果市场中缺乏任何逆向因子，且充斥着正面情绪和认知的推演，那么你就不应继续沉溺于股价持续上涨的乐观预期，或为自己设定一个更高的盈利目标；相反，你应该为可能到来的趋势逆转做好心理准备，并在操作上制订出有序且从容的退出计划和策略。将逆向思维应用于成长股投资，实际上也是辩证思维的一种体现。

弱者体系

第四节　逆向思维与证伪思维

一、认识证伪思维

证伪思维同样是逆向思维的重要构成要素，逆向思维是对证伪思维的科学实践。

卡尔·波普尔是20世纪杰出的哲学家，他提出的证伪论是科学哲学领域的一个核心理论。波普尔最著名的观点是：科学理论的验证并非通过累积肯定性的证据来实现，而是通过尝试证伪来完成。以天鹅为例，若要检验所有天鹅是否都是白色的，研究者不应专注于寻找更多的白天鹅，而应寻找黑天鹅。因为发现一只黑天鹅就足以推翻原先的判断。

波普尔的证伪论颠覆了传统的证实主义观点，提出了一种全新的理解投资的方法论，对我们的弱者体系提供了重要的启示。在投资领域，我们可以在证伪思维的指导下跟踪我们的投资决策，以避免因证实倾向而导致的投资片面性。市场是混沌的、投资是复杂的、结果是关乎真金白银甚至财务自由的。因此，在相信任何事物和建立任何信念之前，应保持怀疑！并应从证伪的角度出发，去维护我们的信念！

为了验证一个投资逻辑或计划的可行性，关键在于确保该逻辑或计划具备可证伪性。优秀的投资逻辑和计划不仅能够提供清晰的预测或判断，还必须是可证伪的，并且能够明确指出验证的事件或节点。

在投资领域，可证伪性的标准强调：投资逻辑的表述应当

第九章
逆向思维与逆向投资

遵循一个基本原则——预测必须是可以被跟踪并证明其错误的。一个完善的预测不仅要告诉我们哪些事情将会发生，还应当明确哪些事情不会发生。如果出现了预测中不会发生的事情，我们就收到了一个明确的信号——这个预测和投资逻辑存在问题，可能需要修正，甚至重新评估。因此，在投资过程中，设计和设置能够证伪自身逻辑的模型或验证点是至关重要的。

二、证伪思维在投资中的应用

在证伪思维的框架下，投资决策建立在一系列假设之上，并在投资过程中持续寻求证据以质疑这些假设。一旦我们遇到能够反驳某个假设的证据，我们便会毫不犹豫地舍弃该假设；相反，如果未发现能够反驳的证据，我们则继续维持这些假设，并且不懈地寻找可能颠覆它们的新证据，这种做法应贯穿于投资的每一个阶段和每一个关键时刻。

在投资领域应用证伪思维，主要涉及以下五个核心要点。

（1）可证伪性原则。若投资逻辑无法被证伪，则不应被采纳；若一笔投资无法被证伪，则不应继续持有。换言之，买入和持有的逻辑必须具备可证伪性。并非所有包含预测的投资逻辑都具有同等价值，可证伪性越强，逻辑越明确，这样的投资预测和逻辑就越值得信赖。即便一个预测或逻辑被证伪，它们依然具有重要价值，因为这表明原有的投资逻辑需要调整或更正。投资者应具备专业知识或调研途径，以获取关键数据，如目标公司的市场地位、竞争格局、行业潜力以及产品的有效性等。有了这些数据，投资者才能在数据与预期不符时，采取减仓或卖出等应对措施。如果支撑买入决策的预测或逻辑缺乏可跟踪的数据，那么这项投资本质上就是一种盲目的投机。

（2）证实与证伪。在投资过程中，证实指的是通过新证据来支持现有的投资立场，而证伪则涉及寻找与现有立场相悖的证据。在持有投资时，关键不在于不断寻找正面信息来"证实"自己的投资决策——这是普通投资者常犯的错误，即证实偏差（也叫确认偏误）。相反，重要的是持续寻找可能的负面信息来"证伪"自己的预期或逻辑。一个投资方案必须能够经受住各种质疑和证伪的考验，只有在证伪过程中没有发现足够的证据来推翻原有的预期时，该投资的立场才是稳固和正确的。

（3）贝叶斯更新。市场是混沌无序的，技术革新、市场需求、行业格局、公司基本面也在持续演变，每项投资都是一场贝叶斯更新下的动态的评估过程。因此，任何一项投资都是暂时性的，需要不断地经受证伪的检验，这一观点也凸显了投资的动态本质。

（4）预测负荷。证伪论同样关注投资中的预测负荷，即在阐述一项投资的预期和持有逻辑时，可能会引入的预测数量。过多的预测可能导致证伪过程变得复杂，从而降低投资的可证伪性。如果一项投资依赖于大量预测作为基础，而这些预测又缺乏严格的渠道或时间节点去证伪，那么投资失败的概率将远高于成功。

（5）背离识别。在投资领域，运用证伪论的核心在于识别背离现象。所谓投资中的背离现象，是指在商业地位、市值、股价、成交量、技术分析、财务指标等众多指标持续变化的过程中，当其中任意两种指标展现出相反的走势时，便形成了背离。背离现象多种多样，包括但不限于商业地位背离、市值背离、量价背离、技术分析背离、财务指标背离等。

第九章
逆向思维与逆向投资

在《逆向投资策略》一书中，作者大卫·德雷曼讲述了一个生动的案例：2009年10月，eToys.com，一家在线销售玩具的互联网公司，其市值达到了107亿美元，是当时全美拥有数百家实体零售店的最大玩具零售商"玩具反斗城"市值的三倍。然而，eToys.com的销售额却不到玩具反斗城的1%，这正是一个典型的市值与实际业绩严重背离的例子。

事实上，若我们在投资过程中运用证伪性思维，我们的投资收益将显著提升。只要我们不被"希望投资符合个人预期"的冲动所束缚，就能领先于市场上的其他投资者。当我们的投资逻辑与观察到的现实发生冲突时，我们应当及时调整自己的投资逻辑和预期，而不是否认事实或坚持错误的信念。

第五节 逆向投资的优势和必要

一、超额收益本身来自于逆向

在探讨超额收益的猎场中，我们了解到价值效应来源于市场对不利消息的过度反应。这种现象还被提炼为一个理论——投资者过度反应假说。该假说阐述了投资者倾向于以一种可预测的方式对特定的投资事件做出过度反应。在遭遇突发事件后，市场进行的修正行为往往会导致价格发生显著的反向运动，逆向投资者可以利用这一市场行为来获取利润。借助这种过度反应来实现超额收益的关键，在于寻找那些逆向因子，即过度反应的迹象和证据。

过度反应假说包含三个主要推论。

（1）根据过度反应理论，投资者往往会高估热门股的价值，同时低估冷门股的价值。他们倾向于简单地将过去趋势外推至未来，形成过于单一的正面或负面预期，这导致热门股价格被推至不合理的高位，而冷门股则因过度折价而被低估。

（2）投资者在预测热门股时往往表现出过度乐观，而在预测冷门股时则持续保持过度悲观态度。这种预测偏差意味着股票的实际基本面发展与投资者预期之间将出现差异，进而引发收益异动，而这种异动通常对冷门股有利。

（3）从长期来看，无论是热门股还是冷门股，最终都会趋向于价值回归。这一现象归因于市场对收益异动的反应和对过度反应的自我纠正，导致热门股在长期表现中普遍不尽如人意，而冷门股则在长期投资中展现出更好的表现。

二、预测的不可行成就逆向投资

随着投资行业日益专业化和规模化，大型投资公司、证券公司以及卖方机构每年投入数以千万计的研究预算。他们招募来自顶尖学府的精英担任研究员或分析师，投入大量时间和资金对行业和公司进行深入调研，其研究范围涵盖了大多数热门上市公司。加之像 Wind 这样的互联网数据和资源平台的兴起，许多投资经理能够获得在线乃至实时的研究支持。研究的深度和广度不断加剧，目的无非是力求对行业或公司进行精准预测，从而在信息获取上占据优势。

然而，预测永远不是一门精确的科学。参与这种预测内卷，实属出力不讨好。众多实证研究已经证明，对于股市，能够长期做出精确预测的可能性微乎其微。从统计角度来看，分析师长期的预测误差一直居高不下，甚至高达40%，这样的

第九章
逆向思维与逆向投资

误差足以混淆经营一般的公司和成长性公司。大多数分析师的预测仅仅是对将当前趋势进行简单的线性外推，但现实中的公司经营绝非线性，真实收益与预期收益的相关性非常微弱。

此外，为了迎合市场，许多上市公司试图让收益呈现出持续且平滑上升的趋势。管理层可以通过多种财务手段来实现这一目标，以期呈现出收益稳定增长的景象，这也是导致预测难以准确的一个因素。

许多投资者包括专业机构都在进行难度极大的收益和基本面事件预测，为了评估"最佳"股票，对未来的增长预测必须极为精确。然而，这些预测的可靠性实际上非常低，且预测一旦失误，可以预见的后果便会随之而来。我们也清楚，当热门股的收益未能达到预期时，这一收益变动的消息会在极短的时间内对股价造成灾难性的影响。请记住，所有基于精确预测的投资策略表现都不尽如人意！这是善弱者必须具备的基本认知！

综上所述，依赖于任何精确预测的股市投资策略都是不可行的。当前的关键问题在于，我们应如何应对这一挑战？答案是，我们需要一个不依赖于对公司收益进行精确预测和估值的策略，这便是逆向投资。它仅需结合逆向思维和基础的估值，几乎不依赖于预测，甚至在一定程度上利用了股市中普遍存在的因精确预测所引发的收益异动。

第六节　逆向投资策略的概述

在前文中，我们探讨了逆向思维的构成要素，并介绍了逆向投资的优势。现在，让我们深入解析逆向投资的方法论。简

弱者体系

而言之，在弱者体系中，逆向投资策略可以概述为五个方面：低估是最好的逆向，分散以提高组合胜率，可证伪的逆向因子是逆向思维的结晶，价值效应中的收益异动是其超额收益的来源，需要辅以正确的风险管理手段。接下来，我们逐一展开讨论。

一、低估

低估是最好的逆向。选择那些价格远低于其内在价值的股票，本质上就是一种逆向思维的体现。在面对市场中的种种不确定性时，估值低是长期收益的一种保障。

这自然引出了股票估值的问题。关于这一点，我们在第八章已有详细的讨论。评估和比较证券是否被低估的过程并不复杂，可以通过参考诸如低市盈率、低市净率，以及低市现率（即市值与自由现金流净额的比率）等指标来进行。但这里需要重申的是，真正的低估往往需要辅以逆向思维来加以验证。

弱者体系建议投资者在进行估值时关注三个重点。

（1）在估值过程中，建议投资者不要仅依赖单一的估值方法，而应采用多种方法相互验证的方式，以增强估值的准确性。

（2）在应用估值方法和指标时，应遵循经济逻辑、市场共识和简洁性三大原则，正如我们在先前章节中所强调的"一眼看胖瘦"的估值思维。长期使用复杂、自创或声称具有神奇效果的估值指标，并不会对投资效果产生积极影响。

（3）在进行估值时，应采取逆向思维，并结合股市周期的位置和进程进行综合考量，这样可以更准确地分析估值。

二、分散

低估不是逆向投资提高胜率的必然保证，加上充分的分散才是，"低估+分散"才能从长期维持逆向投资的正期望。

被低估的股票除了在市场周期的低谷期普遍出现外，在其他时期，市场所给予的低价往往有其客观的原因。这其中既蕴含着价值，又可能隐藏着陷阱。明智的投资者首先应承认，任何选股策略都可能在逻辑判断或估值分析上犯错。任何单一的投资策略都可能遭遇特定风险，如公司管理问题、行业风险或经济周期的波动。通过分散投资，投资者可以降低这些特定风险的影响，将个别选股失误带来的损失风险降至最低。这样，即便某些股票表现不佳，也不会对整个投资组合造成重大影响，从而确保组合的业绩更加稳定。因此，分散投资是逆向投资的风险缓解器和业绩稳定器。

此外，逆向投资往往是一种长期的投资策略，它依赖于公司经营的反转和市场最终识别出股票的真实价值。作为逆向投资的目标，这些股票在初期通常不被市场看好，因此价值重估的过程往往非常缓慢，有时可能持续数年之久。价值重估的过程绝非一帆风顺，许多可能长时间停滞不前，甚至持续下跌，然后在短短几个月内突然实现价值重估和价格的上涨。对于投资组合而言，分散投资具有其独特的优势，即"东边不亮西边亮"，如果集中投资的标的长期无法实现价值重估，这将严重影响投资者的信心和判断力。通过分散投资，投资者能够更好地维持长期投资的信心，避免被短期波动所左右。

从概率思维的角度来看，鉴于市场的混沌与复杂性，没有任何投资能够确保绝对的成功。即便是日常生活中看似确定的

弱者体系

事件，也可能受到随机性（事先可预见但概率极低的事件）或不确定性（事先无法预见的事件）的影响。根据凯利思维，即便是最优质的投资标的，也不应投入全部资金。历史数据显示，无论是国内还是国际股市，每隔数年，市场总会遭遇极端行情，此时集中投资可能会遭受致命打击，中断复利增长的奇迹。

在应对市场波动方面，不同市场、不同流动性、不同行业的股票往往具有不同的风险特征。当某些股票价格上涨时，其他股票价格可能正经历下跌。某些市场或行业可能会出现短期或长期的超额回报，若仅限于集中投资，就可能错失这些提升收益的良机。通过分散投资，可以覆盖更广泛的市场和行业，从而捕捉更多机会。总体来说，分散投资有助于在多变的市场环境中保持收益的稳定性，并增强投资组合抵御市场波动的能力。

尽管善弱者深入研究了投资中的各种行为偏差和市场噪声，但必须保持清醒认识：我们无法完全避免这些偏差和噪声的影响。在这一方面，分散投资能够有效地避免某一类偏差和噪声的集中影响。另外，分散投资还从结构上对偏差和噪声进行了控制，如集中持仓更容易引发损失厌恶和禀赋效应等问题。

在具体的分散策略上，其核心原理并不复杂，主要涉及相关性分散和数量分散两个方面。例如，通过购买不同种类的证券（包括债券、股票、商品等），可以在相关性维度上实现投资组合的分散化。如果你是一位兼职投资者，拥有固定职业，那么从家庭总资产分散化的角度出发，你应该尽量减少持有自己所在行业，尤其是自己所在公司的股票，因为你已经在公司中投入了资本（人力），并且持续从中获得收益。如果进一步增加本行业中的投资,实际上就损失了投资组合在相关性维度上的分散化优势。

即便仅投资股票市场,通过购买10只不同行业、不同规模公司的股票,也能有效地分散投资风险。一只宽基指数股票基金同样能够实现分散投资的目的,但若是一个投资组合仅包含10只科技股股票,则不能算是分散化的投资组合,因为它仅在数量上分散,而缺乏相关性维度的分散。同样,一个仅由一只股票和一只债券构成的投资组合,也不能算是分散化的投资组合,因为它只实现了相关性分散,而没有在数量上进行分散。

综上所述,逆向投资策略之所以强调充分分散,是为了更有效地管理风险,提升投资组合的稳定性,并坚持长期投资的方针。通过分散投资,投资者能够更有效地应对市场的波动和不可预测的事件,进而达成其投资目标。

三、逆向因子

逆向投资不仅要求我们识别出被低估的股票,还要求我们探究导致其被低估的根本原因。由于市场定价通常具有很高的效率,若一个看似"低估"的股票背后,并没有认知限制、行为偏差、市场噪声、概率谬误、股市周期、被动去杠杆或流动性枯竭等逆向因素的影响,那么它被错误定价的可能性就会降低,存在价值陷阱的风险则会相应增加。这些导致错误定价的逆向因素,被弱者体系定义为逆向因子。

逆向投资的潜在回报与先前导致股票错误定价的逆向因子数量以及未来可证伪的反转程度成正比。例如,在市场对某家公司持极度悲观态度时,如果该公司的前景或投资者情绪发生

弱者体系

逆转，逆向投资者通过持有该公司股票获利的可能性将相应提高。逆向因子越多，其可证伪性越强，相应的回报也越丰厚。寻找可证伪的逆向因子是逆向投资策略的核心。当跟踪的可证伪逆向因子出现变化时，投资者往往能在股价上实现超额回报。

发现逆向因子，便能在公司基本面或股价处于左侧时逆向投资，有助于提升投资的赔率。那么，如何寻找逆向因子呢？我们可以从投资者的认知限制中寻找，在群体行为的偏差中寻找，在市场噪声中寻找，在辩证法和证伪的过程中寻找，在概率谬误中寻找，在周期性的高低两个极端寻找，在贪婪或恐惧等情绪失控中寻找，在流动性危机和被动降杠杆的市场机会中寻找。

此外，逆向因子的跟踪必须具备可证伪性，这是逆向策略可逆转的关键。在此过程中，证伪思维的运用至关重要。首先，逆向因子的可证伪性跟踪必须基于"善弱"的科学观察，而非仅凭直觉、期望或群体预期等寻找不切实际的希望。其次，即便逆向因子的可证伪性是科学的，若缺乏资源和渠道进行及时跟踪和验证，那么对于投资者而言，它同样不具备可证伪性。

逆向投资大师邓普顿曾言："牛市在悲观中诞生，在怀疑中成长，在乐观中成熟，在兴奋中死亡。"这些情绪——悲观、怀疑、乐观、兴奋——正是滋生逆向因子的土壤。

逆向因子是逆向投资的种子。对于每一笔投资，如果我只能问研究员一个问题，那么我会问："市场价格里现在包含着哪些可跟踪可证伪的逆向因子？"

第九章
逆向思维与逆向投资

四、价值效应中的收益异动

逆向投资的超额收益建立在价值效应的基础上。所谓收益异动，实际上是价值效应的一种具体表现形式。它指的是市场参与者对特定行业或个股收益的普遍预期，这种预期通过价格博弈形成了暂时的市场共识。然而，当上市公司公布的实际收益数据与市场预期不符时，投资者往往感到意外，导致价值重估和价格的重新调整。换言之，在实际收益公布之前，市场参与者对个股盈利的预测或对行业景气度的预期往往存在偏差，这种不准确的预测和预期导致了整体的错误定价。正如我们在讨论超额收益的猎场时所指出的，价值投资的超额收益往往源于市场对利空消息的过度反应。

那些高成长、高预期、高关注的热门股，一旦没有大众预期得好，就会显著跑输市场；相反，那些低成长、低预期、低关注的冷门股，一旦没有大众预期得差，往往能显著跑赢市场。以上两种情况，都属于收益异动。

当然，股价的波动除了可能由收益异动引起外，也可能源于其他非收益相关的意外事件，如市场份额的变动、扩张计划未达预期等。然而，这些事件最终都会反映在对收益预期的影响上。因此，我们接下来的分析将专注于收益异动。

总体而言，收益异动主要源于市场参与者的预测失误。这些失误不仅源于市场作为一个复杂系统的随机性和不确定性，还来自于过度自信、损失厌恶等行为偏差，以及市场噪声所导致的判断错误。从实证的角度来看，收益异动是市场中一个持续存在的现象，它对股价运行产生了可预判的、系统性的影响。

弱者体系

对于收益异动的衡量，我们可以通过比较市场整体的预期（如拥有定价权的机构或分析师对同一股票收益预测的平均值）与随后的实际收益之间的差异来进行。让我们先了解四个相关概念。

（1）**逆向股**。逆向股指的是那些估值较低，且具备明确逆向因子的冷门股票。

（2）**正向股**。正向股指的是那些估值较高，溢价显著，且市场普遍持乐观预期的热门股票。

（3）**正面收益异动**。正面收益异动指的是行业景气度或公司实际收益超出市场先前的普遍预期。这种情况可以分为两类：一类是逆向股的正面惊喜，即市场原先对逆向股的收益预期较低，而公司公布的实际收益却超出了这些预期；另一类是正向股的正面惊喜，即市场原先对正向股的收益预期已经较高，但公司公布的实际收益甚至超过了这些乐观的预期。

（4）**负面收益异动**。负面收益异动指的是行业景气度或公司实际收益未达到市场先前的普遍预期。这种情况同样也可以分为两类：一类是逆向股的负面意外，即市场原先对逆向股的收益预期已经较低，但公司公布的实际收益却进一步低于这些预期；另一类是正向股的负面意外，即市场原先对正向股的收益预期很高，而公司公布的实际收益却未能达到这些预期。

1. 正面收益异动对逆向股的影响

市场实证研究揭示（关于实证研究的详细内容，可参阅大卫·雷德曼所著的《逆向投资策略》一书），正面收益异动对逆向股和正向股的价格表现影响截然不同。

逆向股通常被悲观的预期所笼罩，不受欢迎。它们在市场中往往被忽视，甚至被大多数人视为缺乏投资价值。对于这些

第九章
逆向思维与逆向投资

股票，正面收益异动会吸引投资者的极大关注，并可能触发投资者认知和情绪的转变。在正面惊喜下，投资者开始重新评估这些公司，意识到它们可能并不像专家、意见领袖或自己之前所认为的那样缺乏吸引力。因此，由于先前估值过低，在新的价格博弈中，随着买入者数量的增加，其价格往往会稳步上涨，涨幅显著超过市场平均水平。

2. 正面收益异动对正向股的影响

研究还发现，正面收益异动对正向股的价格仅能带来短暂且温和的上涨，之后其表现往往不及大市。这是因为投资者对正向股已经持有乐观预期，因此当正面惊喜发生时，这些变化往往只是证实了投资者的预期，并未带来超出预期的过大惊喜。

3. 负面收益异动对逆向股的影响

负面收益异动对逆向股和正向股的价格影响也大相径庭。由于投资者对逆向股的预期和关注度普遍较低，当出现负面意外这类不利消息时，对投资者而言并不构成惊吓，甚至可能被视为符合预期。实证研究表明，在负面收益异动发生时，逆向股由于其估值较低和持仓集中度较高，其价格下跌并不显著，整体表现甚至可能不会低于大盘。

4. 负面收益异动对正向股的影响

相比之下，对于那些热门的正向股，投资者之前对其抱有较高期望，并且自信地认为准确地预测了它们的增长前景。他们在热情和抢筹的推动下支付了过高的价格，因此当出现负面意外这类不利消息时，投资者往往会感到惊吓和失望。这种情绪的转变促使投资者重新评估，并开始关注那些之前被忽视的负面信息。随着这些负面消息在市场上扩散，他们的反应是迅速抛售股票，这通常会导致股价急剧下跌。即使后来证实这些坏消息并没有最初预想得那么严重，即便公司的实际收益接近之前的预测目标，投资者的损失厌恶心理仍难以完全被消除。尽管一些正向股之后可能会出现价格反弹，但它们在一段时间内仍可能表现不佳，且落后于大盘。

五、风险管理

逆向投资需密切关注以下风险因素及管理策略。

1. 流动性

流动性风险指的是投资者可能无法在不影响价格的情况下迅速买卖所需数量的股票。逆向投资往往涉及市场关注度较低的冷门股，因此流动性风险在逆向投资中尤为突出。这种风险会提高交易成本，并可能限制投资者在必要时调整投资组合的能力。流动性较差的股票通常表现为交易量低、买卖价差大、价格波动剧烈、交易频率低、市值较小等特征。逆向投资者应特别注意资金、仓位与股票成交量的匹配。此外，流动性风险还包括交易限制、停牌甚至退市的风险。因此，逆向投资者必须熟悉特定股票市场的交易规则，尤其是那些可能影响股票流动性的规则。最后，市场环境的变化可能会显著影响流动性。大量实证研究显示，在市场出现快速下跌走势时，流动性一般会大幅下降。流动性越差的股票或金融工具，其价格受到的负面影响越大。在市场危机时期，面对剧烈的价格下跌，流动性甚至可能完全枯竭。

2. 杠杆

在投资领域，杠杆是指通过借款或使用金融衍生工具来扩大投资规模，这相应地放大了投资收益或损失的风险。鉴于逆

第九章
逆向思维与逆向投资

向投资的目标往往涉及不确定性，且可能面临较长时间的价值重估过程，杠杆的不当使用可能带来超过选股失误或遭遇价值陷阱时的破坏性影响。因此，逆向投资者必须在时间的维度上维持概率思维和容错空间，而对杠杆的过度使用往往是导致逆向投资失败的关键因素。

3. 保护性止损和追踪止盈

在承认有限理性的前提下，我们需要为自己的错判和证券不可估值的定价部分预留容错空间。抛开分散的维度，在股市周期的两端，当投资标的出现显著的行情演绎，甚至其逆向因子已发生了反转时，我们应当充分重视技术分析在逆向投资中的重要性。

保护性止损是一种策略，它要求我们在进行逆向投资后，若基本面出现意料之外的利空消息，或者价格下跌至某一临界点时，我们应采取技术性止损的措施。而追踪止盈则是在投资标的实现了一定的行情演绎，或者是跟踪的逆向因子实现了反转，又或者在股市周期的高点时，通过动态分析阻力位/支撑位或趋势线来设定追踪止盈点，从而技术性地调整投资仓位。

对于任何风险控制策略来说，止损点的调整至关重要。只有当投资者能够明确地确定这些保护性止损点和追踪止盈点时，才算为该笔投资做好了充分的准备。实际上，任何投资只有在市场实际走势与我们预先判断的方向相吻合时，才可能产生收益。然而在实际交易中，没有任何一种分析方法能够保证每次都能成功。在众多交易日里，市场的走势往往并不遵循我们所预测的路径，而是呈现出随机的盘整震荡或无明显趋势的走势。有时，市场甚至会走出与我们预期相反的走势，导致我们的交易出现亏损。在这种情况下，及时使用止损策略退出市

弱者体系

场,将损失控制在可接受的限度内变得至关重要。因此,合理设置保护性止损点成了交易中的一个核心问题。

设定止损点的方法多种多样。投资者可以采用绝对止损法,即在每次交易中仅允许固定金额的亏损,这可以是总交易资金的一定比例,也可以是一个固定的数额。止损点还可以依据实际的入场价格、成本价来设定,或者依据技术分析中的阻力位/支撑位、移动平均线等工具来确定。这种止损点通常被称为保护性止损点。

当市场走势与我们最初的预期一致时,投资者可以适时根据新的阻力位/支撑位、移动平均线、量价形态来调整离场点,逐步锁定利润。我们可以将这种后续调整的点位称为"追踪止盈点"。

对于逆向投资者而言,如何设定止损点以限制亏损的同时允许盈利交易顺势发展,始终是一个挑战。止损点如果设置得过于灵敏,虽然可以限制亏损,但可能会在价格出现小幅波动时触发止损,导致投资者错失在价格出现小幅调整后获取更大利润的机会。相反,如果止损点设置得过于迟钝,虽然可以保持仓位更长时间,从而可能获得更大的利润,但一旦价格突破这一保护性止损点,投资者可能会面临较大的亏损,甚至可能是难以承受的损失。

鉴于大多数成功的价值投资策略都倾向于逆向操作,因此我们考虑实施保护性止损显得尤为重要。一些价值投资者可能会提出疑问:在大熊市中止损是明智之举,但如果遇到的是震荡行情,频繁止损是否会导致资金损失?如何能够提前做出准确预判呢?

对此,我想表达的是:首先,弱者体系并不鼓励依赖预测

第九章
逆向思维与逆向投资

进行投资。其次,不存在一种风险管理策略能无任何弊端。在震荡行情中,频繁止损确实可能带来交易成本和滑点成本的损失。然而,这总好过买在半山腰上遭遇深度套牢丧失投资机动能力;或者坐了过山车,损失大量前期已获利润而遭受镜花水月的打击;更好过如果后续我们发现自己价值判断出现错误,而造成实质的无法挽回大幅亏损。

逆向投资者不设保护性止损的情形一般是以下情景。一开始对某个股票持有乐观态度,看到股价下跌了不少开始觉得便宜,未来有利可图。例如,在每股 2 元的价位买了 10 万元。当价格下跌到 1.8 元时,你可能会再买 5 万元加仓,因为与每股 2 元相比更便宜了(锚定)。当股价进步一下跌到 1.6 元时,你开始在浮亏的损失厌恶下有点担心,但仍然坚信自己在乎的是价值而非价格。价格下跌只是跌市值而非跌价值,价格跌了但股数没少,而且你还会用自己剩余的一点资金去加仓,比如再加仓 5000 元(避免认知失调)。如果股价继续下跌,该股以前隐藏的一些实质性基本面利空开始逐渐在市场上浮出水面,这时才发现自己先前出现了一定的价值误判,于是开始惊慌失措。但此时已经深度浮亏,在处置效应的影响下,你又丧失了投资的机动能力。

第十章 清单思维与善弱投资

第一节 从清单革命到清单思维

一、清单革命

对于清单革命,我们先从两个案例说起。

在第二次世界大战期间,波音公司成功研发了 B-17 轰炸机,即著名的"飞行堡垒",其性能远超以往任何轰炸机。然而在试飞阶段,由于飞行员操作失误,B-17 的坠毁率异常高。调查结果揭示,问题在于飞机的操作过于复杂,似乎无法仅由一人独立操控,且这一问题并非单纯通过加强操作训练就能解决。但陆军航空兵们后来巧妙地解决了这一难题,他们创建了一个简洁的飞行员操作检查清单,在飞行的各个阶段——起飞、巡航、降落和滑行——进行操作步骤的检查,以避免人为疏忽。最终,这个检查清单发挥了巨大作用,此后 B-17 飞行了 180 万英里(约 289.68 万千米)未发生任何人为事故,帮助盟军赢得了战争。

约翰斯·霍普金斯医院有一位医学专家,发现医生在急救

第十章
清单思维与善弱投资

中进行导管插入操作时,超过 1/3 的病例中至少有一个步骤被遗漏,这往往导致病人遭受细菌感染。为此,他提出了一份预防"导管感染"的五步检查清单。清单内容包括:

(1) 彻底洗手。
(2) 使用抗菌剂清洁患者皮肤。
(3) 用无菌布覆盖患者。
(4) 穿戴无菌面罩、帽子、长袍和手套。
(5) 导管插入后用无菌敷料覆盖。

他还建议让护士在医生遗漏任何步骤时及时提醒。正是这样一个简单的清单,使得该医院一年内导管感染率从 11% 骤降至 0。这一成果凸显了临床医生在执行复杂医疗操作时,检查清单作为辅助工具的重要性。

受前述两个案例的启发,哈佛医学院教授阿图·葛文德开始深思检查清单是否能解决现代重症监护(ICU)中"医疗步骤繁多导致操作困难"的问题。2007 年,他撰写了《清单》一文,指出检查清单能在减少医生因疏忽或遗忘导致的错误方面发挥显著作用。他将文章扩展成《清单革命》一书,强调了广泛使用清单的重要性,引起了广泛的认同和关注。

在投资领域,我们面临共性的问题是,在进行全面的基本面分析和制定买卖决策时,需要遵循多个关键步骤。投资的复杂性远超过操作"飞行堡垒"轰炸机的难度。如果我们仅仅依赖记忆和直觉来完成这些任务,那么犯错的可能性将大大增加。正如《清单革命》中所指出的,每个人都会犯错。人类常犯的错误分为两类:一是无知之错,二是无能之错。

第一类错误被称作无知之错。这类错误源自我们缺乏必要的知识。以股市为例,我们目前对价格运行规律的理解尚不全

弱者体系

面。应对这种错误的策略是，投资者应坚守在自己的"能力圈"内。弱者体系已经大致划定了投资者在有限理性下的能力范围，投资中要避免进行超出人类能力范畴的活动，如依赖精确预测才能成功的投资策略。

第二类错误被称为无能之错。这类错误并非源于缺乏知识，而是由于未能恰当运用已掌握的知识。在投资领域，这些错误可能由有限注意力、记忆缺陷、直觉干扰、行为偏差、群体噪声、概率谬误以及缺乏周期思维、证伪思维、辩证思维、逆向思维等因素造成。

每个人都有可能犯错，忽略细节。采用检查清单这一简单而有效的工具来应对极其复杂的问题，为我们提供了一个重要的投资启发：就是将众多关键的投资理念和策略归纳成易于被理解和执行的清单形式。

二、清单思维

所有能够改善我们有限注意力、记忆缺陷、直觉干扰、行为偏差、群体噪声、概率谬误，并促进我们正确运用周期思维、证伪思维、辩证思维、逆向思维的清单化方法都是值得借鉴的。弱者体系将这种思维方式称为清单思维。

清单思维是战胜投资中"弱"点的良方，是我们实现"善弱"投资的工具。它应基于助力、助推和决策卫生的原则，运用分类思维进行设计。投资流程可以细分为研究、决策、执行和持仓监控四个阶段，在每个阶段，投资者都应设立明确的清单检查点，并为每个检查点制定客观的标准。以供投资者个人或投资团队执行相应的检查或监测。

一些投资者可能直觉上认为，创建和维护清单需要投入大量的时间和精力。然而,一份精心制作的清单,实际上能够使投资者的思维不被复杂的市场噪声所干扰,避免信息过载。它能让投资者在较短的时间内对投资机会和风险进行分类,并通过持续的检查和监测,投资者还能获得及时的信息提醒和负面反馈。虽然在十次检查中可能有九次一无所获,但正是那一次的发现,就能帮助投资者避免重大损失。总之,清单能够提高投资效率并节省投资者的精力,并能在投资环境日益复杂的背景下,为投资者提供了额外的优势。

此外,投资清单是基于弱者体系的理念和架构所构建的思维工具。它应当能够持续改进,以维持清单的自我进化能力。

第二节 投资中的分类思维

一、认识分类思维

分类思维是一门严谨的学科。为了避免信息过载,清单不应该是大而全的操作手册,关于这一点我们需要先了解一下分类思维。从进化的视角来看,分类是我们与生俱来的需求,在远古时代,人类为了生存,必须迅速且高效地判断环境是安全还是危险。例如,当远处的草丛中出现动静,需要迅速判断是天敌潜伏还是猎物活动,这决定了原始人类是选择逃跑还是追捕。随着分类思维的发展,它在复杂环境下的决策和判断中发挥着重要作用。

在信息不对称且大脑资源有限的情况下,我们在处理复杂问题时,并非依赖于详尽全面的信息搜索和耗时的推算,而是

弱者体系

通过分类来做出简洁而迅速的判断。可以说，分类是一种基础能力，它赋予人们更高层次的认知能力。这种能力是智力最基本的形式之一，若没有这种能力，我们的大脑就会在信息过载和不确定性中感到不知所措。

对确定性的追求是每位投资者的共同愿望，但这也恰恰暴露出人类在面对证券市场这一复杂系统时的脆"弱"之处。投资者在处理投资中的复杂问题时，往往无法在完全洞察事物本质之后才做出投资决策。分类思维正是应对这种复杂性的一种策略。

二、分类思维在投资中的应用

接下来，我们将简要介绍分类思维在投资领域的应用，这将有助于我们在投资过程中进行定性分析，并更深入理解众多财务指标和技术指标的应用原则与思路。

在投资领域，分类是指依据特定线索（如新闻、公告、财务指标、技术指标等），应用分类规则，将投资对象或事件划分至不同类别（如可投资或不可投资，利好或利空）的过程。

我们以之前章节中提到的概率思维为例，它并非旨在指导我们如何通过概率计算来确定一个投资事件的获利概率是80%还是85%。对于投资者而言，这种计算既不现实，又无实际意义。毕竟，未来是不可预测的，而且证券市场中的不确定性也无法被简化为有客观意义的概率值。概率思维的真正用途在于帮助我们进行分类：区分好的投资与坏的投资，以及那些大概率获利或亏损的投资。

在投资领域，对投资事件进行分类时，通常会考虑以下三

第十章
清单思维与善弱投资

个普遍特征。

（1）线索的不确定性。在投资过程中，那些可能影响价格或基本面的事件、信号和指标往往带有不确定性。

（2）权重的不确定性。投资中的事件、信号和指标对价格或基本面的影响程度，往往难以在事前进行精确的量化。

（3）规则的不确定性。在投资中，并不存在一个普遍认可的最优分类规则。分类规则是指在分类思维中用于将事件、投资标的划分到不同类别（如可投资或不可投资，利好或利空）中的一套标准、准则或条件，它就像一个筛选器。

关于分类规则，根据《分类思维》（康斯坦丁诺斯·V.卡齐科普洛斯等著）一书的阐述，分类规则有两个核心原则。

（1）简单原则。在复杂系统中，简单的分类规则往往能发挥出色的效果。在充满不确定性的市场环境中，无论信息量的多少和数据的大小，简单的分类方法往往能超越复杂的策略。

（2）透明原则。如果投资者能够轻松理解、记忆并持续地执行某项规则，那么这项规则就具备了透明性。例如，一些广为人知的财务指标和技术分析工具就符合透明原则。

一个反直觉的结论是，简单和透明的分类原则与准确度并不相互排斥。在不确定的情况下，简单和透明的原则往往会提高准确度。投资新手可能难以理解简单如何能解决复杂的问题，但真正的投资高手都认同"大道至简"。

具体而言，投资分类所用的指标、工具和信号应当具备简洁明了的经济学含义，并且得到投资者的广泛认同。因此，弱者体系主张在进行财务指标监控或技术分析时，应选择那些简单易懂、易于获取且具有市场共识的指标。那些过于复杂，甚至过度拟合的个性化指标是不推荐的。

三、分类的方法与实践

在遵循简单原则的前提下，分类有两种方法。

（1）计数法。计数法涉及同时运用所有线索，并赋予它们相同的权重。通过设定阈值，将事件归入特定的类别。这种方法的基本逻辑是，在面对不确定性时，投资者应采取简单的计数方式，避免对线索的重要性进行复杂权衡。计数法的核心在于，评估是否有充分的理由（阈值）将事件归入某一类别。

（2）排序法。排序法要求按照既定顺序逐一使用线索，并为每个线索分配优先级。排序法通常以"决策树"的形式展现，通过线索的排序，忽略权重的影响，并在某个线索足以做出决策时终止检索过程。这种方法使得决策者能够基于一个或几个关键线索迅速做出判断。

在投资中，如何选择分类方法呢？通常情况下，当同一分类下的事件线索众多且重要性相近时，我们会采用计数法；相反，如果线索较少且存在明显的重要性差异，则倾向于使用排序法。排序法相较于计数法，往往能更快地实现分类。

以评估企业偿债能力为例，我们可以运用计数法来监控以下财务指标。

（1）指标1：资产负债率。

（2）指标2：流动比率。

（3）指标3：速动比率。

（4）指标4：利息保障倍数。

若需将企业分类为"偿债能力强"和"偿债能力弱"两个类别，还需完成两个步骤。

第十章
清单思维与善弱投资

第一步是将上述四个财务指标数据（线索）转换为二元线索，二元线索指的是线索通常呈现为两种可能的状态。例如，影响基本面的事件可能为"真"或"假"，财务风险水平可能属于"高"或"低"，偿债能力财务指标可能为"强"或"弱"。然而，并非所有线索都是二元的，有些线索包含多个离散值。例如，颜色线索可能是赤、橙、黄、绿、青、蓝、紫中的一种；偿债能力这类财务指标，作为比例数值，可能介于 0~100 的任意值。

那么，在计数法中，如何将偿债指标这类数字线索转化为二元线索呢？我们可以采用中位数法或基尼不纯度等方法将数值线索转换为二元线索。基尼不纯度的概念较为复杂，有兴趣的读者可以自行查阅相关资料。中位数法则是一个简单而实用的工具。例如，据统计 2024 年 A 股地产行业的资产负债率中位数为 75.2%，我们据此可以将资产负债率这一数字线索转化为二元线索，即资产负债率小于等于 75% 时，归类为偿债能力"强"或赋值为"1"；反之，资产负债率大于 75% 时，归类为偿债能力"弱"或赋值为"0"。

第二步是设定"阈值"。阈值，亦称临界值，在分类学中指的是将事物归入某一特定类别所需的最小原因或条件的累积。以本例来说，在评估企业的偿债能力时，我们监测了四个关键指标，并为每个指标分配了 1 或 0 的评分。设定一个阈值为 3，意味着当评分总和大于或等于 3 时，我们可以将该企业整体归类为"偿债能力强"。那么为何选择 3 作为阈值是合理的呢？这背后既蕴含了科学的严谨性，又体现了艺术的直觉。

遵循简单和透明的原则，我们在使用计数法进行分类时，应避免选择那些可能导致过度拟合的指标。以著名的财务造假侦测模型 M-score 为例，其公式如下：M-score =-4.84+0.92×DSRI+0.528×GMI+0.404×AQI+0.892×SGI+0.115×DEPI-0.172×SGAI+4.679×TATA-0.327×LVGI（每个字母缩写代表一种特定的财务指标）。该模型规定：当 M-score 小于-2.22时，通常认为公司财务造假的可能性较低；若 M-score 在-2.22~-1.78，则表明公司存在一定的造假风险；若 M-score 大于或等于-1.78，则暗示公司很可能存在财务造假行为。然而，这个分类模型既不简单又不透明。各个财务指标权重的经济学依据何在？阈值的设定有何合理性和稳定性？其提供的建议的置信度有多大？尤为重要的是，M-score 作为一个基于美国金融历史数据构建的模型，是否适用于我国 A 股市场？实际上，已有研究利用我国 A 股上市公司的数据对 M-score 进行了验证，结果表明该模型在我国 A 股市场的识别准确率并不高，适用性有限。

那么在哪些情况下，排序法分类更为适用呢？让我们通过一个例子来说明。假设我们需要构建一个初选的股票池，这需要我们对一系列目标公司进行逐一分析。那些不符合我们研究标准的公司会被"排除"，而符合标准的则会被"纳入"到我们的股票池中。例如，我们关注的评估指标包括公司的财务造假风险、偿债能力、盈利水平和估值比率等（这些作为我们的筛选线索）。然而，这些指标的重要性各不相同。我们尤其要重视企业是否存在财务造假风险，一旦发现有造假行为，无论其盈利状况和估值如何，都应被立即排除。通过这种方式，我们可以利用排序法构建一个简单的"决策树"，以提高筛选效率。在树状图中，线索通常以矩形呈现，而分类结果则以圆形表示，如图10-1所示。

第十章
清单思维与善弱投资

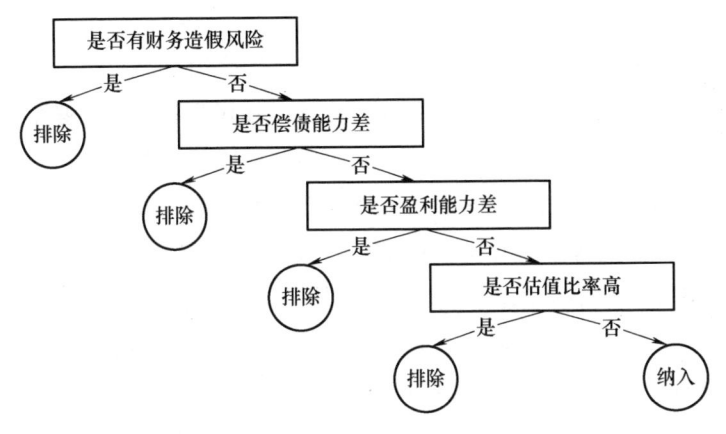

图 10-1　股票池初选分类决策树

采用这种方法的优势在于能够显著节约研究资源和时间，无须对每家公司的各项指标逐一进行深入研究和分析。例如，当我们依照分类决策树进行排查，一旦发现某公司财务造假风险较低（否），我们便继续进行偿债能力的评估；若评估结果显示该公司偿债能力差（是），则无须对该公司的其他方面（如盈利能力或估值比率等）进行进一步分析。此外，若该公司能够通过四个关键指标的筛选，我们也将暂停对该公司的进一步检索和分析（如不再分析公司的运营能力和现金流状况等），而是将其列入初步筛选的股票池中进行观察。只有当出现其他重要的买入信号时，我们才会集中精力对该股票进行更深入的研究和分析，如进行实地调研。

在构建分类决策树时，我们常常会思考一个问题：线索是否越多越好？在股票选择过程中，是否应该尽可能使用更多的指标进行检索和筛选？实际上，答案并非如此！分类决策树应当追求简单，即线索越精简越好。这引出了一个重要的概念——赫伯特·西蒙提出的满意性原则。

在现实的投资世界里,投资者经常面临信息不完整、认知能力限制以及时间紧迫等难题,这使得寻找绝对的最优解变得异常困难。因此,我们不应追求所谓的最优解,因为实际上并不存在一个完美的检索和研究终点,而是应该寻求一个足够满意的解决方案。这个方案能够满足投资者既定的标准或目标,即所谓的满意性原则。满意性原则提供了一种实用的方法,它允许设定一个灵活的满意阈值。例如,当研究的边际成本超过预期收益时,就应当停止对潜在投资对象的进一步研究;换言之,只要达到了"分类"的标准,就意味着我们已经实现了满意性原则。

在投资领域,一个简单的分类原则往往能够与基于大量数据分析或深入调研的策略相媲美。同样重要的是,分类原则必须具备透明性,这样投资者才能持续地理解和跟踪其背后的投资逻辑。

第三节　投资决策树的应用

"凡事预则立,不预则废",这句古训在投资领域同样适用。为了应对投资决策中的核心挑战,投资者必须进行周密的预测、实时记录并定期回顾。投资决策树便是一种高效的辅助工具,它利用图形化手段协助投资者制定决策并跟踪过程。投资决策树详细记录了投资历程中的实际事件、预期事件、交易行为以及盈亏情况。随着时间的推移,它能够展示出投资决策过程的连贯性。借助投资决策树,投资者能够系统地展现所面

第十章
清单思维与善弱投资

临的不确定性、应对措施以及不同选择的潜在结果,从而对投资活动进行全面的记录、分析和复盘。

投资决策树通过将投资过程拆解为一系列节点和分支,每个节点代表已经发生或预测将发生的事件,以及相应的投资应对和决策记录,而每个分支则代表不同的决策路径及其潜在结果。这种树状结构清晰地展示了在不同时间点和事件节点上的投资选项、预测以及可能的盈亏情况。借助决策树模型,投资者能够评估各种潜在事件和结果,并运用概率思维对每个分支进行推演,以做出最佳决策。

在某种程度上,投资决策树在投资启动之初,犹如一张详尽的蓝图,系统化且目标明确地呈现了整个投资的预期和规划。而当投资结束时,它又仿佛是一幅缩影,系统化地展示出整个投资过程的全貌,包括其中的利弊和得失,以及各种投资选择与不确定因素之间的相互作用,这极大地有助于我们进行客观的回顾和总结。

一、投资决策树的构成

如图10-2所示,投资决策树由节点和分支构成。它包括决策节点、事件节点、机会节点及其相应的分支。接下来,我们来逐一解释它们的含义。

(1)决策节点,通常用□表示。在这些节点上,记录了投资者实际做出的投资决策,如进行了某种购买、加仓、减仓、清仓等操作。同时,还应包括对投资决策的原因、逻辑以及操作后投资组合的持仓比例和盈亏状况的记录。

(2)事件节点,通常用○表示。这些节点代表了已经发生且对基本面或股价波动产生影响的事件,如重要的公告、新闻、宏观政策等。建议培养在任何重要事件或信息发生时，记录并分类判断的习惯。

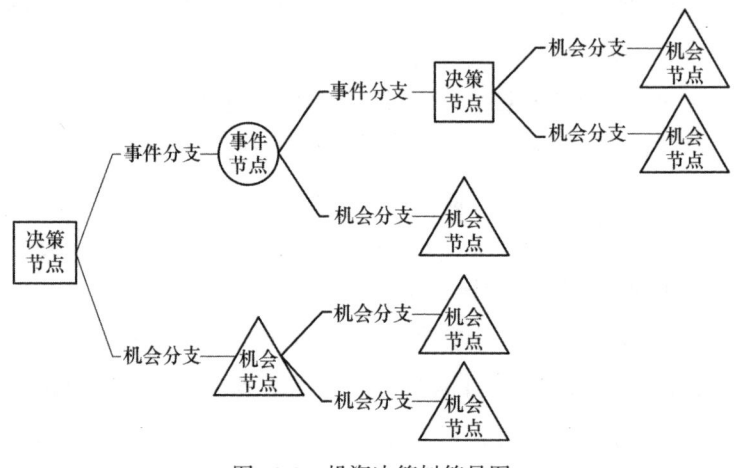

图 10-2　投资决策树符号图

（3）**机会节点，通常用△表示**。机会节点代表了通过逻辑推理和预测，预期将会发生的事件节点以及预备采取的投资操作。机会节点包括由证伪思维下的负面推理和在逆向思维下的反向回顾所形成的节点，由机会节点延伸出的概率分支应互斥，并且穷举该不确定性事件下所有可能的结果（完备）。因此，每个机会节点中所有分支的概率总和必须为 1。当机会节点所预测的事件实际发生后，它就转变为了事件节点。

（4）**节点分支通常通过横线或折线连接各个节点**。这些分支从各个节点延伸而出，代表了该节点下的各类信息或决策分类。例如，从决策节点延伸出的分支对应于买/卖等交易行为后的潜在结果；从事件节点延伸出的分支对应于利好/利空/中性等判断；从机会节点延伸出的分支对应于负面推理和反向

第十章
清单思维与善弱投资

回顾，涵盖了不确定性下可能出现的各种结果，如正面/反面。在分类时，我们应遵循分类思维和排序法的原则，并注意节俭性原则的应用。

二、投资决策树的绘制

掌握绘制决策树的方法，首先需明确投资中应用决策树的目标。决策树是应对认知缺陷和行为偏差的有效工具。在投资中，由于股票基本面的变化往往是渐进的，甚至难以察觉，因此确定何时"重新决策"变得颇具挑战。然而，决策树的节点为我们揭示了必须做出重新决策的关键时刻。在有限的注意力情况下，投资者借助决策树节点能迅速引起注意力关注。

此外，买入股票后，我们往往像将珠宝锁入宝盒一样，将它们束之高阁。受禀赋效应等行为偏差的影响，我们倾向于依赖初始预期和思维惯性，导致持有行为缺乏定期审视。而决策树的节点则在最适宜的时刻迫使我们重新审视过往的预期和决策，并及时采取交易行动，这对于需要管理投资组合的投资者而言至关重要。

因此，绘制决策树的首要步骤是识别关键节点，明确投资过程中需要做出假设和决策的转折点。接下来是对每个节点（包括决策节点、事件节点和机会节点）进行评估，预测可能的收益、损失及相关的风险。我们在识别决策树节点的过程中，还需运用两种重要的思维技巧：证伪思维和逆向思维。这两种思维技巧分别对应负面推理和反向回顾。

1. 负面推理

投资一般以积极的目标为向导，但同时必须融入可证伪的假设和路径。通过设想未来可能出现的不利情况，我们能够更

弱者体系

有效地管理风险。对于负面推理，首先应设想每个关键环节的反面情况，从而梳理出可验证的负面节点和相应的应对措施。例如，上游成本的增加可能导致公司失去定价权，下游市场竞争的加剧可能削弱公司对客户的议价能力，竞争对手的崛起可能侵蚀市场份额，潜在替代品的出现和流行可能使公司丧失价值，新竞争者的加入可能试图改变现有的商业模式或商业逻辑；突发的不利消息或事故，导致公司规划或股价未达预期目标，等等。

接下来，我们进一步分析这些结果背后的原因和预警信号。所有这些思考过程促使我们对潜在的危险信号或指标保持警觉，并有助于我们及时识别风险或控制损失。

在投资过程中，负面推理要求我们持续鼓励相互竞争乃至对立的假设。虽然大多数成功的投资案例是通过积极的设想实现的，但经验表明，结合负面推理可以提高投资成功的概率。负面推理促使我们扩展决策树中关于投资可能不利的分支，在这个过程中我们可能会发现，这实际上是决策树中一个非常有价值的组成部分。例如，当你迫使自己从负面解释相关的信号和证据——即使这可能让你感到不适，甚至感受到恐惧——你可能会意识到，自己最初的乐观预期实际上并不稳固。

当我们能够以开放的心态更生动地描绘未来，不受当前状况的限制时，我们的决策质量将得到显著提升。将负面推理纳入机会节点，将构建一个更加风险可控的投资决策树。因为这意味着，当出现不利的投资信号时，投资者能够更快地感知风险并做出反应，减少忽略和拖延的可能性，并在心理上抵抗沉没成本、禀赋效应和过度自信等行为偏差的影响。

第十章
清单思维与善弱投资

2. 反向回顾

反向回顾是从预期目标出发,逆向推导的思维策略,属于逆向思维的一种实践方式。从当前的立场出发,我们通常难以预见一项投资在未来可能经历的种种变化,这可能导致我们过分关注当前状况,并据此做出带有偏差的预测。这种预测背后通常隐含着一个前提:环境、事实和模式将保持不变。然而,投资中充满了不确定性,这一前提往往并不成立。

反向回顾要求我们从正反两个角度出发,构建一个积极的投资结果和一个消极的投资结果,并同步逆推投资过程中可能出现的关键机遇。正面回顾犹如啦啦队般鼓舞人心,而负面回顾则像观众中的批评者一样提出质疑。

特别是,负面的反向回顾是从一个不利的结果或未达成的目标开始的逆向思维过程。通过设想积极与消极的两种未来情景,我们能够建立一个更加现实的投资预期,从而制订更全面的计划并应对各种挑战。一旦提前识别出可能的问题,我们就可以预防不利结果的发生、制订应对策略,并对不确定的未来做出积极的准备,避免在负面结果出现时感到意外或无从应对。这样,我们更有可能确保投资的安全。

正如查理·芒格所言:"总是反过来思考。将一种情况或问题颠倒过来审视,从糟糕的结果反向推导,如果事情没有按计划进行,出了问题会怎样?"这正是反向回顾的精髓。

3. 团体合作

团队合作能够助力负面推理和反向回顾来深入挖掘潜在的机会节点。无论是组建一个专业的投资研究团队,还是参与一个研究沙龙的组织,都能够有效地执行这一过程。具体的操作方法如下:参考"头脑风暴法"的组织原则,团队成员需要

弱者体系

列举所有可能导致投资失败的因素、事件和信号，并分享其背后的逻辑以及应对策略。从团队激励的角度来看，每个人都应能自由地探索这些因素、事件和信号，并受到鼓励去利用个人的研究、直觉、投资经验、历史案例等资源，以预测投资可能带来的不良后果，从而识别出可验证和优化的机会节点。

4. 概率赋值

尽管在讲概率思维时，我们强调为特定投资事件赋予精确的概率值并不现实。但在构建决策树分支时，建议还是赋予一个概率值。构建分支的第一步就是把你对机会节点的判断给"概率化"。你不能说"我觉得这笔投资会发展到这一节点"，你得说"我认为投资发展到这一节点的概率是80%"才行。这个道理非常简单，当一般人说自己"相信"什么事情的时候，他通常不会考虑概率。他要么全信，要么全不信，而且非常容易全信。为分支概率赋值，主要是为了加强我们的预测能力，避免过度自信。那么，如何计算这个概率值呢？我们应该追求模糊的正确性，并遵循简单原则。

例如，在信息完全缺失的情况下，如果你对某件事一无所知，根据简单原则，概率应均等分配（50%：50%）。依照贝叶斯思维，如果我们对某件事已经进行了一些尝试并获得了一些反馈，但并未完全掌握，那么我们可以考虑使用"拉普拉斯接续法则"为这个机会节点赋予一个概率值。对于大盘指数或个股涨跌的概率，我们可以依据善弱温度计的平均温度，以此作为其涨跌的概率。

无论是负面推理还是反向回顾，从一个节点延伸出来的正面和负面预期概率之和必须等于100%。这里强调的重点不是具体的数字，而是正面和负面预期在概率思维中必须被限制在

第十章
清单思维与善弱投资

一个有限的范围内。这样，我们就可以根据负面预期来调整正面预期，使其更准确地反映现实，而不是我们乐观的本性。例如，如果一个机会节点的负面风险概率很高，那么与其并行的机会分支上的正面预期就不应过高。这不仅有助于我们抑制过度自信，还可以促使我们提前制订积极的计划，以应对可能的不利结果。

5. 其他重要事项

鉴于情景重构和事后之明，决策树必须记录下一项投资每个关键时刻的基本面信息、投资逻辑和当时的买卖记录。决策树应重视贝叶斯思维的运用以及投资直觉的记录，当理性与直觉存在差异时，务必详细记录这种背离。在绘制决策树时，我们应不断自问还有哪些方面尚不明确。在构建决策树的过程中，我们不仅要记录已知的基础信息，还要记录未知的基础信息。决策树中应包含对逆向因子和关键信号验证节点的布局。

综上所述，决策树的节点和记录应详尽地反映自己的决策过程和细节，这有助于自我总结和获得他人的帮助。

6. 树形图的绘制

我们应采用决策树的构思框架，从左至右，依据时间的推移和逻辑的演进来绘制决策树。

（1）依据时间顺序和逻辑关系构建决策树的节点与分支。

（2）梳理出目前已发生的关键的事件节点，并通过负面推理和反向回顾，识别所有潜在的机会节点。

（3）为每个机会节点赋予一个概率值，以体现其出现的可能性。通过分支的延伸直至指向最终的投资目标，并计算各个事件节点和机会节点后继事件的期望值。

树形图绘制的最终结果如图 10-3 所示。

弱者体系

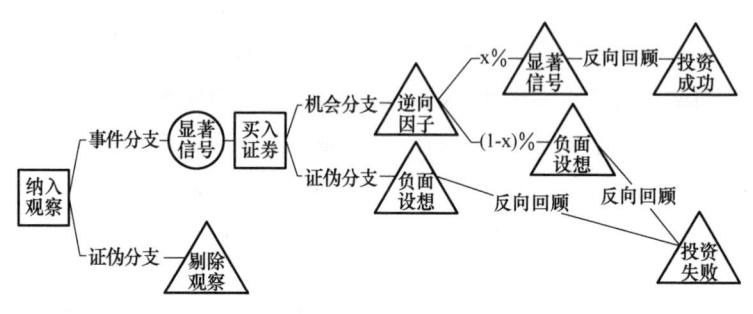

图 10-3　投资决策树典型图

综上所述，弱者体系提倡在投资前构建决策树，这是一种应对我们有限注意力、记忆缺陷和直觉干扰的有效策略，同时也有助于克服禀赋效应导致的拖延和其他行为偏差。在不了解一项投资最终结果的情况下，我们更容易客观地记录买入逻辑和预期。交易结束后，重新审视这份客观的交易报告，可以帮助我们发现思维和策略上的漏洞，从而弥补自身认知的不足。如果我们在投资决策前不进行记录，仅在事后总结，那么我们可能会遇到两种情况：当投资成功时，我们可能会忽视偶然因素，过分夸大自己的投资能力；当投资失败时，我们可能会不自觉地将错误归咎于外部的偶然因素，无法客观分析交易过程，错失改进的机会。以上情况都带有事后之明的误导。

第四节　清单监测和检查示例

一、股池清单

为了应对有限的注意力，我们应当构建一个股票池清单，并依据关注的优先顺序进行分类。如图 10-4 所示，我们根据

第十章
清单思维与善弱投资

这一理念创建了一个倒金字塔形的股票池清单。

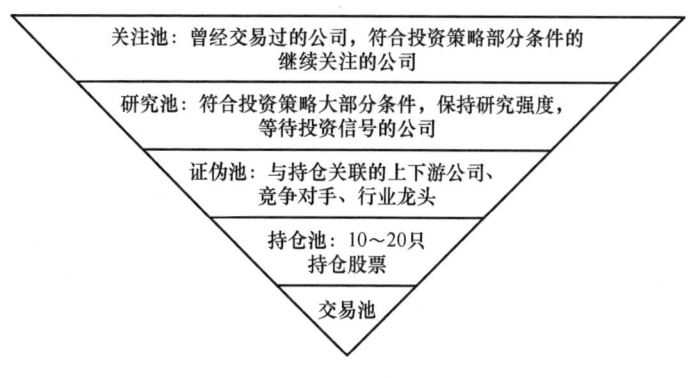

```
关注池：曾经交易过的公司，符合投资策略部分条件的
        继续关注的公司
    研究池：符合投资策略大部分条件，保持研究强度，
            等待投资信号的公司
        证伪池：与持仓关联的上下游公司、
                竞争对手、行业龙头
            持仓池：10～20只
                    持仓股票
                交易池
```

图 10-4 股票池清单示意图

（1）第一级为交易池。这个底层包括那些需要近期调整持仓的股票以及研究池中出现交易信号、需要择机买入的标的。这些股票需要我们投入最高级别的关注，这一点不言自明。

（2）第二级为持仓池。它涵盖了投资组合中当前持有的股票标的。持仓的数量通常依据投资策略来决定。然而，考虑到分散投资的需要以及投资者注意力的有限性，建议个人投资者的持仓数量不宜超过 20 只。相比之下，机构投资者可以根据自身的投研力量和资金规模，适度增加持仓数量。

（3）第三级为证伪池。它包括与持仓股票密切相关的上下游公司、竞争对手以及行业龙头。许多投资者常常忽略了对自己现有投资组合进行证伪跟踪的重要性，而上下游公司及竞争对手的经营状况恰恰是关键的证伪信息来源。证伪跟踪不仅对于确保投资组合的基本面监控和组合安全性至关重要，而且在跟踪这些公司的同时，也往往能发现其他潜在的理想投资机会。因为相较于那些自己不太了解的行业和股票，这些股票的任何机会可能正预示着一个极佳的投资时机。

（4）第四级为研究池。它包括那些基本符合投资策略、保持研究强度，并等待投资信号的公司。以逆向投资策略为例，若公司已经展现出几个可验证的逆向因子，即便它们目前仍处于下跌趋势或估值较高，我们也可以将其纳入研究池进行密切监控，这些公司可能成为未来投资组合的潜在候选者。我们可以选择购买少量研究池中的股票，禀赋效应将确保自己对这些企业保持适度的关注度。同时，加入持仓，我们将不断接收到关于这些公司的市场动态和公告通知。

（5）第五级为关注池。这里包括了曾经进行过交易的公司，以及那些符合投资策略部分条件而被纳入继续关注的公司。虽然寻找全新的投资机会总是令人激动，但从认知限制的角度来看，那些我们曾经深入研究并频繁交易的公司，对我们而言更容易出现新的有价值的投资机遇。

此外，在根据投资策略筛选关注的股票时，为了避免信息过载，我们应采用分类思维，并以相对量化和简洁的标准作为分类和筛选的依据。这可以通过使用特定的量化工具来实现，无须人工检查几千只股票。例如，股票筛选条件可以包括：低于特定阈值的低市净率、低市盈率、52周新低、52周新高、高动量等参数。这里需要注意，对于低估值股票的筛选，关键在于其变化而非绝对数值。因为许多长期徘徊在低价的公司可能是一个价值陷阱，这些公司会持续出现在低估值的筛选列表中；相反，那些新出现在筛选名单上的公司，才可能真正具有潜在的逆向投资机会。

二、波特五力模型监控清单

波特五力模型是由迈克尔·波特提出的一种用于分析企业竞争能力的框架。该模型简洁地将企业所面临的竞争环境归纳为五种力量，用于评估和监控企业的竞争优势以及识别潜在风险。每当这些力量中的一个或多个发生变化时，都应引起我们的高度关注。

（1）对上游供应商的控制能力。 可以参考以下检查清单。

- 行业的供应商数量众多吗？集中度如何？
- 供应商提供的产品或服务是否难以被替代？采购成本占总成本怎样的比例？
- 供应商与行业内企业的议价能力如何？
- 供应商是否具备向前一体化以进入本行业的可能性和能力？
- 行业内企业与供应商之间的合作关系是否稳固？

（2）对下游客户的议价能力。 可以参考以下检查清单。

- 客户数量是众多还是有限的？客户群体是集中还是分散的？
- 客户的采购量占行业总产出的比重有多大？客户对产品或服务的依赖程度如何？
- 客户对产品或服务的价格敏感度高吗？企业是否具备成本转化能力？
- 客户在选择供应商时，除了价格，更看重哪些因素（如质量、品牌、服务等）？
- 客户是否有向后一体化以进入本行业的可能性和能力？

(3) 相较于竞争对手的竞争优势。评估行业的竞争态势和企业的相对优势,可以参考以下检查清单。

- 行业内主要竞争对手的数量有多少?
- 各竞争对手在市场份额上的分布情况如何?
- 竞争对手提供的产品或服务在质量、性能、价格等方面的差异化程度如何?
- 行业内的竞争主要是价格战还是非价格竞争(如品牌、技术、服务等)?
- 行业内企业的产能利用率如何?是否存在产能过剩的情况?

(4) 替代品的威胁。可以参考以下检查清单。

- 行业产品或服务是否面临明显的替代品竞争?
- 替代品在性能、价格、便利性等方面与本行业产品或服务相比的优势和劣势是什么?
- 替代品的市场增长趋势如何?
- 消费者对替代品的接受程度以及转换成本有多高?
- 行业内企业是如何应对替代品威胁的,其策略和效果如何?

(5) 潜在进入者的威胁。可以参考以下检查清单。

- 行业的进入壁垒是否高?主要体现在哪些方面(如资金、技术、品牌、渠道等)?
- 近期是否有新企业进入该行业?进入的速度和规模如何?
- 潜在进入者可能带来的新产能和市场份额争夺预期有多大?
- 行业内现有企业对潜在进入者的抵制措施和能力如何?

- 政府政策和监管对新企业进入该行业是鼓励还是限制的？

波特五力模型以其明确的经济学含义和简洁的构成，符合分类思维中追求简单和透明的原则。我们能够依据计数法制定一套分类规则，对企业进行定性分析和筛选，如表10-1所示。

表10-1 波特五力模型计数分类表

企业名称	对上游供应商的控制能力	对下游客户的议价能力	相较于竞争对手的竞争优势	替代品威胁小	潜在进入者威胁小	计数
公司A	√	√	√	√	√	5
公司B	×	√	×	√	√	3
公司C	×	×	×	×	√	1

注：√为具有，×为不具有。

三、周期监测清单

周期监测主要涉及对周期位置及进程的评估。例如，在股市周期六阶段模型中，周期位置指的是六阶段中的某一阶段，如增长期、兴奋期等；周期进程则涉及某阶段的初期、中期和末期。投资者应依据周期位置及时调整个人的风险偏好，并根据周期进程来规划资产配置和制订应对预案。

1. 周期位置和进程监测

我们可以通过分类思维的计数法，依据股市周期六阶段模型中所监测的六个指标的现状和趋势（详见第七章中图7-1），将其转换为一个周期位置及进程的分类监测表，如表10-2所示。

弱者体系

表 10-2 股市周期六阶段模型计数分类监测清单示例表

日期	股价	收益率	盈利	宏观	广度	情绪	风险	供求	计数	周期	进程
日期 X	- -	- -	- -	- -	- -	- -	- -	- -	16	亏损期	熊二中期
日期 Y	+ +	+ +	+ +	- -	- +	+ +	- +	+ +	14	希望期	牛一前期
日期 Z	+ -	- -	- +	+ +	+ -	+ -	+ +	+ -	13	兴奋期	牛三后期

注：各指标下+/-符号第一列为指标现状，第二列为指标趋势；计数为指标现状和趋势符合每个周期模型的数量合计。

利用善弱温度计，对大盘指数的相对温度和绝对温度曲线进行监测分析，我们同样能够追踪股市的周期位置和进程，并应将其与股市周期六阶段模型计数分类表进行交叉验证（见图 10-5）。

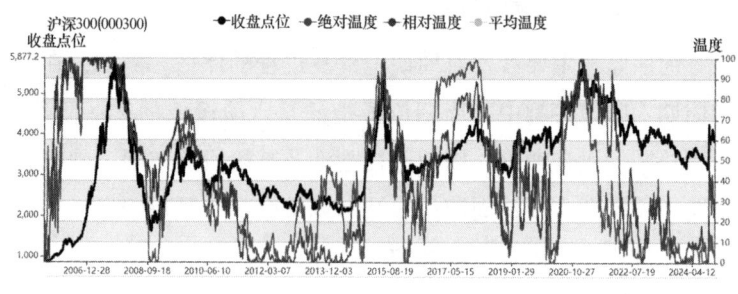

图 10-5 沪深 300 指数和温度走势曲线图 3（2005.9 至 2024.11）

2. 周期拐点监测

周期拐点的监测清单请参见表 10-3，其中多个拐点指标应进行交叉印证。

第十章
清单思维与善弱投资

表 10-3　股市周期拐点监测清单示例表

周期拐点 监测清单	日期：××××年××月××日		有无 背离	有无 拐点	拐点 方向
善弱温度计	相对温度：	绝对温度：	有/无	有/无	上/下
相对强度	周期领先板块：	周期落后板块：			
市场广度	腾落线（ADL）：	扩散指标（DI）：			
市场动能	变动速率（ROC）：	相对强弱（RSI）：			
量价背离	能量潮（OBV）：				
短期利率 倒置曲线	利率（ROC）：				

四、估值与财务监测清单

制定一份估值和财务监控清单，理解需要跟踪的项目及其重要性，这要求我们具备一定的财务报表编制知识基础和财务分析经验。在挑选财务指标时，我们应遵循分类思维，倡导简单和透明的原则，应选择那些具有明确经济含义且被普遍认可的指标。此外，值得注意的是，我们在解读财务报表时，单一时间点或单一科目的数据所能提供的信息是有限的，只有将财务指标进行纵向和横向的对比，其价值才能真正显现。

纵向对比财务指标涉及将企业不同财报期的财务数据进行比较分析，以观察公司财务状况和经营成果的变化趋势。横向对比财务指标涉及将本企业的财务数据与同行业其他企业在相同财报期内的财务数据进行对比分析。通过这种比较和监控，可以清晰地了解本企业在行业中的相对地位，评估其是处于行业前沿、平均水平还是落后状态。

当然，如果我们拥有投研团队或有足够精力，建议对行业

弱者体系

内的领先企业以及直接竞争对手的财务数据同时进行监控。这样可以更好地感知行业动态，以及竞争对手之间的竞争变化。

此外，除了传统的财务指标，深入分析资产负债表、利润表、现金流量表这三张报表之间的内在联系及其附注，是识别潜在财务风险的关键途径。虽然在单一财务报表上造假相对容易，但要使各类报表之间保持一致并掩盖真相则困难得多。因此，制定一份专门用于识别盈余操纵、财务风险，以及报表中的重大事项或风险声明的核查清单，也是至关重要的。

表10-4提供了一个估值和财务监测的示例，我们可以根据个人需求对项目进行相应的增减和调整。

表10-4 估值和财务监测清单示例表

财务指标	日期（季度）													
	Y年 09/30		Y年 06/30		Y年 03/31		X年 12/31		X年 09/30		X年 06/30		……	
估值指标	数值	同比	数值	同比	数值	同比	数值	同比	数值	同比	数值	同比	数值	同比
市盈率														
市净率														
个股相对温度														
个股绝对温度														
盈利能力指标														
销售毛利率														
主营业务利润率														
净利率														
资产回报率														
偿债能力指标														
流动比率														

(续)

财务指标	日期（季度）							
	Y年 09/30	Y年 06/30	Y年 03/31	X年 12/31	X年 09/30	X年 06/30	……
速动比率							
现金比率							
清偿能力指标							
资产负债率							
产权比率							
利息保障倍数							
营运能力指标							
存货周转率							
应收账款周转率							
固定资产周转率							
现金流指标							
经营活动现金流净额							
投资活动现金流净额							
融资活动现金流净额							
分红指标							
派息数额							
派息比率							

五、显著信号监测清单

在探讨贝叶斯思维时，我们引入了信号显著度这一概念。监测显著信号的清单由三个主要部分构成：关键指标清单、逆

弱者体系

向因子清单以及市场信号清单。关键指标清单是指那些对特定行业或公司的基本面具有信号显著度的指标。例如,汽车行业的月销量数据和单车平均售价,养猪行业的生猪出栏量、能繁母猪数量以及猪价,航运业的航运价格,等等。逆向因子清单则涉及在逆向投资策略中,那些导致错误定价的可识别、可证伪、可跟踪的逆向因素,它们代表了公司定价可能发生反转的关键逻辑点。市场信号指的是那些拥有信息优势的群体通过交易行为所传递的信号。制定一份监测市场信号的清单,对于吸引投资者的关注、及时捕捉公司的关键动态以及基本面的转折点至关重要。一些公开的网站和金融平台会提供相关的统计信息,具体包括以下三点。

(1) 公司回购或增发。
(2) 内部人士购买。
(3) 专业机构的举牌行为。

表 10-5 为显著信号监测清单示例表。

表 10-5 显著信号监测清单示例表

显著信号	事件/日期(月度)						
关键指标	Y 年 6 月		Y 年 5 月		……	X 年 9 月	
	数值	同比/环比	数值	同比/环比	数值 | 同比/环比	数值 | 同比/环比
指标 1							
指标 2							
逆向因子	事件/日期/分析		事件/日期/分析		事件/日期/分析	事件/日期/分析

(续)

显著信号	事件/日期（月度）			
	Y年6月	Y年5月	……	X年9月
因子1				
因子2				
因子3				
市场信号	事件/日期/分析	事件/日期/分析	事件/日期/分析	事件/日期/分析
回购/增发				
内部人购买				
机构举牌				

六、技术分析监测清单

在第六章我们已经讨论过，在弱者体系中，技术分析是不可或缺的决策工具和辅助手段。持仓的技术分析监测清单请参见表10-6，我们在应用时，应当注意多个技术指标之间的交叉印证。

表10-6　技术分析监测清单示例表

技术分析监测清单	公司A　日期：××××年××月××日			背离	突破
阻力与支撑	阻力位1：	阻力位2：	支撑位1：	有/无	有/无
行情趋势线及均线	趋势线1：	均线1：	均线2：	有/无	有/无
动能监测	变动速率（ROC）：	威廉指标（WR）：	相对强弱（RSI）：	有/无	有/无

(续)

技术分析监测清单	公司 A	日期：××××年××月××日		背离	突破
相对强度监测	相对强度指标1：	相对强度指标2：	股价相对强度（RPS）：	有/无	有/无
动量监测	绝对动量：	相对动量：		—	—
保护性止损监测	止损位设置：			—	有/无
动态止盈监测	止盈位设置1：	止盈位设置2：		—	有/无

七、有限理性检查清单

有限理性检查清单涵盖了对认知限制、行为偏差、噪声审查、概率谬误以及决策偏差的检查，为每种偏差和谬误量身定制检查项目，是一种直接且有效的"助力"手段。清单中针对每项偏差和谬误所附的参考问题，应当经过精心设计。投资者在审视自己的投资决策过程时，应当自查这些问题，或者由一个中立的第三方"偏差核查员"来执行。

例如，针对锚定效应偏差，我们可以设计如下检查问题。

检查问题1：在评估投资项目时，是否过分依赖最初获取的信息或价格作为锚点，而未能根据新信息及时调整评估标准？

检查问题2：面对市场价格波动，是否总是以买入价格或自身的持仓成本作为锚点，来决定是否出售或继续持有，而忽视了资产的实际价值和市场趋势？

清单中的每一项问题都应与相应的偏差或谬误相对应，并经过精心设计或实践检验。我建议大家避免使用随意想象的问题来进行偏差检查，而是应该将他人，尤其是自己曾经犯过的

第十章
清单思维与善弱投资

错误，转化为清晰的问题，并据此制订出适合自己的偏差检查清单。

在投资的各个阶段——研究、决策、执行以及持仓监测中，我们都应持续进行有限理性的清单检查，并妥善记录与保存这些信息，以便未来能够回顾并总结经验教训。请记住，复盘和总结也是应对有限理性的重要助力手段之一。有限理性检查清单参考表 10-7 所示。

表 10-7 有限理性检查清单示例表

有限理性检查清单		典 型 偏 误				
认知限制	有限注意力	确认偏误	孕妇效应	光环效应	认知失调	
		问题1：	问题1：	问题1：	问题1：	
		问题2：	问题2：	问题2：	问题2：	
		问题3：	问题3：	问题3：	问题3：	
	记忆缺陷	情景重构	峰终定律	事后之明	易得性启发	
		问题：	问题：	问题：	问题：	
	直觉问题	经验性直觉	替代性直觉	问题替代	直觉上瘾	虚假确定
		问题：	问题：	问题：	问题：	问题：
行为偏差	损失厌恶	心理账户	处置效应	禀赋效应	锚定效应	沉没成本
		问题：	问题：	问题：	问题：	问题：
	过度自信	专业错觉	信息优势错觉	控制错觉	重新校准	
		问题：	问题：	问题：	问题：	
噪声审查	决策卫生	外在噪声		内在噪声		
	群体陷阱	权威效应	信息级联		群体极化	
		问题：	问题：		问题：	

弱者体系

(续)

有限理性检查清单	典型偏误							
概率谬误	基率谬误	小数谬误	随机谬误	回归谬误	合取谬误	因果谬误	虚假相关	
	问题：	问题：	问题：	问题：	问题：	问题：	问题：	
决策偏差	框架效应	确定性偏好	可能性偏好	虚假确定	最大期望原则			
	问题：	问题：	问题：	问题：	问题：			

注：在表中，"检查问题"可简称为"问题"。

投资的自控力处方　第十一章

第一节　自控力的来源和特性

在漫长的投资经历中，你是否曾在剧烈的股价波动中感到过迷茫？是否曾不断地推迟自己的交易计划？是否也难以抗拒追涨杀跌的诱惑？是否总是提不起精神去研究竞争对手的分析报告？是否曾感到过力不从心或情绪失控？

如果你是职业投资者，或者虽是业余投资者，但对投资非常倚重，那么一定明白投资是一项日复一日、压力巨大的高强度工作，因此耐力和稳定性至关重要，而这些的实现和维持都离不开强大的自控力。关于自控力的学习，我们可以从有关自控力研究的文献中汲取营养，并将其应用于投资实践。

一、投资中的自控力

投资中的自控力是指投资者控制自身注意力、情绪和行为的能力，以避免受到短期情绪波动和冲动行为的干扰，这些干扰属于投资中的噪声。它还体现在对自身行为偏差的识别和纠正，以及对投资计划的严格执行上。每个投资者在投资时都会

弱者体系

遇到各种挑战，如抵制诱惑、干扰、拖延、逃避和冲动交易等，这些都是自控力的体现。尽管许多人很早就认识到自控力的重要性，但由于缺乏科学认识，他们采取的方法往往无效，甚至可能加剧失控。成熟的投资者会充分重视自己在体力、精力和抗压能力上的局限，并寻找科学提升的方法。

因此，培养健康持久的投资习惯，克服拖延、集中注意力、管理压力，并避免在失控状态下做出错误的投资决策，是弱者体系研习自控力的出发点。深入了解自控力的来源和特性，寻找提升自控力的科学方法，是弱者体系的重要内容。

二、自控力与前额皮质

现代神经生物学家们认为，自控力源自大脑的前额皮质，这是位于额头后方和眼睛上方的大脑皮层区域。研究显示，前额皮质的物理损伤会导致个体自控力的减弱。值得注意的是，前额皮质并非始终稳定的。例如，酒精影响或睡眠不足都可能干扰其功能，从而影响个体的自控力。尽管这些影响是暂时的，但这也提醒我们，应避免在这些情况下做出投资决策和交易。

三、自控力的肌肉特性

自控力类似肌肉，有极限性且在使用后会疲惫，就像肌肉在过度使用后会感到酸痛失去力量一样，自控力的过度使用会导致其耗竭。研究表明，频繁使用自控力会使大脑的自控力接近极限。自控力从早晨到晚上会逐渐减弱。例如，早晨精力充沛，注意力容易集中，但到了夜晚，一般只能进行不需要深度思考的活动。自控力在日常投资决策和交易中是必需的，无论是解读行情、逻辑推理、复盘总结还是控制情绪，都需要用到自控力。自控力像肌肉一样，通过日常锻炼可以得到增强。

四、自控力与糖分

前额皮质依赖的能量主要来自糖分，自控力需要消耗糖分。研究表明，糖分是维持自控力的关键。在投资中，低血糖可能导致自控力下降，影响决策。血糖低的人可能会消极应对市场变化，不愿接受新的信息。在能量不足时，食用糖或含糖饮料可提升自控力。但须注意，仅在紧急情况下摄入糖分才能短期内提升自控力。过度依赖糖分，如长期大量摄入高糖和高脂肪食物，反而可能会破坏自控力。

五、自控力的传染性

自控力易受群体影响，表现出传染性。例如，肥胖现象似乎会在家庭和朋友圈中传染，如果一个女性的朋友变胖，她变胖的可能性也会增加。在群体生活中，我们天生具有共情和模仿行为的能力，在目睹他人失去自控力时，我们可能会被诱导模仿，削弱自身的自控力。同时，在群体互动中，我们对他人的情绪有共情和移情的本能。例如，投资交流中，参与成员的兴奋情绪或恐惧情绪都可引发我们激发类似情绪，从而影响自控力。另外，情绪、意志和目标都能在群体中传播，因此自控力的传染并非总是消极的。它能在两个方向上发挥作用：一是可能导致自控力的丧失，二是可能促进自控力的增强。自控力的传染不同于细菌和病毒，不是通过接触实现的，而是在人际关系网络中进行，社会关系亲密程度越高，对自控力的传染力越强。

第二节　提升自控力的方法

一、冥想

冥想是一种科学提高专注力和自控力的训练方法,也是高效投资的关键。普通人与聪明人的主要差异在于脑力资源的有效利用,即长时间保持高度专注的能力。定期冥想能显著提升集中注意力、管理压力、抑制冲动和自我认知的能力。研究显示,定期冥想的人,在大脑前额皮质中的神经元数量和灰质密度会增加。

观呼吸是流行的冥想方法之一。其方法是通过将注意力集中在呼吸上来培养专注习惯,将专注力转化为无意识行为。找一个安静舒适的地方坐下或躺下,闭上眼睛专注于呼吸。当杂念出现时轻柔地将注意力引回至呼吸,起初集中注意力可能困难,但在常加练习后,注意力的控制能力和专注时间都会增强。这种专注能力可应用于投资,用于提升注意力资源。

这里简要介绍了冥想的方法及其对自控力的益处,但冥想的学习和实践是一个更广阔和专业的领域,值得深入探索。

二、呼吸

研究表明,减慢呼吸节奏并深呼吸可激活大脑前额皮质,有助于投资者在面对市场波动时保持自控力。建议采用腹式呼吸法:即在正常呼吸频率下,减慢节奏,避免屏气。首先通过鼻子吸气,让腹部像气球一样鼓起;然后通过微张的嘴唇呼气，腹部随之收缩，直至肺部空气排空。期间，胸部要保持稳定，主要用腹部肌肉完成呼吸。呼吸要平稳、缓慢，避免不畅。每日约 10 分钟的训练，可显著提升自控力，与冥想有相似效果。

三、锻炼

体育锻炼能有效提升自控力，长期坚持尤其有益。锻炼还可强化体质，降低患病风险。选择感兴趣的锻炼项目，每次坚持 15 分钟即可改善心情、缓解压力。选择锻炼项目时，关键在于坚持，可将个人兴趣和需求融入日常生活，将锻炼视为对自控力的储蓄。

四、睡眠

在缺乏睡眠时进行决策，投资者常会感到难以集中注意力和管理情绪。研究表明，睡眠不足对大脑的影响类似轻度醉酒，如果长期在醉酒状态下决策和交易，投资结果可想而知。因此，保证充足睡眠和良好习惯，对提升自控力和投资表现至关重要。

五、饮食

均衡饮食能预防营养缺乏，降低患病风险，提供持久精力和自控力。建议投资者采用低血糖指数（GI）饮食，维持血糖稳定。在紧急时，摄入糖分还可迅速补充自控力。低 GI 食品通常包含瘦肉蛋白、坚果、豆类、谷物以及多数水果和蔬菜，我们将低 GI 饮食融入日常餐食和生活习惯中。

六、放松

长期自控，不仅消耗精力，而且类似慢性压力，可能会损害免疫系统，增加患病风险，进而削弱自控力，安排时间放松对健康和意志力有益。放松不是指懒散或放纵，而是指全面的身心休息，即生理学放松反应。它能减缓心跳、呼吸，降低血压，松弛肌肉，让大脑停止规划和回顾。冥想也是引发这种放松反应的有效方法之一。

七、肌肉训练

自控力的提升就像肌肉训练一样，通过不断挑战极限，就会变得强大。自控力也同肌肉一样，遵循"用进废退"的原则。研究表明，在日常小事上不断进行自控力的训练能有效增强整体自控能力。定时复盘、冥想和体育锻炼构成了弱者体系的三大自控力训练。虽然每天的练习看似微不足道，但长期坚持下来，将会见证显著的进步。

第三节 影响自控力的陷阱

作为对自控力的"识弱"，接下来，我们将总结那些对自控力产生负面影响的典型陷阱。

一、犒劳效应

你是否曾在完成体育锻炼后奖励自己一顿大餐？这种将两个目标相悖的事件置于同一决策情景的行为，称为犒劳效应。

第十一章
投资的自控力处方

简而言之,人们会以成功为由,允许自己之后做出一些不良行为或注定失败的决策。在投资中,犒劳效应是一个普遍现象。设想你在完成一次成功的投资后,是否会变得松懈,允许自己做出一些放松警惕和原则或仅凭直觉或偏好就草率行动的投资?那时,你可能会想:"我已经做得很好了,应该放松一下,得到一点奖励!"犒劳效应会诱使投资者做出违背自身最大利益的决策。

二、明日效应

决心戒烟或减肥的人常会推迟行动,并告诉自己"明天开始"!投资者面对重要决策时,也会出现类似的拖延行为。比如,你本打算今天阅读一份研报,但因为懒惰不为而感到焦虑。然而,仅仅只是在脑海里想象明天阅读报告的计划,就能让自己的焦虑感减轻,仿佛任务已完成一样。明日效应就是指大脑将完成目标的可能性误认为是真正完成了目标,它让我们今天放纵自己,并期待明天能有时间完成更多任务。然而,这种期待往往是错误的。自古以来,人们对此有深刻反思,正如《明日歌》中所言:"我生待明日,万事成蹉跎。"

三、掩盖效应

在中世纪的欧洲,在宗教名义下的暴力行为频频发生。施暴者往往认为自己是在执行"上帝"的旨意,于是心安理得。这种将可能诱使你放纵或犯错的事物与让你感到高尚或有利可图的事物混合在一起,产生一种掩盖效果,从而导致道德许可,允许自己做一些与既定目标相悖的事情的现象,即为掩盖效应。例如,在市场信号提示风险时,你却用长期投资来安慰自己，以掩盖自己在损失厌恶下的焦虑和调整仓位的紧迫性，这就属于掩盖效应导致的自控力陷阱。

四、恐惧效应

研究显示，人们在意识到死亡时会引发恐惧反应并导致两种行为：一是屈从诱惑和放纵行为，二是导致拖延行为。恐惧效应往往不易被察觉。例如，在超市中播放安全事故或犯罪事件的报道，可能是为了刺激消费。尽管在生活中及时行乐无可厚非，但放纵和拖延都与投资原则相悖。投资的本质是用延迟消费来换取未来享受，这就更容易受到恐惧效应的影响。

五、自责效应

正如许多节食者在偶尔放纵饮食后，常常会感到情绪低落。为了缓解焦虑，他们反而会选择吃更多的食物，形成一个恶性循环，导致自控力的丧失，这就是所谓的自责效应。自责不仅导致情绪低落，还会削弱自控力。人们往往寻求快速改善心情的方法，而这些方法通常就是那些会引发自责的行为，进而导致自控力的进一步丧失。

六、从众效应

自控力具有社会传染性。因此，当我们目睹他人无视风险，在欲望和情绪的驱使下进行投机时，我们更容易受到这种冲动和情绪的感染。这表明，观察到他人任何自控力的丧失，我们的自控力亦可能随之下降，这种现象即为从众效应。鉴于在社会关系中的亲密程度越高，自控力的传染效应越强，我们需要特别留意家庭成员、密友以及与我们频繁进行投资交流的人对我们产生的影响,这便是所谓的"圈子传染"。

七、折现效应

在估值中,折现是一个核心概念,指的是货币的未来价值要低于当前价值。在涉及享受和满足感时,未来奖励的价值也要低于当前的价值,这称为折现效应。人们天生倾向于即时享受,延迟满足意味着为了长期利益而放弃即时享受,并在等待的过程中需要维持自控能力。投资者倾向于对未来的回报进行折现,等待时间越长,折现价值越低,这就解释了为何许多人宁愿放弃未来更大的稳定回报,也要屈从赚快钱的诱惑。研究发现,那些对未来回报折现意识较强的投资者,往往自控力较弱。

八、思维抑制效应

在遭遇投资亏损时,人们往往会经历负面情绪,如自责或懊悔。然而,人们越是试图摆脱这些情绪,它们反而变得越加强烈。这正如失眠者越想尝试入睡却越发清醒一样,这种现象被称为思维抑制效应。试图压抑想法和情绪通常会适得其反,使投资者更易去想和去感受那些想避免的事。大多数人未意识到这一点,反而认为是自控力不足。思维抑制效应揭示了,人们在抵抗焦虑或负面情绪时自控力失效的原因。

第四节 善用自控力的处方

本节内容是基于自控力的特性,为投资者在投资实践中应用自控力而定制的处方。

一、优先处理重要任务

自控力像肌肉一样，会随时间和使用而减弱甚至耗竭。我们应优先处理重要任务，合理安排投研流程。一天的计划应从早晨开始，根据项目的重要性和对自控力需求的高低合理安排先后顺序，确保高效完成投研任务。

二、通过腹式呼吸提升自控力

开盘或交易前，放慢呼吸，激活前额皮层，积极调整至专注状态，增强自控力。情绪紧张或有压力时，用腹式呼吸及时调整心态。例如，在开盘或交易前，我们可以做 10 次呼吸练习以增强自控。闭上眼睛，放慢呼吸，深吸气感受肺部充满氧气的愉悦，深呼气体验释放的轻松，以此迅速进入专注状态。

三、自控力接近极限时吃点糖

在紧急情形下，如果感到压力巨大或犹豫不决，可能导致自控力下降。此时，我们食用巧克力、糖果或含糖饮料能迅速提升自控力，可应对诸如价格剧烈波动或需要快速决策等紧急状况。可在投研场所常备一些"自控力糖果"，但要放在不易看到和取得的地方，以避免养成随意吃糖的习惯。同时，我们平时应保持低糖饮食，以便在紧急情况下，补充糖分能起到提升自控力的作用。

四、让投资日常变得多巴胺化

大脑的"奖励"系统通过释放多巴胺来激励我们的行为。

第十一章
投资的自控力处方

多巴胺能够激发我们的愉悦感和欲望。正如条件反射一样，我们也可以通过与快乐相关的联想来刺激多巴胺的分泌，从而使枯燥的投研任务变得有趣。将投资决策与快乐活动相联系，有助于我们更自控地完成任务。在日常投研及交易中，听喜欢的音乐、在喜欢的咖啡馆复盘或在美丽的地方品茶，都能提升投资方面的自控力。面对自控力挑战时，挖掘内心中"我想要"的力量很重要。通过畅想财务自由后的生活等愿景，可以激发动力，恢复自控力。

五、掌握有效的解压技巧

压力显著影响自控力，有效解压可提升自控力。研究显示，缓解压力的有效方法是让大脑停止对压力的反应，降低压力荷尔蒙水平，引发放松反应。区分有效与无效的解压方法至关重要：有效方法包括锻炼、交流、阅读、听音乐、按摩、散步、冥想等；无效方法包括赌博、吸烟、酗酒、暴饮暴食、沉迷游戏等。

六、有效应对犒劳效应

首先，要意识到支持投资目标实现的行为不等于目标本身。完成与目标一致的行动并不代表目标已实现。审视自己是否因积极行为而犒赏自己，忽略了真正目标。其次，要改变思维框架。当面对犒劳诱惑时，应停下来并反思，但反思的框架不应是"我这次进步了多少"，而是"我为什么能取得这样的进步（如勤奋复盘、谨慎交易），能够完成这件事是因为我的目标是（如财务自由、摆脱朝九晚五的重复工作）……"

弱者体系

七、有效应对明日效应

应对明日效应的关键在于减少行为的变化，培养稳定的习惯。面对投研任务，我们不应幻想推迟至明日处理，而应进行整体规划。每日的投研任务，应适度减少并保持固定。例如，每天早上阅读一份研报，下午收盘后至少花 1 小时复盘，晚上睡前阅读半小时投资书籍等。安排的项目和时间应合理，保证每日能超额完成，并能长期坚持。

八、有效应对掩盖效应

当掩盖效应影响到自控力时，我们需要找到具体的测量标准来归纳和综合效果。例如，多买一件打折商品看似是节省行为，但一算总账就会发现，这可能会提高我们的总花费。当我们认为在一笔大获成功的投资之后，可以尝试一笔风险较大的投机时，在期望原则下，计算一下两笔投资合起来的总期望是否会降低整个投资组合的预期收益。因此，我们需要通过具体的测量标准，如"最大期望原则"来判断某个选择是否真正符合你的目标，从而有效应对掩盖效应的影响。

九、有效应对恐惧效应

应对恐惧的关键是自觉地控制环境。在投资生活中，我们应避免接触那些引发恐惧和削弱自控力的事项，创造轻松的生活环境。例如，经常与好友交流、看喜剧、远离纷扰和压力源——这不正是我们追求财务自由的目标吗？

十、有效应对自责效应

应对自责的有效方法是培养自我谅解。当投资不利时，学会宽恕自己很重要。自我批评会削弱积极性，进而降低自控力；相反，自我同情和谅解有助于缓解压力，恢复动力，提升积极性和自控力。面对挫折，善于自我同情的人更愿意承担责任、接受反馈、吸取教训，这种品质对投资至关重要。投资中犯错是常态，面对失败，要学会原谅自己，减少罪恶感，增强责任感，这是重新振作的策略。当面对挫折时，我们遵循以下三个步骤，可缓解自责和失望等负面情绪。

第一步：直面挫折。当遭遇挫折时，先给自己一点时间，仔细感受并描述当前的情绪。识别是自责、失望还是愧疚，勇敢面对自己的感受，切勿逃避。

第二步：偶像激励。承认自己是普通人，这正是善弱者所应秉持的正确心态。投资中发生误判和损失是正常现象，回想那些你敬仰的投资大师们也曾有过的失败案例和挫折经历，这能减轻自我批评。

第三步：共情互换。如果是我们的投资伙伴或晚辈遭遇投资损失，设想一下自己会如何安慰和鼓励他们？这个过程将帮助我们重拾信心，继续前行。

十一、有效应对从众效应

从众是人的本能，投资者应学会利用这一点。在投资活动中，我们需不断吸收外部信息并与他人交流。从众效应告诉我们，在投资时要择善而从，近朱远墨。在选择和维护自己的投资圈子时，我们应挑选与那些优秀且自律的投资者为伍，远离那些仅为寻求群体安慰、失去独立思考能力的平庸团体。例如，我们成立"弱者体系研习社"的初衷，就是让优秀的投资者集思汇智，通过互相学习和分享，共同进步。

十二、有效应对折扣效应

降低折扣率是应对折扣效应的有效方法。一个人的折扣意识并非固定不变，我们利用损失厌恶的原理，通过改变对未来选择的看法，可以有效降低它。例如，当面临诱惑时，如果我们首先考虑的是未来较大的回报，然后将其与一个即时的小回报进行比较，这种比较会让人感觉像是损失，从而引发厌恶感，有效减少折扣效应的影响，具体策略包括以下三个步骤。

第一步：面对诱惑，想要做出与长期投资收益相悖的决策时，思考即时满足感背后的长期代价是什么？这是一笔公平的交易吗？

第二步：想象我们已经实现了长期目标，如自由支配的时间、富足的家庭生活等。想象一下，未来的我们正在享受通过自控所赢得的这些成果。

第三步：最后自问，我们愿意为了短暂的满足感而放弃所有美好的未来吗？

十三、有效应对思维抑制效应

在投资失利后，要想恢复平静和自控力，关键在于接纳而非压抑那些不愉快的想法和情绪。要理解，情绪和感觉并不代表客观现实，我们应采取一种接纳的态度，任它们来去自由。我们不必试图控制它们的出现或消失，避免对自己进行评判，而是应该专注于身体的感受。例如，焦虑或负面情绪引起的反

第十一章
投资的自控力处方

应,是心跳加速了吗?肠胃、胸腔、咽喉或其他部位是否有感觉?一旦察觉到这些感觉,我们就将注意力转到呼吸上。没错,如果我们有冥想的经验,就会明白这也正是冥想的技巧。在应对思维抑制上,还可采用"移花接木"的技巧。我们可以将注意力从负面事物转移到积极的活动上去,如看电影、聊天或跑步,令其占据思维空间。至于焦虑引起的身体反应,如胸闷或气短,可通过享受按摩、品茶等自己喜好的方法来缓解。

十四、预先承诺

人类社会高度重视个人行为的可预测性和一致性。人们渴望言行一致,一旦做出选择或表明立场,内心和外界的压力会驱使我们遵循承诺行事。公开承诺尤其具有强大的约束力,公开的预先承诺有助于增强自控力,这是一种有效的助推策略。投资者可以加入一个投资社群,或在某个公开的媒体平台上,公开自己的投资目标和策略。他们应定期公布自己的投资计划执行情况,包括买入和卖出的操作记录、持仓比例的调整等,并寻求监督。但必须注意,保持记录的真实性和连贯性至关重要,这样不仅能够赢得外部的信任与支持,还能给自己施加强大的外部监督压力,从而提升自控力。

后　　记

朋友们，当你阅读至此，我们已经共同完成了对弱者体系认识与学习的阶段性旅程。你已经看到，弱者体系的核心在于识别并提炼投资过程中涉及的有限理性的各个方面的"弱"点，并运用科学的策略与方法论来应对它们。这个体系是科学的、包容的，同时也是生长的、发展的。它融合了多学科的知识，绝非仅为少数人所掌握的独家技巧。

熟能生巧这一说法在人类的学习机制中确实有其合理性。然而，要实现这一点，必须满足两个前提条件：首先是能够进行持续的尝试和练习，其次是每次练习后能够立即获得明确的反馈。然而，在投资领域，这两个条件往往难以满足。许多投资情景难以完全复现，而且投资结果通常不会立即显现，其决策结果往往受到运气因素的影响，难以提供清晰的反馈。面对这一挑战，我们可以从两个方面着手解决。

首先是助力。通过研读经典著作和学习经典案例，我们可以从他人的经验和案例中提炼出有益的见解，并将其融入自己的方法论中，避免了必须亲身经历失败才能吸取教训和积累经验的必要。那么，具体应该如何操作呢？在阅读经典著作和进

后　记

行案例分析时，依据弱者体系的相关理论，应将自身的"弱"置于当时的情境中进行深入剖析，设身处地地设想自己若是利益相关的当事人而不是一个旁观者或评论家，会如何应对和事后改进，从而提升自己的决策能力。

其次是助推。加入一个投资学习型组织。一方面，许多投资情景中，其他有经验、有阅历的人士会拥有更深入的理解，这时共同的讨论和决策将有助于我们避开这些陷阱；另一方面，在同行的激励效应下，相互的促进和监督将显著提升我们的投资能力和成效。

因此，如果你对研究弱者体系感兴趣，欢迎加入我们的"弱者体系研习社"，共同研习和推进弱者体系的发展。为了将弱者体系中的策略和方法具体化和工具化，我及投研团队计划下一步开发一个名为"弱者体系研习网"的投资交流和工具分享平台，简称"善弱网"，其构想将类似于"集思录"网站。

在极端复杂的投资世界中，即便是资源丰富、才华横溢的投资者也难免会因为有限理性而反复犯下相同的错误，并为此付出沉重的代价。因此，在投资过程中，我们必须认识并接受自身的局限性，并且要善于利用这些"弱"。我们必须这样做，因为也别无选择。那么，现在是时候尝试一下弱者体系这一有针对性的投资理念和策略了。

投资是一场需要不断"滚雪球"的漫长旅程。甚至对于一些职业投资者来说，投资需要融入生活的方方面面。投资即是生活，生活即是投资。从更广泛的意义上讲，人生的旅程就是在生命的各个时期和各种场景中不断地投入和体验。从这个角度来看，也可以说：人生即投资，投资即人生！投资是一场漫长的修行，市场中那些真正的常胜将军，往往早已深谙"弱即是强"的道理。

至此，让我们以这本书为契机，由此开启自己的投资"善弱"之旅吧！

最后，我要特别感谢机械工业出版社以及本书的策划编辑李浩先生。如果不是李浩先生的大力支持和深刻洞察，在当前这个盲目崇"强"的市场环境下，"弱者体系"可能无法与读者们见面。同时，我也要感谢我的妻子的宽容与支持。在近三载的写作历程中，我几乎完全摆脱了家务和琐事的干扰。感谢我的两个孩子，他们是我能坚持下来的无尽动力。此外，对于我们"钱潮"投研团队的朋友们，我也深表感激，你们的鼓励和付出是我们能不断进步、大步迈向理想的阶梯。

王亮亮
于大连莲花山
2025 年 2 月 17 日夜